中外军事法学精品文丛
ZHONGWAI JUNSHI FAXUE JINGPIN WENCONG
主编：薛刚凌

中立法研究

◆ 肖凤城／著

人民出版社

责任编辑:张　立
版式设计:边　娜
责任校对:胡　佳

图书在版编目(CIP)数据

中立法研究/肖凤城 著. —北京:人民出版社,2016.5
(中外军事法学精品文丛/薛刚凌主编)
ISBN 978－7－01－016226　3

Ⅰ.①中…　Ⅱ.①肖…　Ⅲ.①中立法-研究　Ⅳ.①D995.9

中国版本图书馆 CIP 数据核字(2016)第 104128 号

中立法研究

ZHONGLIFA YANJIU

肖凤城　著

人民出版社 出版发行
(100706　北京市东城区隆福寺街 99 号)

北京汇林印务有限公司印刷　新华书店经销

2016 年 5 月第 1 版　2016 年 5 月北京第 1 次印刷
开本:710 毫米×1000 毫米 1/16　印张:15.5
字数:225 千字

ISBN 978－7－01－016226－3　定价:52.00 元

邮购地址 100706　北京市东城区隆福寺街 99 号
人民东方图书销售中心　电话 (010)65250042　65289539

总　序

在新国家安全观指引下繁荣中国军事法学

2015年,正当《中华人民共和国国家安全法》公布施行、我国国防和军队改革方案确定并实施之际,中国政法大学军事法研究中心与人民出版社商定,共同推动出版《中外军事法学精品文丛》。学术从来都是社会生活的理论升华。出版这个文丛,正是顺应了在"中国梦"背景下对"强军梦"的追求,在"总体国家安全观"指引下对国家军事制度的全新安排,在新的战争形态浮现眼前时对未来战争规则的思考,以及在纷繁复杂的国际安全形势中对构建国际军事法律新秩序的期望。

繁荣军事法和军事法学,是"强军梦"的题中应有之义。党的重要文献一再强调,必须坚持富国与强军相统一。"中国梦"是中华民族振兴的伟大梦想,"强军梦"是"中国梦"的重要组成部分,也是实现"中国梦"的重要步骤。正如习近平总书记所指出的,依法治军、从严治军是强军之基。要实现"强军梦",不仅要有坚定的信念、先进的武器装备和良好的训练,还必须有铁的纪律和科学的制度,也就是要有现代法治意义上的军事法。军事法十分古老,古人说"刑起于兵、师出以律"、"大刑用甲兵",自古以来军事活动就与刑法密不可分,从这个意义上讲,军事法贯穿人类军事史。但军事法同时又十分年青,现代法治意义上的军事法萌芽至今不过三四百年历史,20世纪初以来军事法更是发生了翻天覆地的发展变化。对于我国而言,改革开放以来的军事法,不啻是一个全新的法律领域、全新的法治事业。在发展中国当代军事法的进程中,军事法学的繁荣发展发挥着巨大的作用。而今天,军事法学的繁荣发展又与实现"中国梦"、"强军梦"紧密联系在一起,成为夯实强军之基的重要举措。

总体国家安全观,是繁荣军事法学的根本指引。2014年4月,习近平总书记提出了"总体国家安全观";2015年7月,《中华人民共和国国家安全法》对"总体国家安全观"作了法律表述:"国家安全工作应当坚持总体国家安全观,以人民安全为宗旨,以政治安全为根本,以经济安全为基础,以军事、文化、社会安全为保障,以促进国际安全为依托,维护各领域国家安全,构建国家安全体系,走中国特色国家安全道路。"从这一规定可以看出,军事安全是国家安全体系中的一部分,必须以总体国家安全观为指引,扎实做好军事安全工作。为此,军事法和军事法学肩负着艰巨繁重的任务。进入本世纪第二个十年以来,我国面临的国际安全环境正在发生重大变化,世界军事变革不断向纵深发展,新旧国际矛盾错综复杂,国际政治秩序出现新的变数,对军事冲突的控制和应对遇到新情况、新困难。在这样的大背景下,我国国防与军队建设正在着手进行重大改革,军事力量的运用方式正在进行重大调整转型。无论是改革还是转型,在现代法治条件下,都需要法律制度的坚实保障。一方面,要推动中国特色军事制度全面完善,促进军民融合深度发展;另一方面,还要推动国际军事法向着公平、公正、合理的方向发展。无论是推动国内军事法还是推动国际军事法发展,都需要符合总体国家安全观的军事法学思想理论的有力指导。

新的历史条件下的军事法学研究,必须直面新的战争形态。尽管以联合国和联合国宪章为核心的国际和平与安全法律制度构建至今已有70多年,但国际社会的和平与安全秩序并不完善,战争阴影始终在天际徘徊,国际格局的多元化和多变性依然使国际风云波诡云谲。最近十几年,不仅在阿富汗战争、伊拉克战争以及西亚北非的武装冲突中,不断出现挑战国际法的新情况、新问题,而且网络战已经成为现实,空战和导弹战成为战争常态,太空战的可能性正在上升,新的战争形态不断酝酿。随着军事技术的不断发展和军事变革的不断深入,各国将采取更多的作战样式,除了信息作战以外,还将采取空地海天一体的机动战、电子战、火力瘫痪战、海空封锁战、特种作战等。这些作战样式涉及的法律问题非常广泛和复杂,因此,相关的军事法学研究就显得十分重要,需要以更加广阔的思维,同时又以更加细致的设计,用法治的思维和方法解决当今国际社会所面临的安全监管、争端解决、全球治理、人道保护等方面前所未有的复杂问题。

重视基本理论探索,是推动军事法学发展的必由之路。任何法律都应有自己的基本逻辑,从而由此构建自己的规则体系。尽管法律可以是强制命令的结果,可以是协商协调的结果,但从根本上讲,法律的正当性并非基于其强制性或主观同意,而是基于它的合理性,而它的合理性则来自它符合客观逻辑。例如,大多数国际人道法具体规则是以条约形态出现的,而人们在理解和适用这些规则时却很少注意它们在条约法上的合理性,结果造成解释和执行上的困难。所以,对国际人道法的精细研究,就需要从条约法上探索它的客观逻辑,以条约法理论为脉络,探讨解决国际人道法所面临的造法和理解执行问题。军事法学只有建立起自己的逻辑体系,才能在国内立法和国际造法过程中增强自己的说服力、演绎力,在国内军事法和国际军事法理解执行过程中提供强有力的理论指导,否则,就会处处受阻、困难重重。从这个角度讲,推动出版这套文丛,就是要推动军事法基本理论的创新发展,为构建军事法学基本理论体系搭建一个平台,打牢理论基础,为军事法学基本建设作出贡献。

《中外军事法学精品文丛》将尽力组织出版一定数量的军事法学研究成果以飨读者,但这将是一个任务艰巨、时间较长的努力过程,愿我们的努力最终能够不负读者的期待。

目　录

前　言

　　中立法是国际法的组成部分。在国际法发展史上,中立法是历史最为悠久的制度;尤其从19世纪下半叶到第二次世界大战前夕,中立法曾经十分兴盛,形成了一系列以中立法为主要内容的海牙公约及其他相关公约。二战后,中立法一度被认为过时了。冷战结束以来,中立法逐渐重新受到国际社会重视,2015年12月11日,国家主席习近平向土库曼斯坦总统别尔德穆哈梅多夫致贺信,祝贺土库曼斯坦获得永久中立国地位20周年;近20多年来编纂的国际法文献,如1994年《适用于海上武装冲突的国际法圣雷莫手册》、2012年《适用于网络战的国际法塔林手册》,均将相关中立规则设专章加以编纂。

　　本书适应中立法发展的新形势,对中立法的兴衰历程、规则体系和发展趋势作了分析研究,提出以下主要观点:

　　一、中立关系的基本矛盾是"战争正义"与"公正不偏"的矛盾。

　　中立关系,也就是交战国与非交战国之间的关系。如何处理这种关系,存在着两种主张,一种主张非交战国应当支持交战国中正义的一方,另一种主张非交战国应当公正不偏地对待交战各方。两种主张构成了一对矛盾,矛盾双方都有一定理据,一方要求非交战国乃至国际社会对战争的正义性进行判断,支持正义一方,不支持非正义一方;另一方要求非交战国在对战争正义无法判断时,应对交战双方一视同仁。但是,在复杂的国际关系中,这两个方面不易两全,其实质在于国际社会本身就存在着这样一对矛盾。这对矛盾,是中立的基本矛盾,它在各个历史时期左右着中立规则的内容及其被遵守的程度,可以说,中立法正是这对矛盾运动的产物。本书以分析中立关系的这对基本矛盾为核心内容,展开各个角度的分析。

二、国际社会的平权结构是中立法产生和存在的基本社会条件。

在非平权社会中,中立必然受到一个统一权力或强势权力的制约或者否定,因而无法经常存在并被普遍认可。而在平权社会中,中立不仅成为可能,而且会经常出现。以主权平等为基础的“国家间体制”,使国际社会成为平权社会,只要国际社会仍以“国家间体制”为基础,中立现象和中立制度就不会消亡。二战后,国家的战争权虽被废弃,但国际社会的平权结构并没有改变,所以中立法并未消亡。进一步说,中立法不是建立在战争权基础上,而是建立在平权社会条件下“战争客观性”的基础上,因此,在当今国际社会,中立法依然有效,在国际实践中发挥作用并在新的条件下继续发展,这是由国际社会的平权性所决定的。

三、中立法发展演变具有与国际格局演变相对应的规律。

中立法的兴衰与国际格局关系十分密切,在非多极格局下,中立受到冷落,而在多极格局下,中立往往兴盛。几个世纪的历史事实表明,“多极格局”和国际政治力量“分散时期”是中立相对兴盛的阶段,而“非多极格局”和国际政治力量“集中时期”则是中立相对衰落的历史阶段。中立的兴衰取决于国际格局中的“第三力量”。在欧洲国际团体中,英、法、德、俄四强曾经长期互为第三力量,使中立以及中立法得以发展。欧洲国际团体扩展为全球国际社会后,正是美国的兴起使其成为欧洲两大军事集团的第三力量,因而在两次世界大战前,中立都兴盛一时。在第二次世界大战后的两极格局中,第三力量"暂缺",中立相对处于低潮。两极格局瓦解后,国际格局走出美苏两极对抗格局,世界正在形成一个新的若干大国互为第三力量的多极格局,同时又伴随着安理会集体安全体制,在这样的国际形势下,21世纪中立的样式和中立法的内容正在产生新的发展变化。由于中国是这个多极格局中重要的一极,因而中国学者研究中立法的现实性、必要性和重要性是毋庸置疑的。

四、平时中立是国际法上中立制度的重要组成部分。

长期以来,平时中立被认为属于政治中立而不是法律中立,即对平时中立的法律性予以否定,认为只有战时中立才是法律意义上的中立。但这个观点在历史事实面前逐渐消失。两次世界大战之间,平时中立法得到了较多的发展;二战结束后,平时中立法没有停止发展的脚步。比如,永久中立受条约法的约束,永久中立国的地位以及保证国的义务都不得随意放弃或变更;《南极条约》规定了南极的非军事化,《外层空间条约》规定了月球及其他天体的非军事化,它们的非军事化地位也不得随意改变,否则,都将违反国际法。如果把平时中立看成政治问题,就等于排除对平时中立的法律调整,这不仅对维持国际和平与安全不利,也不符合平时中立具有法律意义和法律效果的客观事实。

五、中立法在联合国集体安全制度下仍继续有效并向前发展。

联合国宪章建立了集体安全制度,集体安全制度与中立法并不矛盾,这是因为中立不等于绝对的公正不偏,而是建立在战争正义基础上的公正不偏。绝对公正不偏是海牙会议那个时代中立的表现形态,而中立还可以有其他的表现形态。在不同的时代,中立的表现形态取决于中立基本矛盾的表现形式。战争正义与公正不偏是对立统一的,战争正义是实质上的公正不偏,而公正不偏是形式上的战争正义。集体安全制度在一定程度上解决了判断战争正义的问题,因而它在一定程度上改变了中立的表现形态。但是,只要集体安全制度还未达到充分完善,那么战争正义与公正不偏的矛盾就不会停止运动,中立也就客观存在。

六、联合国集体安全制度下的中立法以有条件中立为基本特征。

联合国集体安全制度有两根支柱,一是在原则上规定禁止使用武力,二是在办法上采取集体安全措施。这两根支柱触及中立的基本矛盾,对中立产生重大影响。一方面在实体上,战争权的废弃和非法使用武力判断标准的确立,为战争正义的评判提供了法律依据;另一方面在程序上,由联合国组织而不是由个别国家自己来断定使用武力的正义性,大大提高了评判战争正义的可信度。这样,在中立的矛盾天平上,战争正义一端大大加重了,同时也使集体安全制度下的中立不可能是传统意义上的中立。在联合国集体安全制度下,非交战国首先要履行集体安全义务,在这个前提下才能维持其中立。在履行集体安全义务和交战之间,中立仍有其需要和可能。正是在此范围内,当代意义上的有条件中立仍然存在着,并且由于集体安全制度远未完善而使这种有条件中立将长期存在下去。

本书的许多内容早在1999年就已出版面世。此后17年来,在阿富汗战争、伊拉克战争以及西亚北非的武装冲突中,不断出现适用中立法的新情况、新实践,战争形态也在发生重大变化,网络战已经成为现实,太空战的可能性正在增大,国内外学者对新的战争形态中的中立法问题形成了新的研究成果。作者对这些新情况、新成果进行梳理和研究,着重充实完善了关于中立的基本矛盾、中立规则和中立法最新发展情况以及发展趋势方面的内容。

第 一 章

中立的基本性质和形式

中立法是 17 世纪以来国际社会逐步发展起来的调整战争或者武装冲突条件❶下交战国与非交战国之间关系的国际规则。中立法属于国际法的组成部分,对此没有争议。但对中立法是否属于战争法或者武装冲突法的组成部分,有不同看法。有的学者将其视为战争法或者武装冲突法的组成部分,因为它是适用于战争或武装冲突条件下的国际法,例如夏尔·卢梭著的《武装冲突法》将中立法包含在其中。有的学者将中立法独立于战争法,因为它调整的不是交战各方之间的关系,而是交战方与非交战方之间的关系,将其作为战争法的组成部分不符合非交战方的地位

---

❶ 这里用"条件"比用"期间"可能更为合适。因为,如果用"期间",似乎意味着中立法只适用于战争或者武装冲突发生并持续的状态下,但随着"平时中立"的发展,在战争或武装冲突尚未实际发生的情况下,国家间签署的有关中立的条约协定已经调整着国家的行为和国家间的关系。同时也要看到,即使是在战争或武装冲突没有实际发生的情况下适用平时中立条约协定,它所面向的依然是关于战争或武装冲突可能发生的情形。所以,用"条件"一词,可以涵盖战时和平时两种情况。

和行为性质,例如《奥本海国际法》将中立法与战争法并列。本书认为这两种观点都有道理,但更倾向于将中立法作为战争法或武装冲突法的组成部分,因为国际法的开创者格劳秀斯(Hugo Grotius,1583—1645)从一开始就认为全部国际法可以分为和平法和战争法两大部分,这一主张有利于对全部国际法的整体把握,长期得到学者广泛认可。按照这一主张,中立法应当属于战争法或武装冲突法的范畴。当然,对战争法或武装冲突法进行细分,中立法又是独立性很强的一个部分,因为它所调整的法律关系具有很强的独立性。

笔者全面介绍在战争或者武装冲突条件下交战方与非交战方的关系为什么需要调整,为什么会形成调整它们之间关系的一系列规则,这些规则的具体内容有哪些,在国际关系中发挥过怎样的作用;还专门回答,在《联合国宪章》明确规定各国在国际关系中不得使用武力和威胁的时代条件下,中立法出现了怎样的发展演变。

第一章首先阐述中立"是什么"。主要从两个方面来阐述这个问题:一是在"内涵"上,阐述中立有哪些性质和特征;二是在"外延"上,阐述中立有哪些表现形式。只有首先讲清楚中立是什么,后面才好进一步阐述中立法是怎样起源、演进和发挥作用的。

第一节　中立的基本性质

现代哲学和社会科学对事物进行研究的一个基本方法,就是从语言学或者词源学的角度入手,通过考察描述该事物的词语(也就是概念)的产生和演变过程,切入并逐步深入对该事物的研究。运用这一方法进行考察,中立法的"中立"一词,英文为 Neutrality,法文为 Neutralite,德文为 Neutralitat,该词早就存在。其英文、法文、德文源自中世纪拉丁语 neutre。该词的本义是中性、中和、居中。但在中世纪,还没有关于"中立法"、"中立规则"

的文献,因为当时这个词还不包含今天它所包含的关于"交战方与非交战方之间关系"的特定含义。当时,如果两国交战,另一国没有介入,这个国家的状况并不被称为"中立"(neutre),而是被称为"静坐不动"(法文为 rester tranquillement assis,德文为 stille sitzen)❶。据考察,中立一词被用于描述交战国与非交战国之间的关系,最早是在 17 世纪初❷,也就是 1620 年,当年诺伊迈尔·德·拉姆斯拉发表《论战时中立和援助》一书,首次在国际关系上使用了中立这个词语❸。此后,这个词在国际关系领域逐渐通行开来,越来越多地用于指称交战方与非交战方之间的关系。但是,这个词义的使用在 17 世纪还不太稳定,有的学者仍然采用其他方式表述"中立"的含义,至 18 世纪,"中立"一词才稳定地成为表达中立概念的专用词语。

　　对中立这一概念的形成作出内涵性、实质性贡献的是现代国际法的奠基人格劳秀斯。他于 1625 年❹出版《战争与和平法》一书,在书中没有使用"中立"一词❺,而是使用"战争中的中间者"。该书第三编第十七章"战争中的中间者"阐述了两条基本规则。第 1 条规则是:"战争中的中间者应不作任何行为以增强事业不正当的人或阻止事业正当的人的行动。"第 2 条规则是:"假使战争的正义性有疑问,他们应当对敌对的双方同等对待,无论是在允许其军队过境方面,或是在向军队提供食品方面,还是在拒绝提供能帮助被围者的物品方面。"1724 年,法国学者巴尔贝拉克将《战争与和平法》由拉丁文译成法文时,把"战争中的中间者"改译为"中立之人民",从而使"中立"一词同格劳秀斯的阐述联系起来,使格劳秀斯的两条规则成为中立概念"后来发展的基础"❻。

---

❶　[瑞士]埃德加·蓬儒:《瑞士中立史》,刘文立译,武汉大学出版社 1991 年版,第 1 页。
❷　关于在此以前是否实际上存在中立的问题,参见本书第二章第一节。
❸　[法]夏尔·卢梭:《武装冲突法》,张凝等译,中国对外翻译出版公司 1987 年版,第 286 页。
❹　[英]詹宁斯、瓦茨修订:《奥本海国际法》,王铁崖等译,中国大百科全书出版社 1995 年版,第 3 页。
❺　格劳秀斯在 1635 年 3 月 15 日的一封信中提到"中立法",说明他知道并且也使用"中立"一词,但在书中却没有使用该词,这说明当时对"中立"一词的使用尚未稳定。
❻　《奥本海国际法》称格劳秀斯关于国际法的著述成为国际法"后来发展的基础",这里借用这一说法。

在将近四个世纪的发展中,许多学者对中立作了多方面的研究和阐释,中立的基本含义大体稳定下来。按照《奥本海国际法》的表述,"中立的定义是:第三国对各交战国所采取的并为各交战国所承认的公正不偏的态度,这种态度产生了公正不偏的国家与交战国之间的权利和义务。"❶按照法国学者夏尔·卢梭的表述,"中立可以看做是一种法律地位或者是一种政治行为。前者指两个或几个国家发生战争时,一国置身于这场战争之外,不以加入战争行动的直接方式或以对交战者此方或彼方予以援助的间接方式卷入战争的一种地位。后者指一国所采取的坚持不参与涉及两个或几个国家的战争的行动路线。"❷

从上述《奥本海国际法》和夏尔·卢梭对中立的定义性表述中可以看出,他们的表述反映了格劳秀斯提出的关于中立的第2条规则,而格劳秀斯提出的关于中立的第1条规则,在他们的表述中至少在文字上看不出来。这反映了四个世纪来中立法发展的一个基本走向,就是中立国对交战国的正义性进行判断的权利和义务逐渐与公正不偏的权利和义务分离开来,不再作为中立概念的组成部分,也就是说,中立就是指对敌对的双方同等对待,不再包含对双方的正义或者不正义进行判断并区别对待的意思。当然,这种含义上的变化其实是表面的,在实质上,格劳秀斯提出的中立第1条规则中所涉及的战争"正义性"问题始终影响着中立概念和中立规则。"正义判断"其实是"公正不偏"的矛盾对立物,只要"公正不偏"存在,"正义判断"就会相对存在。因此,尽管可以把中立的含义限于"公正不偏",但实际上"正义判断"是中立不可回避的重大问题❸。

从上面两个定义性表述看,夏尔·卢梭的表述比《奥本海国际法》的表述更多地涉及"平时中立"。这反映了中立概念在外延上始终难以确定的一个问题:中立只包括战时中立还是也包括平时中立? 有不少著述

---

❶ [英]劳特派特修订:《奥本海国际法》下卷第2分册,王铁崖、陈体强译,商务印书馆1973年版,第147页。

❷ [法]夏尔·卢梭:《武装冲突法》,张凝等译,中国对外翻译出版公司1987年版,第283页。

❸ 本书第四章"中立的基本矛盾"将对这个问题进行深入阐释。

把战时中立称为法律中立,而把平时中立称为政治中立,这就否定了平时中立的法律意义和效果,把平时中立排除在中立法之外。本书认为,平时与战时有着不可割断的关联性,平时中立也有法律上的意义和效果,所以,平时中立应当作为中立概念在外延上的组成部分。❶

结合学者对中立已作的阐述,考虑到近几十年来国际法主体发生的变化,尤其考虑到平时中立获得的较大发展,笔者认为对中立概念可以作如下定义性表述:中立是指当两个或两个以上的国家(包括交战团体或者叛乱团体)之间已经或者可能发生战争或武装冲突时,非交战国或者国际组织对交战方所采取的不加入该战争或武装冲突、并且对交战各方公正不偏的政策和措施以及由此产生的法律地位和权利义务关系。这一定义性表述包含着以下观点:

第一,中立的基本语义是指不倾向于对立各方中的任何一方。中立一词在汉语中的基本语义同国际关系中使用的"Neutrality"一词的基本语义是基本吻合的,所以用"中立"来翻译"Neutrality"颇为合适。现代汉语对中立的解释是:"处于两个对立的政治力量之间,不倾向于任何一方。"❷"在双方或各方之间,不倾向于任何一方。"❸查古汉语中"中立"一词的语义,同现代汉语没有大的变化。《战国策·齐策》:"楚将伐齐,鲁亲之,齐王患之,张丏曰:'臣请令鲁中立。'"《礼记·中庸》:"中立而不倚。"《荀子·王制》:"殷之日,案以中立无有所偏而为纵横之事,偃然案兵无动,以观夫暴国之相卒也。"❹对照牛津大学出版社1980年出版的《牛津法律大辞典》对"Neutrality"一词的解释:"中立指不是其他国家间战争一方的国家的地位。中立的实质是:中立国不参与冲突并不偏不倚地对待战争双方。"❺其语义与中文"中立"的语义十分吻合。这些解释都

---

❶　参见本书第六章。
❷　《现代汉语词典》,中国社会科学院语言研究所词典编辑室编,商务印书馆1983年1月第3版,第1496页。
❸　《辞海》(1979年版缩印本),上海辞书出版社1980年版,第1406页。
❹　李伟民主编:《法学辞源》,中国工人出版社1994年版,第131页。
❺　《牛津法律大辞典》,光明日报出版社1988年版,第635页。

把中立作为一种社会关系,当两个或两个以上社会成员发生对立关系时,其他社会成员采取不倾向于任何一方的态度和做法,并形成与处于对立状态的社会成员之间的关系,这种态度、做法和关系就是中立。

第二,中立是国际政治和国际法上的概念。中立虽然是一种社会关系,但它并不是在任何社会条件下都能够普遍、经常发生并且被整个社会普遍认可的社会关系。中立需要一定的社会条件,就是这个社会以其成员间的平权关系❶为基础。也就是说,中立只能在平权社会中才能普遍、经常地发生并且被普遍认可。所谓平权社会需要符合两个条件,一是不存在凌驾于社会成员之上的权威机关;二是社会成员的地位平等、独立。在非平权社会中,中立必然受到公共管理权力或强权力量的制约和否定,因而无法正常存在。只有在平权社会中,中立才是可能的。由于这个道理,中立通常不是一个国内政治和国内法上的概念,而是国际政治和国际法上的概念。国际社会从 17 世纪初以来,一直在向平权社会发展,并且这个社会从一个有限的"欧洲团体"发展为一个全球性的社会。❷ 从这个意义上讲,中立是国际社会作为平权社会的一种产物。或者说,中立反映了国际社会是一个平权社会的特征。所以,这里的中立是国际政治和国际法上的一个具有特定含义的概念。

第三,中立是与战争或武装冲突相关的概念。国家之间的对立分可为武装的和非武装的两种情况。国际社会在非武装冲突的国际争端中,并不使用中立概念,比如两国间发生"贸易战",其他未介入其贸易战的国家并不与这两个国家构成"中立"关系。国际社会只在与战争或者武装冲突有关的情况下才使用这一概念,即使是平时中立,也是与未来可能发生的战争或武装冲突有关的。但是,中立与战争或武装冲突"有关",却并不是战争或武装冲突的组成部分。因此,对于中立法是否属于战争法的组成部分,历来有不同的看法,一种看法认为中立法是战争法的一部

---

❶ 参见梁西:《国际组织法》(修订第 4 版),武汉大学出版社 1998 年版,第 419 页。
❷ 梁西:《国际法》,武汉大学出版社 1993 年版,第 5 页。

分,因为中立关系是战争条件下的国家关系;另一种看法认为中立法并不是战争法的组成部分,因为中立关系在本质上毕竟不是武装对立的关系。正如本章开头所言,中立确实具有两重性,因而中立法既可以作为战争法的一部分,也可以作为独立于战争法的国际法规则。

第四,中立包括平时中立。即使在战争没有实际发生的情况下,中立也可以存在。有的国家对外宣布实行中立政策,无论哪些国家之间发生战争,它都将采取不偏不倚的态度,不偏向于其中任何国家。还有的国家与其他国家签订协议,当缔约国一方与其他国家交战时,另一方将中立。这些中立都是在战争没有实际发生的情况下存在的,人们称之为平时中立。中立毕竟与战争有关,即使是平时中立,也是面对可能发生的战争而言的。当然,尽管平时中立是面向可能发生的战争的,但是它所面向的未来战争并非必然发生,因此,平时中立与战时中立还是有重大区别。

第五,中立是指不加入战争或武装冲突。中立虽然面向已经或者可能交战的国家,面向已经或者可能发生的战争或武装冲突,但它并不是指加入战争或武装冲突。在一定意义上,中立是"反"战争或武装冲突的,它意味着非交战国不打算、不希望受战争或武装冲突的影响,甚至在一定意义上意味着交战国也可能同样不希望非交战国对战争或武装冲突施加影响。进一步看,中立是交战国与非交战国之间的一种隔离,是对交战国范围的一种限制。因此,中立具有有助于减轻战祸和促进和平的效果。需要特别指出的是,中立与"非交战"实质上是同义的,非交战国就是中立国,非交战关系就是中立关系,在交战与中立之间不应存在"非交战"状态。1939年,意大利对于由德国发动的战争宣布"非交战",既没有像其他国联会员国那样通知国联秘书长表示维持中立,也没有明确这种"非交战"与中立有什么区别。这是因为意大利当时企图在交战与中立之间持骑墙态度,既想与德国亲和,又不想介入战争,所以,它既不想交战,又不想承担中立义务。这样,意大利就在词语上玩花招,把非交战与中立分割开来,自称为"非交战"而不是"中立"。意大利的态度遭到反对,有的学者指出,这种非交战在历史上曾被称为"善意中立"❶,但是,在海牙公约形成后,这样的中立在法律上已经不允许存在,它只能作为一种政治态度,而在法律上没有意义。法律之所以把非交战与中立等同起来,就是要求所有非交战国都要按中立规则行事,将中立规则作为非交战国的行为规范。这就是说,在国际法上,非交战与中立是无法分开的,不存在"中立规则"之外的"非交战规则"。

第六,中立的内核是对交战各方公正不偏。中立作为一个国家的态度和行为,它的基本表现就是对交战各方公正不偏。从格劳秀斯以来,公正不偏始终是中立概念最为重要也是最为根本的内涵之一,是中立现象区别于其他国际关系现象的基本特征之一。尽管对公正不偏的含义、衡量标准以及在集体安全体制下的限制等有不同的观点,但对公正不偏本身没有人持否定观点。

第七,中立不以交战国的承认为必要条件。不少著述把"交战国的承认"作为中立成立的"条件",这是不准确的。交战国以明示方式承认非交战国中立,固然能够使中立成立;但是,这种情况属于交战国的承认成为中立成立的充分条件,并不表明它是中立成立的必要条件,也就是说,在许多情况下,即使没有交战国的承认,中立也可以成立。例如,在平时中立的情况下,不存在交战国,因而也就不存在交战国的承认。在战时中立的情况下,交战国大多并不以明示的方式承认中立。如果把交战国不与中立国交战界定为默示承认中立的话,这种界定的范围似乎太宽了一些。与其把战时"交战国不与中立国交战"界定为交战国对中立的"默示承认",不如把"交战国未与中立国交战"作为非交战国未加入战争或武装冲突从而表明战时中立客观存在的"证明"。

第八,中立是一国的对外政策及其措施。从国家间关系来说,中立是一种国际关系,中立法是调整这种关系的国际法;而从持中立立场的国家

---

❶ [法]夏尔·卢梭:《武装冲突法》,张凝等译,中国对外翻译出版公司1987年版,第283页。

本身来说,中立是它们的对外政策。这两个方面是什么关系,要有一个清醒的认识。一个国家可以奉行中立的对外政策,可以用本国立法的方式实行这种政策,可以在各种外交场合表达这种政策,可以在双边和多边条约中宣示这种政策并得到他国的承认,也可以在同交战国的关系中坚持这种政策。没有这种对外政策,中立是无从产生的。但是,仅仅是一国的对外中立政策,并不是中立含义的全部。中立还包括基于国家中立政策的具体行为,也就是为实施中立政策所采取的相应措施。这些具体行为或相应措施就是按照国际法上的中立规则所进行的作为和不作为。如果违反了中立规则,那就意味着这个国家丧失中立、放弃中立或破坏中立。即使这个国家声称实行中立政策,也不被认为它是中立的。所以,中立是中立政策和中立措施的结合体。

第九,中立是一种法律地位和权利义务关系。对"中立"可以作两种理解:一是理解为中立者所处的法律地位;二是理解为中立者与交战者之间的权利义务关系。这两种理解都基于一个前提:中立规则已经存在。谈到这里,就会引起"先有中立现象,还是先有中立规则"的问题。试想,如果中立规则没有形成,那么中立也就无法表明其存在;然而,如果没有中立现象,也就无法形成中立规则。因此,中立现象和中立规则只能同时产生。按照中立规则行事的中立关系各方,在中立规则下居于一定的地位,享有一定的权利并承担一定的义务,也就是说,它们在中立关系中居于一定的法律地位,并形成相互的权利义务关系。对中立的历史考察表明,中立规则是随着国际法的产生而产生的❶,是国际法的组成部分。在国际法产生以前,没有中立规则,也没有中立。随着国际法的产生而产生的中立规则构成了中立法,因而在中立关系中,中立者的地位是一种法律地位,它与交战者之间的关系是法律上的权利义务关系。

第十,中立可以在交战一方或双方是交战团体或叛乱团体的情况下构成。当战争或武装冲突中非为主权国家或合法政府的交战方被依法承

---

❶　参见本书第一章。

认为交战团体或叛乱团体时,它们的交战行为受国际法的调整,因而其他国家也可以同它们构成中立关系。但是,由于承认的情况不同而呈现比较复杂的关系:1. 如果交战国或交战的合法政府承认了交战团体或叛乱团体,而非交战国未予承认,非交战国与交战国或交战的合法政府之间可以构成中立关系,交战国或交战的合法政府所实施的封锁对非交战国有约束力,对非交战国商船可以进行临检和搜查,非交战国与交战团体或叛乱团体之间则不构成中立关系;2. 如果非交战国承认了交战团体或叛乱团体,而交战国未予承认,非交战国与交战团体或叛乱团体之间可以构成中立关系,而与交战国之间则不构成中立关系。❶

　　第十一,中立关系中的非交战方可以是国际组织。中立关系中的非交战方通常是主权国家,但是随着国际组织的蓬勃发展,具备一定条件的国际组织成为新的国际法主体,它们也可以参与中立关系。国际组织在绝大多数情况下都奉行中立原则,因而在绝大多数情况下同交战国构成中立关系。

第二节　中立的形式

一、对中立的类型分析

　　从 17 世纪以来,中立经历了复杂的发展演变过程,形成了多样化的表现形式。由于中立表现形式的复杂性,因而首先需要从不同角度对中立进行分析,而后探讨中立的几种主要表现形式及其与一些特殊表现形式的关系。

　　第一,平时中立与战时中立。

---

　　❶　[英]劳特派特修订:《奥本海国际法》下卷第 2 分册,王铁崖、陈体强译,商务印书馆 1973 年版,第 152 页,第 298 目。

按照中立关系存在的时机不同,将其分为战时中立和平时中立,是对中立的直观分析和常见分类。不过,从两次海牙和平会议以来,"战时中立"这个词语已经具有特定含义,成为专门的概念,通常不再作为平时中立的对称,除非特别予以说明。比如,在战时也可能通过协议而中立,但这样的中立不属于"战时中立"的范畴。战时中立通常特指"战时的、偶然的、临时的"中立。而"平时中立"则不像战时中立那样具有特定含义,它泛指协议中立、永久中立、不结盟、非军事化等各种形式的中立,实际上,它包括了战时中立以外所有形式的中立。

第二,政策中立与协议中立。

按照中立关系形成的依据不同,又可以分为政策中立和协议中立。前者以一国的对外政策为依据,其表现形式可分为国内立法、对外声明等,后者以国家之间的协议为依据。当然,国家间的协议是以各国的对外政策为基础的,但是既然达成了协议,那么依协议产生的国际关系就不能被认为是仅以各国的对外政策为依据了。政策中立分为两种情况,如果在战时,那么由于它针对具体的战争和具体的交战国,因而构成战时中立并具有国际法上的意义;如果在平时,则只具有国内法和国际政治上的意义,而不产生国际法上的意义。例如,瑞典长期以来奉行中立政策,冰岛于1918年宣布自己"永久中立"。这些"自行中立"的做法只具有国际政治上的意义,并不产生国际法上的意义。❶ 协议中立是平时中立的基本形式,它们与"中立化"(Neutralization)基本上是同义词。依协议可以达成各种形式的中立,如一般的协议中立、永久中立、不结盟、非军事化等。

第三,国家中立与国际组织中立。

按照中立方作为国际法主体的性质不同可以作这样的划分。国家中立即为主权国家所持的中立,这样的国家即是中立国。国际组织中立并未成为一个专用词语,通常只在与国家中立相对的场合使用。依据《联

---

❶ ［英］詹宁斯、瓦茨修订:《奥本海国际法》,王铁崖等译,中国大百科全书出版社1995年版,第266页注452。

合国宪章》第 48 条的规定❶,中立是对国际组织的普遍国际法要求,只有根据安理会按照联合国宪章第七章对某个国家采取军事行动的决议,"有关国际机关"才能成为该军事行动的交战方,除此以外,在国际法上没有任何依据可以使任何国际组织成为任何战争或武装冲突的交战方。

第四,区域中立与武器中立。

中立还可以按照其对区域还是对作战手段予以中立化而进行划分。区域中立是对一个国际区域或自然区域(如河流、海峡、海域、极地等)予以中立化。武器中立则是对某一区域排除部署或使用某种武器,最典型的一种形式就是"无核区"。被中立化的区域和武器,由于它们本身都不是国际法主体,因而它们都不能作为中立关系的主体,而是中立关系的客体。对于区域中立来说,国际法主体负有不在中立化区域设置军事设施、采取军事行动的义务,这与交战国对中立国所承担的义务是相同的。对于武器中立来说,国际法主体负有不对特定国家、地区使用某种武器的义务,在涉及该武器的范围内,与交战国对中立国所承担的义务也是一样的。由于区域和武器不是中立关系的主体,因而区域中立和武器中立实际上是从中立法的角度对"非军事化"、"无核化"所作的描述,以便揭示它们包含着中立的因素,所以,区域中立和武器中立属于中立的特殊表现形式。

二、中立的主要表现形式

运用上文对中立的类型划分,来考察中立的各种表现形式,我们可以看到,以下几种中立形式在概念上、实践中已经十分稳定,成为中立的主要和基本表现形式。

第一,战时中立(war-time neutrality)。

战时中立是指在战争或武装冲突实际发生的情况下,非交战国与交战国之间的中立状态或中立关系。战时中立是一种现实状态,以战争或

---

❶ 《联合国宪章》第 48 条规定:"一、执行安全理事会为维持国际和平及安全之决议所必要之行动,应由联合国全体会员国担任之,一依安全理事会之决定。二、此项决议应由联合国会员国以其直接行动及经其加入为会员之有关国际机关之行动履行之。"

武装冲突的实际发生为前提,战争或武装冲突尚未发生时,无论其发生的可能性有多大,战时中立都不可能发生;一旦战争或武装冲突终止,战时中立也就随之消失。战时中立是一种客观状态,并不需要中立国的明确宣告,也不需要交战国的明示承认,当然也不排除中立国的宣告或交战国的承认。战时中立关系至少由三方组成,其中两方为互相对立的交战国,另一方为中立国;战时中立关系把三方密切联系在一起。

战时中立是中立最基本、最典型的表现形式。首先,中立的其他表现形式都以战时中立为基础,如果在国际社会中关于战时中立的规则不存在,则中立的其他表现形式也无法存在;其次,中立的其他表现形式都以战时中立为目标,它们以可能发生的战时中立为"想定"来设计各种非战时的中立;再者,中立的其他表现形式都以战时中立为归结,当一个国家平时和战时的做法不一致时,以其战时的行为判断其是否中立,从这个意义上讲,战时中立优于平时中立。

由于战时中立的基本性和典型性,因而长期以来有一种学术观点把中立局限于战时中立❶。这种观点认为平时中立只具有政治意义,被称为政治中立;只有战时中立才具有法律上的意义,被称为法律中立。这种观点的理论背景可能是由于受到中立法发展状况的影响。格劳秀斯关于战时中立的概念成为中立的法律概念,并且得到 1899 年和 1907 年关于中立的海牙公约的确认❷,这种状况影响了人们对法律意义上的中立范围的理解,以为法律中立仅指被海牙公约所调整的中立。然而,这种观点并不正确,因为在平时条件下被广泛运用的中立,不仅具有政治意义,而且也受国际法的调整,主要是受条约法的约束。所以,受条约法约束的平

---

❶　朱荔荪:《中立和中立法》,《中国大百科全书·法学》,中国大百科全书出版社 1984 年版,第 802 页。"传统国际法上的'中立',指战争时期非交战国选择的不参与战争、对交战双方不偏不倚的法律地位,即战时中立。""战时中立不同于平时政治意义上中立和'中立主义'。作为外交政策上的平时中立,指的是对其他国家间的争端不采取在本国支持一方反对另一方的政治态度,不参加军事联盟,拒绝在本国领土上设置外国军事基地或驻扎外国军队,以及不偏袒任何国家等。"

❷　见《中立国和人民在陆战中的权利和义务公约》,1907 年 10 月 18 日海牙第 5 条公约;《战争法文献集》,解放军出版社 1986 年版,第 58 页。

时中立,同样具有法律意义,虽然它与战时中立确实有很大区别,但是无论如何不能把平时中立排除于广义的中立概念之外。

第二,协议中立(conventional neutrality)。

协议中立是指由于条约的约束而构成的中立。协议中立无论战时还是平时都可以构成。但是战时的协议中立与平时的协议中立是有区别的,战时的协议中立是在交战国与中立国之间达成协议,因而实际上只是对战时中立的明示和承认,而平时的协议中立则是在均未交战的国家之间达成协议,因而是对在可能发生的战争中中立地位的预先明示和承认,只是对于这种明示和承认仍然要用战争实际发生时的情况来检验。如果战争实际发生时的情况与平时的中立协议不一致,由此产生的违反条约的责任关系只在缔约国之间产生,同其他交战国无关。中立协议可以是双边的,也可以是多边的,从历史情况看,多边的中立协议常常是关于保证某一国家永久中立的协议。中立协议多数表现为"安全合作条约"中的中立条款,单纯的中立协议并不多见。

第三,永久中立(permanent neutrality)。

永久中立是指主权国家通过条约实现无期限、无条件的中立化。永久中立是就主权国家而言的,对于非主权国家的区域中立,尽管实际上也无期限和条件,但通常不用"永久中立"相称。永久中立的国家称永久中立国(permanent neutralized state)。国际实践表明,永久中立需要通过条约来实现,所以说永久中立是协议中立的一种特殊形式。但是这种条约应是双边的还是多边的? 如果是多边条约,那么需要多少国家或哪些国家? 至今尚无明确依据。所以,签订条约只是永久中立的必要条件而不是其充分条件。历史上出现过不少永久中立国,如:瑞士(1815 年)、比利时(1831—1919 年)、卢森堡(1867—1919 年)、奥地利(1955 年)、老挝(1962 年)、土库曼斯坦(1995 年)❶等。至今仍保持永久中立地位的一般认为只有瑞士和

---

❶ 1995 年 12 月 12 日,根据俄罗斯、法国、美国、中国、土耳其、伊朗等 25 国共同提案,第50 届联合国大会全票通过《关于土库曼斯坦永久中立决议》,这是迄今唯一以联合国大会决议的方式获得国际社会普遍承认的永久中立国。

奥地利,其中瑞士被普遍认为是永久中立国的典型❶。瑞士依据 1815 年维也纳公会的最后文件成为永久中立国。比利时通过 1831 年《伦敦协议》,卢森堡通过 1867 年《伦敦协议》都曾成为永久中立国,但这两个国家的中立于 1914 年第一次世界大战开始时被德国破坏后,由 1919 年《凡尔赛和约》废除。奥地利的永久中立是通过另一种方式确定的,1955 年根据奥地利与苏联达成的协议,奥地利国会制定了一个宪法性的《联邦法规》,宣布永久中立,其后,奥地利政府照会美、苏、英、法和其他同奥地利建交的国家,请它们承认奥地利的中立。老挝的中立地位是在 1961 年 5 月至 1962 年 7 月召开的扩大的日内瓦会议上确定的,会议期间,老挝王国政府提出了《中立声明》,老挝以外的 13 个参加会议的国家签署了一项《关于老挝中立的宣言》,从而确立了老挝的中立地位。关于老挝是否仍保持永久中立地位的问题,还是可以讨论的。永久中立国因其地位而应承担的义务是:(1)不主动发动战争,但是当受到别国攻击时,为了保护本国的政治独立和领土完整,可以进行自卫,并且可以在平时为此目的保持军备;(2)不参加其他任何国家之间的战争,在任何战争时期始终保持绝对中立;(3)不参加任何需要承担战争义务或其他与中立地位相抵触的条约;(4)不承担任何可能使自己卷入战争的义务或采取这方面的行动。

三、中立的特殊表现形式

中立除了上述主要表现形式外,还有另外一些表现形式,它们在概念上主要表达其他意义,在实践中所表现的具体中立立场、政策和措施具有不确定或不稳定性,但由于它们毕竟包含着中立因素,因而将它们称为中立的特殊表现形式。

第一,不结盟(Non-alignment)。从一般意义上讲,结盟是指国与国之间结成军事同盟,不结盟即是指采取不与他国结成军事同盟的政策措施。这一政策措施与永久中立国奉行的、或者在永久中立条约中规定的"不

---

❶　王铁崖主编:《中华法学大辞典·国际法学卷》,中国检察出版社 1996 年版,第 639 页。

与其他国家结成军事同盟"的核心要求是一致的,因此,不结盟具有中立的性质。但是,不结盟国家并不完全等同于战时中立国或永久中立国,因为不结盟国家只是不与其他国家结盟,但并不排除它可以采取其他非中立立场和措施,所以,不结盟是中立的一种特殊形式。

一般意义上的不结盟与第二次世界大战后的"不结盟运动"有所区别。二战后,一些发展中国家,特别是摆脱殖民统治的新独立国家,奉行不结盟政策,兴起不结盟运动,赋予"不结盟"以特定的含义。不结盟运动赋予"不结盟"的特定含义是指:(1)支持民族独立运动;(2)不参加以美苏为首的两个大国各自组建的以武力对抗为背景的"北约"、"华约"军事集团;(3)不以美苏对抗为背景缔结军事同盟条约或者加入地区性防卫条约;(4)不为美苏之间的对抗提供军事基地[1]。可见,不结盟运动主要针对当时美苏两极对抗格局,不是一般意义上的不结盟。这样,"不结盟"一词就有了两种含义,一是指不与任何国家建立军事同盟,这是一般意义上的不结盟;二是特指不与美苏大国结盟,这是战后不结盟运动所称的"不结盟"。在中立意义上使用"不结盟"一词,应当是指一般意义上的不结盟。但是,由于战后不结盟运动使用了"不结盟"这一词语,因而给中立制度上使用这一词语带来了困难,为了防止混淆,在使用这一词语时不得不加以说明。随着美苏两极对抗格局的瓦解,"不结盟"实际上已经恢复到它的一般意义,也就是作为中立的一种特殊表现形式。

第二,非军事化(Demilitarization)。非军事化包括两种情况:一是国家在某一区域不设防、不驻扎军队、不进行军事部署、不将其作为作战区域,或者将该区域内驻军数量、军事部署维持在低水平,这样的区域称为"非军事区"(Demilitarized Zone);二是国家在某一区域内禁止部署或使用某种武器,目前实际上就是禁止部署使用核武器,这样的区域称为"无核区"[2]。

---

[1] 参见王绳祖主编:《国际关系史》,世界知识出版社 1995 年版,第 9 卷第 68~75 页。
[2] 参见[德]马克斯·普朗克比较公法及国际法研究所主编:《国际公法百科全书·第三专辑·使用武力、战争、中立、和约》,中山大学法学研究所国际法研究室译,中山大学出版社 1992 年版,第 97 页。

非军事化可以由国家通过单方面宣告来实施,但通常都通过签订国际条约来实施。传统的非军事化是在国家领土内实施,主要是在两国交界处、两军对垒处实施;随着国际实践的发展,二战后的非军事化主要在国际领域实施,比如南极的非军事化、外层空间的非军事化、公海某些区域的非军事化(海洋和平区)等。

非军事化要求交战各方或者可能的交战各方均不得为军事目的利用非军事化区域,这意味着该区域对于交战各方或者可能的交战各方是中立的,所以,非军事化区域也可以称为"中立区"。但是,非军事化与国家中立(中立国)又有所不同:中立国完全可以有自己的军队和军事设施,可以在本国领土内部署军队和军事设施;非军事化则是不能在某一区域部署军队和军事设施,所以,非军事化并不是中立的一般形式,而是一种特殊表现形式。

第 二 章

中立法的历史发展

第一节　中立法的出现

在国际法发展史上,最早发展的是战争法[1],而在战争法发展史上,最早发展的是中立法。

一、关于古代和中世纪有没有中立法的问题

一些著名的国际法学者基本上都认为,古代和中世纪没有中立法。《奥本海国际法》认为:"古代既无国际法的概念,也就不能期望在古代国家之间有中立的法律制度;甚至在实践中也没有中立,因为交战国从来不

---

[1] 梁西主编:《国际法》,武汉大学出版社 1993 年版,第 21 页。

承认其他国家的公正不偏的态度。如果两国交战,第三国必须在交战国之间进行选择,成为一个交战国或另一个交战国的同盟国或敌国。这并不是说,第三国必须在实际上参加战斗,情形根本不是这样的。但是,在必要的时候,它们必须提供援助;例如,允许交战国部队通过它们的领土,向它们所赞同的一方供给粮食等,而拒绝给敌国以一切这样的援助。"❶法国学者夏尔·卢梭持基本相同的观点,他认为:"古代并不知道后代具有的国际法概念,因此不应指望古代已经熟悉并实践了具有制度形式的中立。事实上,至少在初期,不可想象国家或城邦能够置身于武装冲突之外,因为留给第三国的唯一选择就是在交战国之中选择要站在交战国的哪一边。这种地位并不意味着积极参加战争行动,但至少要给予交战国军队通行权或提供政治的和经济的援助。"❷

上述学者所持观点的理由大致可以归纳为两条:一是,古代和中世纪没有国际法的概念,因而也就没有中立法律制度;二是,古代和中世纪交战国不承认其他国家的公正不偏的态度,如果两国交战,第三国必须在交战国之间进行选择,因而无法中立。应该说,上述理由是可以成立的。在中世纪以前,交战国与第三国之间不存在确定中立权利义务关系的规则,即使第三国在交战国之间实际采取了公正不偏的态度,交战国也不对第三国负有什么义务;反之,即使第三国援助了某一交战国,也并不被认为破坏了某种规则。因此,现代意义上的中立法在那时是不存在的。但是,也应当看到,在古代和中世纪,虽然没有作为制度形式的中立,却不能排除原始意义上的中立。如果把中立定义为"不介入交战国的第三国所持的态度",那么,自古以来就存在着中立现象。两国交战,另一国家在与两国的关系上持"不参与、不介入"的态度,这就构成了原始的中立。正是这种原始的中立现象,酝酿了后来的中立

---

❶ [英]劳特派特修订:《奥本海国际法》下卷第 2 分册,王铁崖、陈体强译,商务印书馆 1973 年版,第 124 页。

❷ [法]夏尔·卢梭:《武装冲突法》,张凝等译,中国对外翻译出版公司 1987 年版,第 285 页。

制度。

二、中立法的萌芽和中立制度的诞生

中世纪后期,在欧洲的战争中出现了这样的情况:交战国并不公然强迫第三国作出选择,第三国可以一方面主张不参与战争,另一方面向交战国提供各种援助。为了防止第三国这样做而对敌国有利,交战国经常与第三国签订协议,明确要求第三国在战争中不向敌国提供援助。这些协议可以视为中立法的萌芽现象,它推动了中立制度的产生。❶ 同时,在这个时期,个别的海上中立规则也出现了。14 世纪中叶产生的海事规则和习惯的汇编《海事法集》中有这样一条规则:"战时中立国船上的敌货可以没收而敌船上的中立国货物应予返还。"❷到 16 世纪,"中立"逐渐成为国际关系中的常见词语。❸

比较一致的观点认为,到 17 世纪,中立成为国际法中的一项独立制度。促成这一发展的是 17 世纪两位学者的贡献。一位是诺伊迈尔·德·拉姆斯拉,另一位是格劳秀斯❹。格劳秀斯的两条规则表明,17 世纪的中立规则包含了以下内容:(1)非交战国可以采取中立立场;(2)中立国可以允许交战国军队过境,向他们提供粮食;(3)中立国有权利并有义务判断交战的正义性;(4)在交战的正义性不确定的情况下,中立国对交战国应当公正不偏。学者对于国际实践的理论总结推动了中立制度的发展。

---

❶ 实际上这种协议很早就出现了,比如公元前 425 年有一个条约,规定阿卡尔那尼亚、安菲洛西亚和安布腊基亚三个群体不得介入雅典、阿哥斯、伊利斯和曼提尼亚之间的冲突,不得让交战国通过其领土。只是,到中世纪后期,这种协议变得经常起来,并且向着制度化的方向发展。参见夏尔·卢梭:《武装冲突法》,中国对外翻译出版公司 1987 年版,第 285 页。

❷ 吴焕宁主编:《海商法学》,法律出版社 1996 年版,第 6 页。

❸ [英]劳特派特修订:《奥本海国际法》下卷第 2 分册,王铁崖、陈体强译,商务印书馆 1973 年版,第 125 页注 2。

❹ 参见本书第一章。

第二节　中立法在习惯法中的发展

18 世纪和 19 世纪上半叶，国际法处在习惯法发展阶段，中立法在这一时期得到了进一步的发展，主要表现在以下几个方面：

一、中立理论的深化与中立规则的形成

进入 18 世纪之后，中立的理论得到了发展。在中立理论上作出重要贡献的是宾刻舒克❶和瓦泰尔❷两位学者。宾刻舒克认为，除非事先有协议约定，否则中立国应当对交战各方公正不偏，而没有必要判断各方正义与否。瓦泰尔则比宾刻舒克更多地注重战争正义问题，他认为中立国还是可以根据对战争正义的判断来对待交战国。❸

在 17 世纪和 18 世纪初期的实践中，虽然已经形成了中立的概念，但是中立的具体规则仍然是模糊的。一是公正不偏的义务并不十分严格，只要事先有条约约定，那么中立国向交战国一方提供军队、允许交战国部队通过其领土，均不被认为破坏中立。二是对于中立国其他行为的限制也不严格，中立国允许交战国一方或双方在其领土上征募军队、利用其资源、向其商船授予私掠船证书等，不被认为破坏中立，交战国在中立国领土上追逐敌国军队或在中立国领水内追逐敌国军舰，也被认为合法。三是各国的实践有明显的分歧。中立国公正不偏的义务被各国公认后，交

---

❶　科美留斯·凡·宾刻舒克(Komelius Van Bynkershoek,1673—1743)，曾任荷兰、泽尔兰和弗里斯兰最高法院法官、院长，17 世纪荷兰著名法学家，国际法学重要先驱者之一，主要著作有《海洋主权论》、《使命论》和《公法问题》。

❷　艾默里克·德·瓦泰尔(Emerich de Vattel,1714—1767)，曾任萨克森驻伯尔尼公使，18 世纪瑞士著名国际法学家，国际法折中学派代表人物之一，主要著作有：《万国法，或适用于各国和各主权者的行为与事务的自然法原则》。

❸　参见本节相关内容。

战国拿捕战时禁制品的权利得到各国承认。但是,在拿捕的范围等方面,各国持不同意见。法国和西班牙主张交战国可以夺取敌船上的中立国货物和运载敌货的中立国船舶。而英国则认为,中立国船上的敌货可以没收,而敌船上的中立国货物则必须予以返还。又如:在1756年的英法战争中,法国由于英国的海军优势而无法用本国商船进行对殖民地的贸易,因而通过中立国荷兰的船舶进行这样的贸易。英国于是命令其舰队拿捕从事这类贸易的荷兰船舶及其货物。理由是:在这样的情况下,中立国船舶已经成为敌国商船队的一部分,产生了敌性,应当按照敌国商船对待。这一做法后来被称为"1756年规则"。到18世纪下半叶之后,上述情况逐步得到改变,国际实践形成了一些重要规则。这些规则主要是在下述国际实践中形成的,一是两次武装中立,二是美国独立初期与欧洲列国的关系。

(一)两次武装中立中形成的中立规则

1780年2月,俄国女皇叶卡捷琳娜发表《武装中立宣言》,发起第一次武装中立。这次武装中立发生的背景是英国与美国、法国、西班牙之间的战争。❶

第一次武装中立宣言宣布了下列主要规则:1.中立国船只可以在交战国各口岸之间和交战国沿海"自由航行";2.交战国臣民的财产,除违禁品外可以"自由装载于中立国船只";3.关于违禁品的细则,俄国遵守1766年英俄商约第10条和第11条的规定,并对所有的交战国承担义务;4.只有当进攻国家在某一港口的附近驻扎了足够的船只、并对开进去的

---

❶ 1776年,美国13个州开始对英国进行独立战争,法国和西班牙站在美国方面对英宣战,使这场战争成为国际战争。俄国为保护其中立权利,于1780年2月23日发表关于武装中立原则的宣言,通告交战国并请求其他中立国家予以合作。丹麦、瑞典与其呼应,发表了同样的宣言并分别与俄缔结武装中立条约。荷兰、普鲁士、葡萄牙、西西里等相继加入,成立了包括欧洲所有中立国家的武装中立同盟,主张用海军力量来确保其商业自由。1800年,俄国又领头发起了第二次武装中立,这次武装中立起于护航问题。一些国家主张军舰护航制而英国则始终拒绝接受此项制度。于是,1800年12月,俄国和丹麦、瑞典和普鲁士缔结条约,宣布第二次武装中立。

船只构成明显的危险时,那个港口才称为被封锁港口。❶ 丹麦、瑞典、荷兰、普鲁士、奥地利、葡萄牙等国签订条约,加入武装中立同盟,共同以军舰强制执行这些规则。同时,这些规则也得到交战国法国和西班牙的承认,只有英国拒绝承认。

1800 年 7 月,英国军舰拿捕了抗拒临检和搜查的一艘丹麦军舰以及在它护航下的若干商船,俄国约请瑞典、丹麦和普鲁士恢复武装中立同盟,并在第一次武装中立形成的若干规则的基础上增加一项规则:如果护航军舰的指挥官宣称在其护航下的中立国商船没有运载战时禁制品,交战国就没有临检和搜查的权利。

(二)美国独立初期与欧洲列国关系中形成的中立规则

1793 年到 1818 年,美国在中立方面的做法对中立规则的发展有较大影响。当时,法国资产阶级革命引起了法国与以英国为首的反法联盟之间的战争,由于美国与法国存在着 1778 年形成的法美同盟条约,该条约要求美国在发生战争的情况下保护法属西印度群岛,因而使美国面临卷入欧洲战争的危险;而美国的经济利益又与英国有着密不可分的联系,这给独立不久的美国提出了外交难题。为此,美国政府决定保持中立。1793 年 4 月,美国发表《政府宣言》,表明了美国不介入战争的任何一方的原则立场,命令美国公民对交战双方都应采取友好的、公正的立场,禁止对交战双方表示敌意,禁止同交战双方进行走私贸易。这一宣言避免使用中立字样,但实质上是中立宣言。❷ 就从这一年 4 月起,法国驻美国公使埃德蒙·热内抵达美国,开展了一系列反英活动,包括向美国商船发放私掠船证书,组织装备了 14 艘私掠船,招募美国水手和军官服役,在美国领土上设立法国捕获法院,在美国领海上捕获了 80 余艘英国商船等。同时,英国也宣布面粉和麦类是违禁品,在海上拦截美国同法属西印度群岛进行贸易的商船。为此,美英于 1794

❶ [美]比米斯:《美国革命外交史》,印第安纳大学出版社 1985 年版,第 154 页。
❷ 王绳祖主编:《国际关系史》第 1 卷,世界知识出版社 1995 年版,第 346 页。

年 11 月 19 日缔结《约翰·杰伊条约》,该条约规定,美国政府解除得到法国授权的私掠船的武装,关闭设在美国的法国捕获法院,禁止美国公民为外国交战国服役。作为交换条件,条约规定英国满足美国的要求,对装载食品的中立国船舶免予拿捕。1800 年 3 月,美法又签订《莫特枫丹条约》,条约规定:自由船舶可以自由运载货物;中立国船舶有在各交战国进行非违禁品贸易的自由。美国与英、法在条约中所约定的这些做法,后来在海牙公约中通过实定法进一步予以确立,从而使之成为中立的习惯法。

二、永久中立国的产生

瑞士永久中立——1815 年 3 月 20 日,在维也纳会议的《最后议定书》中,欧洲国家承认瑞士为永久中立国家,并集体给予担保。议定书规定:"瑞士的中立和不受侵犯,以及脱离外国影响的独立,是符合全欧洲政治的真正利益的。"[1]瑞士问题的解决是维也纳会议最经得起考验的一项成果。

比利时永久中立——比利时根据维也纳会议决议而并入荷兰,1830 年 8 月,比利时爆发反对荷兰统治者的起义,由于欧洲列强矛盾错综复杂,1831 年,英、法、俄、奥、普鲁士五国大使在伦敦举行会议并签订条约,承认比利时独立,并担保其永久中立。1839 年 4 月 19 日,英、奥、法、普、俄同荷兰签订关于比利时脱离荷兰的最后条约时,重申了上述关于比利时中立的担保。比利时的永久中立至 1919 年 6 月 28 日被《凡尔赛和约》正式废除。[2]

永久中立国的出现,为平时中立确立了一种基本形式,这种形式为后来许多国家所仿效。

---

[1] 《国际条约集(1648—1871)》,世界知识出版社 1984 年版,第 347—348 页。
[2] 《国际条约集(1917—1923)》,世界知识出版社 1984 年版,第 77 页。

第三节　中立法在实定法中的发展

国际法在经历了从 17 世纪到 19 世纪下半叶的习惯法发展阶段之后,实定法有了较大的发展。此后,中立法的发展出现了大起大落的现象。

一、巴黎宣言

克里米亚战争之后,法国、奥地利、英国、普鲁士、俄国、撒丁和土耳其等国在巴黎召开和平会议,于 1856 年 3 月签订《巴黎和约》。和约通过后,列强继续讨论了其他一些共同关心的问题,于 4 月 6 日通过了《巴黎会议关于海上若干原则的宣言》(简称《巴黎宣言》)。宣言总共四条,内容为:(1)禁止私掠船制;(2)中立国船上的敌国货物(用于战争的物品除外)不得没收;(3)敌国商船上的中立国货物(战时违禁品除外)不得没收;(4)封锁必须是有效的,即只有在被封锁的港口实际为海军封闭的情况下才被承认是封锁。《巴黎宣言》是第一个关于战时中立规则的多边条约,是实定中立法的开端。而且,它也是第一个多边的战争法公约,是实定战争法的开端。《巴黎宣言》对习惯法中的中立规则进行了编纂和发展,从而向实定法的方向前进了一大步。这一趋势,对现代国际法的形成也产生了重要影响。

二、海牙公约

19 世纪末,由于科学技术的进步带来了军事技术革命,再加上资本主义经济高速发展造成列强之间实力失衡和重整,因而列强之间展开了狂热的军备竞赛。列强出于各自的目的,于 1899 年和 1907 年分别召开了两次以裁军和控制军备为初衷的海牙和平会议。然而会议的初衷最终都被束之高阁,而两次会议却在战争法和中立法的编纂方面取得了出人意料的成果。第一次海牙和平会议形成了一些战争法规,第二次海牙和平会议由于受南非战争和日俄战争的影响,把中立问题作为讨论的重要内容,通过了一系列公约。这次会议通过的 13 个公约中有 7 个公约涉及中立,即:《关于战争开始的公约》(海牙第 3 公约);《中立国和人民在陆战中的权利和义务公约》(海牙第 5 公约);《关于敷设自动触发水雷公约》(海牙第 8 公约);《关于 1906 年 7 月 6 日日内瓦公约原则适用于海战的公约》(海牙第 10 公约);《关于海战中限制行使捕获权公约》(海牙第 11 公约);《关于建立国际捕获法院公约》(海牙第 12 公约);《关于中立国在海战中的权利和义务公约》(海牙第 13 公约)。其中,第 12 公约没有生效,第 5 公约和第 13 公约英国未予批准。这些公约除了第 12 公约以外,都成为被大多数国家所承认的有效的国际法文献,总称为《海牙公约》或《海牙法规》。❶ 1939 年,阿根廷将其在对德战争中维持中立的态度通知国际联盟秘书长时声称,以 1899 年和 1907 年的海牙公约作为其实行中立的规则。墨西哥、委内瑞拉、乌拉圭等国家也同样宣布,它们的中立将依据海牙公约行事。❷

此外,海牙会议还派生出一个虽未生效但相当重要的关于中立规则的文件——《伦敦宣言》。❸ 这个宣言与海牙第 12 公约密切相关。海牙第 12 公约旨在设立一个国际捕获法院,作为交战国捕获法院的上诉法院。为了使国际捕获法院的审判有一个普遍接受的法律基础,1908 年各国在伦敦召开会议(伦敦海军会议),经过长时间的讨论,于 1909 年形成了《伦敦宣言》。宣言内容十分全面,包括封锁、禁运、非中立役务、对中立国捕获品的毁坏、改悬中立国旗帜、敌性、护航、对搜索的抗拒、补偿等方面的规则。这个未生效的《伦敦宣言》对后来各国的中立

---

❶ 王绳祖主编:《国际关系史》第 3 卷,世界知识出版社 1995 年版,第 366 页。

❷ [英]劳特派特修订:《奥本海国际法》下卷第 2 分册,王铁崖、陈体强译,商务印书馆 1973 年版,第 131 页注 3。

❸ 张召忠编著:《海战法概论》,解放军出版社 1995 年版,第 510 页。

产生了很大影响。在《伦敦宣言》产生后的第一场战争即土意战争中，交战国双方都遵守了伦敦宣言，虽然这两个国家都没有批准这个宣言，而且土耳其还不是签字国。第一次世界大战爆发时，美国也立即邀请交战双方采用该宣言，德国和奥匈帝国表示同意，但以敌国也同意为条件；而英国、法国和俄国准备对该宣言加以若干修改后予以采用。一战初期，英、法、俄在事实上确实是这样做的，但是随着战争的进展，法国宣布停止适用该宣言，英国逐渐以种种措施限制适用该宣言，最终也宣布停止适用。

三、第一次世界大战期间的中立

与第一次世界大战前相比，一战期间的中立观念和中立原则发生了较大的变化，主要是中立国公正不偏的义务趋于弱化，正义战争的理论重新占上风。主要表现在：

第一，中立法规受到削弱。《伦敦宣言》因批准国数目不足而没有生效。已经决定以习惯法名义执行《伦敦宣言》的法国和英国，也分别于1914年和1916年宣布停止遵守《伦敦宣言》，而遵守《伦敦宣言》以前的习惯法上的中立规则。

第二，中立观念趋于弱化。由于参加第一次世界大战的国家达到34个，对中立持否定态度的观念逐渐占上风。以有中立传统自居的美国，当时的总统威尔逊在1917年4月2日致国会的咨文中说："在关系到世界和平和各国人民自由时，中立便不再可能或为人所渴望。"交战国普遍认为，中立国"是规避其对人类所应负的责任的"。❶ 当时实行永久中立的三个国家（瑞士、比利时和卢森堡），在大战面前颇感难以维持其中立地位。比利时和卢森堡的中立于1916年遭到破坏，无法维持，于1919年正式取消了永久中立的地位。在这样的情况下，中立制度的发展失去了观

---

❶　[英]劳特派特修订：《奥本海国际法》下卷第2分册，王铁崖、陈体强译，商务印书馆1973年版，第132页。

念基础。

四、两次世界大战之间的中立

两次世界大战之间的中立有一个戏剧性的转折过程,可以划分两个阶段:

(一)1919年至1936年,中立处于继续弱化阶段

总结第一次世界大战的经验教训而形成的国际联盟盟约,大大削弱了中立制度,到了几乎取消的程度。国际联盟盟约第10条和第11条规定,国联所有成员国均应共同行动,以使盟约义务受到尊重。盟约第16条赋予成员国采取反对侵略者和援助受害者的行动的义务。不过,国联盟约并没有明文废除中立制度,而且国联行政院还于1920年2月13日声明承认瑞士的永久中立地位。可见,国联盟约虽然限制了中立制度的发展,但并没有取消中立制度。其后,1928年巴黎非战公约规定废弃战争权,这个公约虽未明文改变中立法,但是由于它使战争在国际法上的地位发生了根本改变,因此这个公约也对中立制度产生了削弱性的影响。

(二)1936年至1941年,中立趋于强化阶段

1936年以后,由于大规模战争的因素迅速增长,许多国家开始努力维护中立地位,中立制度走向复兴。主要表现在以下两个方面:

第一,国际联盟的集体制裁行动受到中立复兴势力的阻力。1935年,意大利与埃塞俄比亚发生冲突,国联决定对意大利进行制裁。阿尔巴尼亚、奥地利和匈牙利拒绝参加制裁。1937年4月24日,法国和英国声明承认比利时的永久中立。荷兰也正式宣布其中立政策。1938年5月14日,国联行政院形成决议,免除瑞士参与国联经济制裁措施的义务,使瑞士重新回到完全中立。

第二,国际联盟以外的其他国家采取了加强中立地位的行动。1938年5月27日,丹麦、芬兰、冰岛、挪威、瑞典五个斯堪的那维亚国家通过了《斯德哥尔摩宣言》,形成中立共同规则,作为各国国内立法的一部分,而

且规定未经事先交换意见不得修改。❶ 1939 年 9 月 23 日至 10 月 3 日，
在巴拿马城举行第一次美洲各共和国外长协商会议，与会的共有 21 个国
家。会议通过了《关于美洲各共和国中立的总宣言》。宣言的主要内容
是：美洲各共和国对欧战保持中立，希望各交战国尊重它们的中立国权利
和地位；各共和国应防止其领土、领海、领空被交战国用作基地、募兵场
所，或设立电台；交战国军舰进入美洲各共和国水域或港口，一次不得超
过 3 艘，逗留时间不得超过 24 小时；交战国军用飞机飞越美洲各共和国
领空，应被认为破坏其中立；交战国潜水艇不得进入美洲各共和国的水
域。会议还通过了《巴拿马宣言》，将美洲周围 300 海里以内的海域划为
中立区（加拿大和上述区域内无可争议的欧洲国家的殖民地和属地的领
海除外），非美洲的交战国不得在该区域内进行敌对活动。❷ 此外，特别
值得注意的是美国的情况。美国本来就有孤立主义对外政策的历史传
统，20 世纪 30 年代中期，在欧洲战云密布的形势下，国内和平主义和孤
立主义思潮抬头，国会围绕制订中立法问题展开一场对外政策的大辩论。
1935 年 8 月 21 日通过第一个有效期为 6 个月的中立法，规定：对所有交
战国实施武器、弹药和军需品禁运；授权总统确定所禁运的军需品清单及
实施禁运的时间；禁止美国船只向交战国运送军火；授权总统可以宣布不
保护乘坐交战国轮船旅行的美国人；建立军火管理委员会负责监督对武
器出口的控制。1936 年 2 月 18 日，美国国会又通过了有效期 14 个月的
第二个中立法，其内容是在第一个中立法的基础上增加了禁止给予交战
国贷款的条款。1937 年 4 月 29 日，美国国会通过了第三个中立法，该法
没有规定有效期，适用范围扩大到发生"大规模"内战的国家，增加了"现
购自运"条款，即准许美国商人和交战国之间进行除武器、军火之外的其
他贸易，但要求付现金，并不得由美国船只运载。1939 年 10 月 27 日至
11 月 2 日，美国国会又通过第四个中立法——《新中立法》，废除武器禁

---

❶ ［法］夏尔·卢梭：《武装冲突法》，张凝等译，中国对外翻译出版公司 1987 年版，第 292 页。
❷ 《美国对外关系文件（1937.7—1940.6）》，波士顿出版社 1940 年版，第 110—112、116—
117 页。

运条款,保留在"现购自运"原则下和交战国双方进行贸易的规定;总统有权划定作战区域并禁止美国船只驶入;美国人不得乘坐交战国船只旅行。美国的第四个中立法开始显露出美国放弃中立、介入战争的苗头,这是美国面对迅速发展的战争形势,国家政策进行调整的征兆。❶

五、第二次世界大战期间的中立

二战期间,美国中立态度的改变,对战争进程产生重大影响,同时,也反映了这一时期中立观念的转折性发展。美国中立立场的变化主要通过三个事件表现出来:

一是转让50艘超龄驱逐舰。1940年9月,美国将50艘超龄驱逐舰转让给英国,以交换在纽芬兰、英属圭亚那以及百慕大、巴哈马、牙买加、圣鲁西亚、特立尼达和安迪瓜等岛上租借海空军基地的权利。

二是通过《租借法案》。1941年1月,美国政府向国会提出《租借法案》(正式名称为《加强美国防卫法》),并于3月11日获得通过。该法案规定,美国总统有权决定为其他国家制造防卫物品,向其他国家转让、出租或以其他方式处分防卫物品,为其他国家修理、装备或改造防卫物品。防卫物品除各种其他物品外,还包括武器、飞机、船舶或舰艇。

三是修改中立法。美国于1941年11月18日废止了1939年中立法第2条、第3条和第6条。这几条是这部中立法中的重要条款,它们规定,禁止美国船舶向交战国港口运送货物,禁止美国船舶武装从事与外国通商。❷ 这几条被删以后,所谓中立法实际上已经基本改变了中立性质,反而成了对交战国援助法。

美国的上述做法显然不符合19世纪的习惯中立法和海牙公约所形成的中立规则。为此,美国努力在介入战争与遵守中立规则之间进行理论上的调和,基本理由是:

---

❶ 王绳祖主编:《国际关系史》第5卷,世界知识出版社1995年版,第272—281页。

❷ [英]劳特派特修订:《奥本海国际法》下卷第2分册,王铁崖、陈体强译,商务印书馆1973年版,第137页注2。

第一，在第二次世界大战这样的历史条件下，绝对中立是不合理的，必须实行有条件中立；19世纪末的绝对中立所依据的历史基础是国家从事战争的绝对权利，这个权利几乎已经被所有国家，包括德国在内，通过《巴黎非战公约》予以废弃，对侵略者予以差别待遇和对侵略者的对方予以援助，是符合《巴黎非战公约》宗旨的。

第二，早在格劳秀斯时期，有条件中立就已得到国际社会承认，虽然有条件中立在19世纪几乎被否定，但从来没有完全排除于国际法之外，而且国际联盟盟约又恢复了有条件中立。

第三，根据国家的最高自卫权，国际义务的履行是相互的，既然一个国家已经以空前的规模违反了国际法的一般规则，其中包括中立规则，那就不能允许以这些规则为根据而使这个国家的非法企图得以实现；破坏国际社会的基本法律是对国际社会所有成员的威胁，在这样的情况下，美国的行为具有对德国违反国际法的报复的性质。❶

美国的理由代表了当时国际社会对中立的主要观点。国际法协会于1934年通过的布达佩斯决议规定，《巴黎非战公约》的签字国有权以武装部队援助破坏该公约国家的对方国家，包括向对方国家提供财政援助、物资援助、军火援助。❷

美国式的有条件中立未能维持多久。1941年12月11日德国对美国宣战，在宣战书中，美国被指责"以最严重的方式并且日益增长地破坏一切中立规则以利于德国的对方"。除了美国以外，其他力求保持中立的国家也无法自保。1940年4月德国入侵丹麦和挪威，5月入侵比利时、荷兰和卢森堡，这些国家的中立都被粗暴地破坏了。1940年7月22日至30日，第二次美洲各共和国外长协商会议在哈瓦那举行，通过了《哈瓦那议定书》。在这个议定书里，拉美各国除了巴西、阿根廷和智利以外，其他国家均改变了原来的中立立场，由《巴拿马宣言》确定的集体中立体系

❶ 关于自卫权问题参见本书第三章。
❷ 劳特派特修订：《奥本海国际法》下卷第2分册，王铁崖、陈体强译，商务印书馆1973年版，第136页注6。

变成一个不利于德国而有利于英法的集体防务体系。❶ 而巴西到 1941年 11 月，❷智利到 1943 年 1 月 20 日，也改变立场，同轴心国断交。❸ 唯有阿根廷直到 1945 年 3 月 27 日，大战即将结束时，才对日德宣战。❹ 在整个二战期间，只有瑞士成功地保持了"绝对中立"。所以，学者认为，到二战结束时，国际法上的中立制度被遵循的状况已经降到了历史的最低点。❺

第四节 中立法在第二次世界大战后的发展

一、联合国宪章与中立法

二战结束后，中立法的存废遇到了一个基本难题，就是它与《联合国宪章》所确立的集体安全体制的关系问题，这个问题首先集中在如何对待瑞士的永久中立问题上表现出来。

集体安全体制与瑞士永久中立的关系问题早在国际联盟时期就出现了。当时，就瑞士参加国联后能否保持其永久中立地位的问题展开了讨论。1920 年 2 月 13 日，国联行政院发表《伦敦声明》，指出：瑞士的永久中立地位系经几个世纪的传统沿袭而成，是独一无二的，所以国联行政院承认，根据国际公法特别是 1815 年条约所规定的瑞士的永久中立，对其领土的不可侵犯性提供保障，这与国联盟约并行不悖。瑞士联邦作为国

---

❶ 《美国对外关系文件(1940.7—1941.6)》，波士顿出版社 1941 年版，第 93 页。

❷ [美]小麦克坎恩：《巴西—美国联盟(1937—1945)》，普林斯顿大学出版社 1973 年版，第 250 页。

❸ [美]弗兰西斯：《霸权的范围——第二次世界大战期间美国同阿根廷和智利的关系》，伦敦出版社 1977 年版，第 133—134 页。

❹ 王绳祖主编：《国际关系史》第 6 卷，世界知识出版社 1995 年版，第 480 页。

❺ [瑞士]埃德加·蓬儒：《瑞士中立史》，刘文立译，武汉大学出版社 1991 年版，第 260 页。

联会员国,将没有义务参加国联的军事行动,也没有义务准许外国军队穿越其领土或在那里备战。但是,一旦国联要求各国采取贸易措施,瑞士有责任参与。❶

然而,二战结束后,联合国并没有按照国联的方式对待瑞士。在讨论通过《联合国宪章》的旧金山会议期间,瑞士没有被邀请参加会议,❷此后,在瑞士能不能加入、要不要加入联合国的问题上,有关各方长期犹豫不决,直到半个多世纪后,瑞士才成为联合国会员国❸。此外,专门负责国际法发展和编纂工作的联合国国际法委员会,始终没有把中立法列入发展与编纂工作的范围,其原因在于很多专家学者认为中立法与联合国集体安全制度是相抵触的。

人们之所以认为中立制度与联合国集体安全制度相悖,是因为宪章第2条第(5)项和第(6)项规定了联合国会员国乃至非会员国对联合国依照宪章所采取的行动都有给予协助的义务。宪章第 2 条第(5)项规定:所有会员国对联合国依照宪章而采取的任何行动,应给予一切协助;联合国对任何国家正在采取防止或强制行动时,所有会员国对该国不得给予协助。这一规定从积极和消极两个方面措辞,规定了会员国对联合国的行动应当采取的立场。从这项规定中关于"对任何国家采取防止或强制行动"的表述看,规定中所说的防止行动和强制行动,应该仅指在联合国宪章第七章范围内所采取的行动,因为宪章规定,联合国唯有"在维持国际和平及安全之必要范围内"才能对包括非会员国在内的"任何国家"采取行动,而宪章第七章所规定的正是维持国际和平及安全问题。❹

---

❶ [瑞士]埃德加·蓬儒:《瑞士中立史》,刘文立译,武汉大学出版社 1991 年版,第100 页。

❷ [瑞士]埃德加·蓬儒:《瑞士中立史》,刘文立译,武汉大学出版社 1991 年版,第266 页。

❸ 1986 年,瑞士就是否加入联合国的问题进行全民公决,四分之三选民和所有州均投反对票。2002 年 3 月 3 日,瑞士再次进行全民公决,以选民和州双过半(54.6%的瑞士选民和 23个州中的 12 个州)的多数获得通过,并于当年 9 月 10 日,联合国大会宣布瑞士为联合国第 190个会员国。

❹ 梁西:《国际组织法》,武汉大学出版社 1993 年版,第 58 页。

根据上述规定,联系宪章第七章关于强制措施的规定,特别是第43条第(1)项的规定来分析,当联合国采取强制措施时,任何会员国均无权自行决定维持中立地位。由此可见,联合国与国联对待"中立"的态度是不一致的,这就给人们造成了一种印象,认为联合国宪章规定的集体安全体制对中立是排斥的。本书认为,人们的这种印象在很大程度上是一种误解。实际上,集体安全体制与中立法之间的排斥关系只是它们之间关系的一个方面,它们还有另外一个方面,就是相互并存的方面。关于这个问题,本书将在第七章中作深入论述。

二、瑞士的永久中立

二战之后,瑞士仍然坚持其永久中立的地位。1953年,瑞士成为《关于成立欧洲核研究所的公约》当事国,瑞士联邦委员会在它1953年8月15日的咨文中以著名瑞士国际法学家的意见为根据,认为国际法并不禁止永久中立国在其领土内对专供科学使用的国际试验提供便利。[1] 1977年,安全理事会作出对南罗得西亚进行制裁的决议,这一决议发给所有国家,瑞士也被邀遵守这一决议,但是瑞士决定:"由于原则关系,瑞士作为一个中立国家,不能遵守联合国强制性的制裁。"不过,瑞士虽然不承认有法律上义务,但还是采取各种步骤,使瑞士不致成为罗得西亚逃避联合国制裁的工具。1977年12月12日,瑞士联邦委员会通过一项法律(1978年1月1日生效),禁止在瑞士居住的人参加某种交易,使瑞士作为逃避联合国对南罗得西亚制裁的工具。安全理事会通过第418(1977)号决议对南非实行武器禁运时,瑞士不承认它有义务这样做,但是它"主动地"通过了禁止运输武器和作战物资的决定。1990年,在伊拉克入侵科威特之后,为了响应安理会第661(1990)号关于对伊拉克实施经济制裁的决议,瑞士采取了实质上与该决议相应的措施,但是它声称:这些措

---

[1] [英]詹宁斯、瓦茨修订:《奥本海国际法》第1卷第1分册,王铁崖等译,中国大百科全书出版社1995年版,第268页注457。

施"是独立采取的";作为非联合国会员国,瑞士事实上不受安全理事会决定的法律拘束,因而在这种情形下,也不受第661(1990)号决议的法律拘束。❶

三、奥地利的永久中立

1955年4月15日,奥地利和苏联在莫斯科就战后奥地利问题的解决签署了《莫斯科宣言》。在宣言中,奥地利承诺:"发表一个宣言,使奥地利在国际上承担义务,永远实行瑞士所保持的那种类型的中立";并应采取一切合适的步骤取得国际上对这个宣言的承认。苏联在宣言中声明,它准备承认奥地利将要发表的关于中立的宣言。5月15日,苏、美、英、法四国和奥地利在维也纳签署了《重建独立和民主奥地利国家条约》。条约规定:苏、美、英、法四国承认奥地利恢复成为一个主权、独立和民主国家,不参加军事集团和不准在其领土上建立外国军事基地,禁止德奥合并或"建立任何形式的政治和经济同盟"。❷ 1955年10月,奥地利制定《关于奥地利永久中立的联邦宪法法律》。其中第1条规定:"奥地利以它的自由意志宣告它的永久中立。奥地利将保持并以所能支配的一切手段保卫这种中立";"奥地利将永远不参加任何军事同盟,也不允许外国在其领土上建立军事基地"。虽然这个法律在形式上仅仅是奥地利的单方面宣言,但是,它是依照《莫斯科宣言》中的国际承诺制定的,它的国际法效力已经被接受,苏、美、英、法四大国以及许多其他国家后来都承认奥地利的永久中立。❸ 但是,1955年12月14日,联合国大会通过决议,接纳奥地利等16个国家为联合国会员国,联合国对于奥地利这样的永久中立国既没有像对瑞士那样不接受其成为联合国会员国,也没有作任何特别说明;安理会在历次采取强制措施时,均没有对奥地利作任何特

---

❶ [英]詹宁斯、瓦茨修订:《奥本海国际法》第1卷第1分册,王铁崖等译,中国大百科全书出版社1995年版,第267—268页注456。

❷ 王绳祖主编:《国际关系史》第8卷,世界知识出版社1995年版,第269—270页。

❸ [英]詹宁斯、瓦茨修订:《奥本海国际法》第1卷第1分册,王铁崖等译,中国大百科全书出版社1995年版,第197页。

别规定。❶ 可见,奥地利在中立地位方面的情况是比较复杂和特殊的。

四、老挝的中立

老挝的中立地位是在 1961 年 5 月至 1962 年 7 月召开的扩大的日内瓦会议上确定的。会议期间(1962 年 7 月 9 日),老挝王国政府发表《中立声明》,声明表示:不使用武力或武力威胁以损害其他国家的和平,不干涉其他国家的内政,也不允许外国对老挝的内政进行任何干涉;不参加任何军事同盟或任何与中立不相容的协定,也不承认任何军事同盟或联盟、包括东南亚条约组织的保护;要求一切外国军队和军事人员撤出老挝;尊重根据老挝王国的和平中立政策而签订的各项条约和协议。1962年 7 月 23 日,日内瓦解决老挝问题国际会议包括老挝在内的 14 个与会国签署通过《关于老挝中立的宣言》,宣言声明,根据《老挝王国政府中立声明》中所表示的意志,与会各国尊重并从各方面遵守老挝王国的主权、独立、中立、统一和领土完整;不使用武力或武力威胁,或者采取任何其他可能损害老挝王国和平的措施;不对老挝王国的内政进行任何干涉;尊重老挝王国不承认包括东南亚条约组织在内任何军事同盟或联盟保护的愿望;与会各国承担义务,在一旦老挝王国的主权、独立、中立、统一或领土完整遭到破坏或破坏的威胁时,共同和老挝王国政府协商,并在它们自己之间协商,以便考虑为保证上述原则得到遵守所必需的措施。此外,与会各国还签订了《关于老挝中立宣言议定书》,规定一切外国军队限期撤出老挝,禁止外国军队进入老挝;根据 1954 年日内瓦协议,设立由印度、加拿大和波兰代表组成的老挝国际监察和监督委员会对老挝的停火进行监督,由解决老挝问题国际会议两主席(苏联和英国)对上述宣言及其议定

---

❶ 1968 年和 1977 年,安全理事会通过对南罗得西亚和南非的强制性制裁时,奥地利发表声明:"不能损害这样一个原则问题:奥地利是联合国的会员国,又是一个永久中立国,因此,在奥地利联邦政府看来,奥地利是否受安全理事会强制性制裁决定的拘束,只能按照每个事例的具体情况才能作出决定,既要考虑到一方面奥地利是联合国会员国,另一方面奥地利具有永久中立地位所应承担的义务。"参见[英]詹宁斯、瓦茨修订:《奥本海国际法》第 1 卷第 1 分册,中国大百科全书出版社 1995 年版,第 197 页。

书的遵守情况进行监察。由此,老挝的中立地位得以确立。❶

五、的里雅斯特自由区的非军事化和中立化

的里雅斯特是位于意大利和南斯拉夫之间通向亚得里亚海的港口城市,第一次世界大战奥匈帝国战败后,划属意大利。二战后期,铁托领导的南斯拉夫军队赶走了占领该地的德军,占领了该市,随后英军也占领了其中一部分地区。1945 年,在解决战败国有关问题的伦敦外长会议上,美国主张的里雅斯特主权属意大利而由国际共管,苏联主张归属南斯拉夫,最后商定辟为自由区,由国际共管。1947 年在巴黎签署的《对意大利和约》终止了意大利对的里雅斯特的主权,规定了关于建立的里雅斯特自由区的《永久规约》。规约规定:建立的里雅斯特自由区,由联合国安理会保证其"完整和独立"并委派总督;的里雅斯特自由区应该是非军事区,并应当宣告中立,除根据联合国安全理事会的指令外,不得有任何武装部队;自由区政府不得与任何国家成立或讨论任何军事安排或承诺。但是,此后安全理事会始终未能就总督人选达成一致意见,以至《永久规约》无法生效。1954 年 10 月 5 日,美、英、意、南四国在伦敦签署关于的里雅斯特谅解备忘录,在不修改和约的前提下,对自由区作了"切合实际的安排":意大利和南斯拉夫各负责自由区的一个分区。苏联表示已经注意到了这个备忘录。1975 年,意大利与南斯拉夫缔结条约,各自放弃对对方管理的分区的请求权。针对这样的现状,国际社会对的里雅斯特的地位有不同看法,有的倾向于认为,由于《永久规约》没有生效,意大利主权的终止也就不生效,的里雅斯特仍然在意大利主权之下。对于 1954 年备忘录赋予意大利对的里雅斯特的权力,有的认为不等于是主权;有的认为是有效主权的临时划分,并且这种划分被 1975 年缔结的条约确认为永久化了。笔者认为:不管的里雅斯特的主权地位如何确定,它的非军事

---

❶ 参见王铁崖主编:《中华法学大辞典·国际法学卷》,中国检察出版社 1996 年版,第 349、639 页。

区或中立化地位应当是明确的。

六、南极、外层空间以及其他领域的非军事化

非军事化在国际关系中早就存在,主要用于控制边境冲突、缓和边界矛盾、解决国际航道的航行自由等。二战以后,非军事化的领域扩大,重要性增强,主要表现在三个方面:

(一)在争端国之间建立非军事区

一些恢复和平及停战协定都规定了一定的非军事化边境区域。如:朝鲜停战协定(1953 年),越南第一协定(1954 年),中华人民共和国与尼泊尔边界问题协定(1960 年),越南第二协定(1973 年),以色列与埃及、约旦、叙利亚签订的近东停战协定(1949 年、1974 年和 1975 年),埃及与以色列和约(1979 年)等。❶

(二)南极、月球及其他天体的非军事化

1959 年 12 月 1 日,阿根廷、澳大利亚、智利、法国、日本、新西兰、挪威、南非、苏联、英国和美国在华盛顿签署《南极条约》。条约规定:南极应永远专为和平目的使用,不应成为国际纷争的场所和对象;南极应只用于和平目的。一切具有军事性质的措施,例如建立军事基地、建筑要塞、进行军事演习以及任何类型武器的试验等,均予禁止(第 1 条)。禁止在南极进行任何核爆炸和在该区域处置放射性尘埃(第 5 条)。这一条约的签署意味着南极的非军事化。

1967 年 10 月 10 日生效的《关于各国探索和利用包括月球和其他天体在内外层空间活动的原则条约》(简称《外空条约》)规定:"不在绕地球轨道放置任何携带核武器或任何其他类型大规模毁灭性武器的实体,不在天体配置这种武器,也不以任何其他方式在外层空间布置此种武器。""各缔约国必须把月球和其他天体绝对用于和平目的。禁止在天体

---

❶ [德]马克斯·普朗克比较公法及国际法研究所主编:《国际公法百科全书·第三专辑·使用武力、战争、中立、和约》,中山大学法学研究所国际法研究室译,中山大学出版社 1992 年版,第 100 页。

建立军事基地、设施和工事;禁止在天体试验任何类型的武器以及进行军事演习。"这个条约确立了月球和其他天体的非军事化,以及外层空间的部分非军事化,因为条约只禁止在外层空间放置核武器和大规模毁灭性武器,并未禁止安放和使用其他外空武器及军用卫星。❶

(三)无核区

拉美国家于 1967 年 2 月 14 日签署的《拉丁美洲禁止核武器条约》规定:禁止缔约国在各自领土上试验、使用、制造、生产或拥有核武器,也禁止接受、存放和安置任何核武器。此外,缔约国要求核武器拥有国家签署该条约的《第二号附加议定书》,向拉美无核区作出保证,不采取违反该条约所规定的行动,不向缔约国使用或威胁使用核武器。❷ 中国是第一个签署该《第二号附加议定书》的核武器拥有国家。❸

---

❶ 王铁崖主编:《国际法》,法律出版社 1995 年版,第 335 页。
❷ 王绳祖主编:《国际关系史》第 10 卷,世界知识出版社 1995 年版,第 379 页。
❸ 中国政府于 1973 年 8 月 21 日签署了《〈拉丁美洲禁止核武器条约〉第二号附加议定书》。

第三章

影响中立法发展的主要因素

在回顾和分析了中立法的发展历史之后,还需对影响中立法的诸多因素进行论述,以便对中立法形成更为深入的认识。中立法作为国际关系中的一种特殊现象和规则体系,必然是同国际社会的结构及其发展密切相关的,尤其会受到国际贸易发展、政治力量对比和国际格局演变等因素的深刻影响。

第一节　国际贸易发展对中立法的影响

一、16世纪之后国际贸易的发展引发交战国与中立国的矛盾

贸易的发展同人类文明的进步历来是同步的。早在人类文明初期,简单商品交换就产生了。在畜牧业和农业时代,贸易已经发展到一定的

规模。从世界范围来看,由于城市手工业和航海技术的发展,贸易有时候也会发展到相当繁荣的水平,比如公元前8世纪至公元前6世纪希腊的商业扩张和13至16世纪地中海的航海贸易。但是,在16世纪以前,贸易总的来说是自然经济的补充。法国波旁王朝第一代国王享利四世1598年对法国经济作过生动的描绘,他说:"耕作与畜牧是哺育法兰西的两大乳房。"也就是说,直到那个时候,贸易在法国经济中的地位仍然是次要的。

世界贸易的真正发达是由两个因素促成的,一是基于15世纪末地理大发现的世界新航路的开辟和殖民体系的建立;二是基于科学技术进步的工业革命。前者对世界贸易的影响是外延性的,后者是内涵性的。由于这两个因素,16世纪以后,贸易,尤其是国际贸易,在欧洲经济中居于突出重要的地位,在欧洲出现了商业资产阶级,完成了资本的原始积累,促进了资本主义制度的成熟和发展。而且,从16世纪到18世纪中叶,西欧国家形成了重商主义的经济政策和经济思想。❶ 因此,欧洲的国际贸易史大体可以以16世纪划界,在此以前,是以地中海为中心的航海贸易;在此之后,是以大西洋为中心并且逐步扩展到全球的大规模航海贸易。国际贸易的发展大大增强了各国间经济上不可分割的关联性,以致各国经济对国际贸易的依赖达到这样的程度:一个国家一旦中断与外国的贸易联系,这个国家的经济就将出现严重衰退甚至崩溃。这就是为什么从16世纪到第二次世界大战的历次战争,乃至直到今天的国际性武装冲突或联合国制裁行动,都十分强调经济封锁,甚至把经济封锁作为主要的作战样式。

交战国之间以切断敌方对外贸易为手段的经济封锁,不仅会对交战国的经济和社会生活造成重大影响,同时还会对非交战国的经济和社会生活造成重大影响,特别是当交战国肆意扩大封锁范围的情况下,非交战

---

❶ 参见夏炎德:《欧美经济史》,上海三联书店1991年版,第193—218页。

国蒙受的损失更为惨重。一战期间,中立国遭受的直接损失达 3.5 亿美元;●德国击沉的中立国船舶不下 1716 艘;因破坏船舶而造成海员死亡达 2000 人以上。二战期间,德国又采取了同样的做法。● 当然,德国终因树敌太多,两次世界大战均惨遭失败。但从中立问题的角度看,交战国与中立国的矛盾确实是不可避免的。国际贸易的发展必然引起交战国与非交战国之间的矛盾,交战国为了赢得战争胜利而力图阻止非交战国与敌国之间的贸易往来,而非交战国则力求至少在一定的范围内保持与交战国之间的贸易活动。早在 14 世纪欧洲的《海事法规》中,已经有"中立国船上的敌货可以没收,而敌船上的中立国货物则必须予以返还"的规则,但是这样的规则在 17 世纪以前并不被交战国严格遵守,交战国与非交战国之间在国际贸易问题上的矛盾是十分尖锐的。

二、中立规则对交战国与中立国贸易矛盾的缓解

交战国与中立国对待战时经济贸易活动的态度是不同的。中立国通常希望无阻碍地同交战国进行经济贸易活动,而交战国则一方面加强自己同中立国的经贸往来,另一方面又力图阻止敌国同中立国的经贸活动。当然,国际行为规则从来都不是哪个国家的一厢情愿,而是各种力量的合力。这种合力现象在中立法的发展中表现为两种情况:一是横向力量的合力,即在同一时期交战国与中立国力量的对比;二是纵向力量的合力,即在历史发展过程中,交战国的综合力量与中立国的综合力量的对比。交战国与非交战国不是一成不变的,在较长的历史进程中,非交战国可能转变为交战国,交战国也可能转变为非交战国,由此,双方就会产生各自的纵向综合力量,两种力量进行对比,就会影响中立法的发展。

在横向力量的合力中,对中立法的发展起关键作用的是中立国的实

---

❶ [法]夏尔·卢梭:《武装冲突法》,张凝等译,中国对外翻译出版公司 1987 年版,第 290 页。
❷ [英]劳特派特修订:《奥本海国际法》下卷第 2 分册,王铁崖、陈体强译,商务印书馆 1973 年版,第 321 页。

力是否足够强大,它们在战时同交战国进行经贸往来的要求是否足够强烈。事实上,历史正是在上述条件具备的情况下形成推动中立法发展的合力的。17 世纪之后,国际贸易的发达已经足以使中立国强烈要求在战争中保留一定的贸易自由,但是还需要强有力的中立国来具体实现这样的规则。到 18 世纪末,机会出现了。当时俄国已经是欧洲强国,正热心发展与北美的国际贸易,并且具备了强大的海军力量。而在当时的英法战争中,英国凭借其海上军事力量打击中立国商船,破坏中立国的海上贸易,引起许多国家的公愤,俄国的船只也遭到英国海军的阻劫和破坏。于是,俄国发表了《武装中立宣言》,并联合丹麦、瑞典、荷兰、普鲁士、奥地利、葡萄牙等主要欧洲国家形成了"武装中立同盟",派出强大舰队保护自己的船只,结果创立了一系列中立规则。❶

纵向力量的合力则有更深刻的意义。19 世纪,由于资本主义的高度发展,世界大市场渗透到全世界每一个角落。经济活动的全球化,促进了国际贸易的发展,同时也使各国经济上的相互依赖日益加深,外向型经济在各国经济中所占比例越来越大。据对 1870 年的统计,英国商船吨数为61.7693 万吨,英国殖民地为 153.1441 万吨,美国为 151.68 万吨,法国为107.2048 万吨,挪威为 102.2515 万吨,荷兰为 49.9405 万吨。❷ 同时,欧洲列强的军备竞争日益加剧,潜水艇、战列舰等新型海军舰艇面世,并且各国展开造舰竞赛。❸ 在这样的情况下,各国不得不关注在未来的战争中保护自己的商船和海上贸易,由此形成了一系列有关中立的海牙公约。可以说,海牙公约是列强互相妥协的产物,两次海牙和平会议形成一系列中立规则的情况,进一步论证了国际经济贸易发展所形成的合力,促进了中立规则的发展。

---

❶ 王绳祖主编:《国际关系史》第 1 卷,世界知识出版社 1995 年版,第 260—261 页。

❷ 《新编剑桥世界近代史》(The New Cambridge Moden History)第 10 卷,剑桥大学出版社1962 年版,第 280 页。

❸ 《社会科学百科全书》(Encyclopaedia of the Social Sciences)第 7 卷,纽约 1930 年版,第197 页。

三、调整交战国与中立国之间的贸易关系成为中立规则的主要内容

从上面的分析出发,不难理解为什么中立规则中大量涉及交战国与中立国之间的经贸关系。1793 年俄国女皇叶卡捷琳娜发表的《武装中立宣言》中宣布:中立国船只可以在交战国各口岸之间和交战国沿海自由航行;交战国臣民的财产,除违禁品外可以自由装载于中立国船只;关于违禁品的细则,遵守 1766 年英俄商约第 10 款和第 11 款的规定;等等。这些关于经贸关系的规定占了宣言内容的一多半。❶ 1856 年《巴黎宣言》总共 4 条,其中第 2 条和第 3 条即直接规定了中立船、中立货的问题,其余两条也都与贸易有关。海牙公约中关于中立的各公约都是这样的情况。

交战国强调"战争需要"同中立国强调"贸易自由"之间的矛盾,推动了中立规则的发展,中立规则又反过来使上述矛盾在一定程度上得到解决。但是,这对矛盾在新的历史条件下还会表现为新的形态。二战前夕,拉美许多国家追随美国,对欧洲的战争奉行中立政策,一个基本的原因是与美国在经济贸易方面的密切联系,❷这种情况与海牙公约时期强调中立国贸易自由的权利有所不同。这些国家的中立不是因为它们的贸易自由与欧洲国家发生冲突,而是因为它们为了贸易利益而在政治上亲美的结果。二战以来,随着经济及交通运输的发展,国家之间的海上贸易在国际经济交往中的比重相对缩小。而国际金融、国际投资、服务贸易、技术贸易等规模更大、交融更加紧密的经济联系则迅速扩大了。同时,在战争或国际性武装冲突中,国家在军事和经济方面的手段也更加紧密地交织在一起。所以,交战国赢得战争胜利的需要与中立国经济往来的需要之间的矛盾冲突还远远没有终结,它们将继续推动中立制度向前发展。

---

❶ [美]比米斯:《美国革命外交史》,印第安纳大学出版社 1985 年版,第 154 页。

❷ [英]阿诺德·托因比、维罗尼卡·M.托因比合编:《大战与中立国》,上海电机厂职工大学业余翻译班译,上海译文出版社 1981 年版,第 160—171 页。

第二节　政治力量对比对中立法的影响

一、国际社会的平权结构是中立法产生的基本社会条件

1648 年 10 月,神圣罗马帝国、法兰西王国、西班牙、德意志各诸侯、瑞典、罗马教廷、威尼斯、瑞士各州等欧洲国家签订了《威斯特伐利亚和约》。和约承认了德意志数百个诸侯国的主权,确认了荷兰和瑞士的独立国地位,由此破除了中世纪以来形成的以罗马教皇为中心的统治西欧国家的神权统治体制。和约还创立了条约必须遵守、对违约国可施行集体制裁的原则。即:缔约国"有义务保持和遵守本和平条约的规定","所有各方应有义务保卫和保护本和约的每一项条款不受任何人的侵犯","违法者应被视为和平的破坏者"。如果发生违约事,"受害者首先应告诫违反者不要采取敌对行动,并将案件提交一个友好人士组成的组织或采取通常的司法程序"❶。国际社会的这一实践反映了法国政治思想家让·博丹(1530—1596 年)在 1577 年发表的《论共和国》一书所阐明的国家主权观念,肯定了荷兰著名法学家雨果·格劳秀斯(1583—1645 年)在 1625 年问世的《战争与和平法》以战争为重点、系统而概括地论述了国际法的主要内容与原则。博丹以强调主权是国家的属性来对抗教皇的神权,格劳秀斯又进一步发展国家主权学说,阐明了国家主权的统一性、不可分性和独立性。❷ 和约表明主权平等、领土主权等原则已确立为国际关系准则。所以说,《威斯特伐利亚和约》奠定了现代国际社会的基石,把国际社会确立为独立、自治的主权国家组成的"平权社会"(Society in sovereign quality)。在后来的几百年里,这个当初主要由欧洲国家以国家

---

❶ 《国际条约集(1648—1871)》,世界知识出版社 1984 年版,第 31—33 页。
❷ 王绳祖主编:《国际关系史》第 1 卷,世界知识出版社 1995 年版,第 62 页。

间体制为基础组成的区域性的"国际团体"(Family of Nations),随着殖民体系的瓦解和新兴独立国家的增加,现在已经发展成为由 190 多个国家组成的名副其实的全球国际社会。❶

《威斯特伐利亚和约》所建立的国际社会体制对于现代中立制度的产生是至关重要的。中立并非在任何社会条件下都能够存在。一方面,在一个互相割裂的世界中,各个社会群体之间几无联系,自然不可能发生中立关系。另一方面,在一个强权体制的社会中,社会成员没有平等、独立的地位,中立关系也不可能形成。中立需要以社会成员间的平权关系为基础。平权社会的两个基本条件是:社会成员的地位平等、独立;不存在凌驾于社会成员之上的权威机关。《威斯特伐利亚和约》所确立的以主权国家为基础的国际社会,正是符合了中立存在的基本条件。由此也可以理解,中立规则在 19 世纪末以前,只是在以欧洲为中心的国际团体中具有实际的效力,而离开这一范围,中立规则实际上是没有效力的。因为当时除了北美以外,亚洲、非洲和拉丁美洲的绝大多数国家与欧洲列强之间并没有平等的关系存在。直到进入 20 世纪,随着国际社会的不断扩大,中立规则的有效性才逐步扩展到全球。

二、国际政治地位是一国采取中立政策的决定因素

在国际社会中,每一个国家都处于一定的政治地位,这个国家是大国还是小国、强国还是弱国、控制别国还被别国所控制,便是这个国家国际地位的写照。一国国际政治地位的形成是由其地理位置、经济水平、历史文化发展等多方面因素决定的,根本上是由其经济与政治实力决定的。从宏观上讲,中立一般来说是那些相对较弱的、正在发展中的、"处于夹缝里的"国家的政策。正如一位瑞士学者所说的:"通常一个小国在对外政策上作出决定的回旋余地是十分有限的。"❷

---

❶ 参见梁西主编:《国际法》,武汉大学出版社 1993 年版,第5—6页。
❷ 〔瑞士〕达尼埃尔·弗雷:《瑞士的外交政策》,刘文立译,华中师范大学出版社 1988 年版,第1页。

被公认为中立典型的瑞士之所以几百年来能够保持其中立地位,从根本上说是由其国际政治地位决定的。瑞士地处欧洲中部,东有俄罗斯,南有意大利,西有英法,北有德国,可以说被强国团团包围。瑞士雪山高耸、自然资源匮乏、没有出海口,在经济上依赖国际贸易。而且,由于瑞士有德、法、意、列托—罗马四大语言区,对外政策很难避免在各语言区之间造成紧张关系,因而瑞士的对外政策同国内政治也密切相关。瑞士的中立,虽然有内在和外在的各种原因,情况十分复杂,但概括起来说,是由其经济状况和地理、人文环境所形成的独特的国际政治地位所决定的。❶

美国经历了从"传统中立"到放弃中立的演变过程,更生动地显示了国际政治地位对一国中立政策的影响。1793 年 4 月 20 日,美国针对英法战争发表《政府宣言》,命令美国公民对交战双方都应采取友好的、公正的立场,禁止对交战双方表示敌意,禁止同交战双方进行走私贸易。这个宣言实际上是一个中立宣言。1796 年 9 月 17 日,华盛顿总统任期届满发表告别演说,阐述了美国中立主义或称孤立主义的思想,他指出:"我们对待外国的重大的行为准则是在扩展我们的商业关系的时候,尽量避免同他们发生政治上的牵连,我们迄今已经承担的义务,应当忠实履行。让我们到此为止。欧洲本身有一系列的重大利益,这些利益对于我们却完全没有或者只有很少的关系。因此,欧洲必然陷入经常发生的纠纷中,那些纠纷在实质上是同我们毫不相干的。因此,在他们的变化沉浮的政治中,假如我们人为地和欧洲的国家联系在一起,使我们自己牵连到欧洲的日常变化着的政治中,即欧洲国家友好或敌对的日常的联合或冲突中,那一定是不明智的。我国的地理位置远离欧洲,这就促使我们也使我们能够追求另一种途径。"❷华盛顿的告别演说被称为美国孤立主义对外原则的纲领。这个纲领实际上是美国当时的经济实力和军事实力还不够强大的表现。到 20 世纪 30 年代,美国的经济实力和军事力量已经是

---

❶　参见[瑞士]埃德加·蓬儒:《瑞士中立史》,刘文立译,武汉大学出版社 1991 年版,第1—12 页。

❷　[美]比米斯:《美国外交史》第 1 分册,商务印书馆 1985 年版,第 119 页。

一个世界强国,形成了自己的全球战略,这时的中立政策已经不再像 18
世纪那样以躲避纷争为目的的孤立主义的产物,而是对欧洲政治力量玩
弄平衡的产物。20 世纪 20 年代,在英国力量较强的情况下,美英矛盾突
出,美国制定了反英扶德的战略;30 年代,英德力量对比难分伯仲,美国
采取了"中立";30 年代后期,面对德国法西斯日益增长的威胁,美国的对
外政策逐渐向英法倾斜。罗斯福总统在说服国会和民众时已经改变了口
气,1940 年 12 月 17 日他在记者招待会上说:"就是从美国防御的自私观
点出发,我们也应该尽力帮助大英帝国保卫它自己。"怎么帮呢? 他以借
水龙带给邻居救火作比喻,说明应该租借武器去扑灭战火。❶ 其实,美国
果真是从防御角度出发而放弃中立吗? 当然不是,或者说主要不是。
1941 年 3 月 11 日,美国《租借法》(正式名称是《增强美国防务法》)生
效,标志着美国中立政策的结束。到二战结束,美国通过《租借法》援助
英国及英联邦国家约 313 亿美元,援助苏联约 109 亿美元,援助法国及其
属地约 32 亿美元,援助中国约 8 亿美元,加上援助其他国家的数额,共约
500 亿美元,用以购买武器装备和战略物资。❷ 美国放弃中立,实质上是
其以经济实力和军事力量为基础的国际政治地位上升的表现。其中立政
策由确立到放弃的变化,是其国际政治地位变化的必然结果。事实表明,
美国《租借法》对其国际地位产生了重大影响,为其战后霸权奠定了重要
基础。

三、国际政治力量的较量和妥协促进了中立规则的发展

中立规则是国际政治力量较量和妥协的产物。在 1756 年的英法战
争(又称"七年战争",1756—1761 年)中,法国由于英国的海军优势而无
法用本国商船进行殖民地贸易,因而它借助中立国荷兰的船舶进行殖民
地贸易。英国凭借其海上力量当然不会坐视,于是命令其舰队拿捕从事

---

❶ 《罗斯福选集》,商务印书馆 1982 年版,第 255—259 页。
❷ 王绳祖主编:《国际关系史》第 6 卷,世界知识出版社 1995 年版,第 36 页。

这类贸易的荷兰船舶及货物。理由是：在这样的情况下，中立国船舶已经成为敌国商船队的一部分，产生了敌性，应当按照敌国商船对待。这在后来被称为"1756年规则"，❶这一规则到1856年《巴黎宣言》时才予以改变。

俄国在1780年和1800年两次发起武装中立，也是由其当时的实力和地位决定的。18世纪英法"七年战争"之后，俄国成了欧洲强国，因而力图在对外政策上提高自己在欧洲的地位。它既不甘心英国的殖民势力进一步在美洲扩张，又需要联合英国在欧洲与法、普、奥三国抗衡，因而在1776年开始的美、法、西对英国的战争中，持中立态度。到1780年2月，由于英国海军在大西洋上严重破坏了中立国的贸易，引起许多国家的公愤，俄国自己的船只也遭到英国海军的阻劫、破坏，便发表了《武装中立宣言》，发起第一次武装中立。❷ 这一做法为提升俄国的国际地位发挥了作用，使英国在外交上更加孤立，并在相当程度上动摇了它在海上的垄断地位，从而达到了俄国的政治目的。

在200多年的国际关系史上，美国素以"传统中立"自居，但其中立的内容却总以国际政治力量的对比关系为转移。美国在18世纪末至19世纪初的英法战争中与英法之间的中立"交易"，以及在二战前夕中立态度的变化，尤其鲜明地反映了政治力量对比的效果。1778年，美国在独立战争中，为了得到法国的支持，签署了《法美同盟条约》。该条约规定：1.缔结同盟条约的主要和直接目的，是为了有效地维护美利坚合众国在贸易和政治上的自由，维护其主权和独立；2.合众国要求领有美洲大陆上的英国领地（包括加拿大和百慕大群岛在内），法国要求领有英属西印度群岛；3.在美利坚合众国继续同英国进行战争期间，缔约双方应根据形势的急需采取一致行动；4.在没有获得缔约一方正式同意之前，无论是法国

---

❶ ［英］劳特派特修订：《奥本海国际法》中译本，下卷第2分册，王铁崖、陈体强译，商务印书馆1973年版，第127页。

❷ ［波］卡·瓦利舍夫斯基：《俄国女皇——叶卡捷琳娜二世传》，上海译文出版社1982年版，第401页。

还是美利坚合众国,都不能单独与英国停战媾和。❶ 由于有这个同盟条约存在,1793 年 2 月,法国对英国宣战,给独立不久的美国提出了外交难题,使美国有卷入欧洲战争的危险,而美国的经济利益又与英国有着密不可分的联系。为此,1793 年 4 月 22 日,华盛顿签署《政府宣言》,表示美国不介入战争的任何一方。该宣言避免使用中立字样,实际上却是中立宣言。❷ 宣言的发表实际上使《美法同盟条约》不再起作用。这个宣言是在美国刚刚独立、经济实力和军事实力还不够强大时的产物。在宣言发表后,美国禁止法国向美国商船发放私掠船证书、在美国领土上招募水手和设立法国捕获法院。1794 年 11 月 19 日,美英签订《约翰·杰伊条约》,取得与英属西印度群岛进行一定范围贸易的权利。这样一来,美法关系又转入危机,经过一番外交交锋之后,1800 年 9 月 30 日,美法签订《莫特枫丹条约》,形成了一些中立规则:自由船舶可以自由运载货物;中立国船舶有在各交战国进行非违禁品贸易的自由。这些规则后来被吸收到《巴黎宣言》之中。这一过程深刻反映了法、美、英三国政治力量的较量和妥协。

再从 20 世纪第二次世界大战前美国奉行中立政策的变化情况看,反映了更大范围政治力量的较量和妥协。从 1935 年开始,美国为了不卷入当时欧洲大陆的矛盾冲突,改变了自一战后所采取的有限中立态度,通过了三项中立法修正案,主张遵循一战前的"绝对中立"原则。1939 年 10 月,美国还同其他 20 个美洲国家通过了一个中立总宣言,规定了在欧洲的冲突中所应遵守的中立规则。到 1940 年 9 月,欧洲的局势显然将危及美国的宏观利益,美国转而通过新的中立法案,主张"有条件中立",并且从《巴黎非战公约》等国际公约,乃至格劳秀斯的国际法理论中寻找依据,甚至为日后对德作战的军事准备确立了法律依据。❸ 由此可见,政治

---

❶ 参见王绳祖主编:《国际关系史资料选编》上册第 1 分册,武汉大学出版社 1983 年版,第 31—32 页;[美]托马斯·A.贝利:《美国人民外交史》,新泽西 1980 年版,第 34 页。

❷ 王绳祖主编:《国际关系史》第一卷,世界知识出版社 1995 年版,第 347 页。

❸ 参见本书第二章第三节。

力量对比关系就像一根助力的杠杆,自始至终影响着国际社会中立制度的形成与发展变化。

第三节　国际格局演变对中立法的影响

国际格局,即国际关系格局,是指活跃在国际舞台上的各种力量(包括主权国家、国家集团、国际组织等)之间,在一定的历史时期内,相互联系、相互作用所形成的一种相对稳定的结构状态。这个定义包含着这样几层主要意思:第一,国际格局反映了国际社会各种力量的分布和对比状况;第二,在国际社会中,具有强大的经济和政治实力、能够独立发挥作用的少数行为主体,能够构成国际格局中的组成单元;第三,由于国家的强大组织性,因而实力强大的国家(大国)是国际社会的主要力量,在国际格局中具有举足轻重的地位;第四,国际格局在一定时期内具有相对的稳定性,一般不会突然变动;第五,当大国的数量及其力量关系发生了明显改变的情况下,国际格局将发生变动和重组。所以,国际格局的变动主要是大国之间力量对比消长变化的结果,这种结果导致各国利益及其相互关系大调整,促成新的国际格局产生;划分国际格局最重要的方法就是考察国际社会中大国("极")的数量及其相互关系。❶

历史上,国际格局的变动往往是通过战争方式实现的。暴力不仅是埋葬旧格局的掘墓者,也是新格局问世的接生婆。从威斯特伐利亚和会以来,国际格局大致经历了下列演变过程:(1)"威斯特伐利亚格局",欧洲三十年战争后形成的第一个国际格局;(2)"维也纳格局",1815年英国、俄国、奥地利、普鲁士等国击败法国拿破仑之后确立的国际格局;

---

❶　参见[美]肯尼思·沃尔兹:《国际政治理论》,中国人民公安大学出版社1992年版,第84—95页。

(3)"俾斯麦体系",1870年普法战争中法国战败、德国统一之后形成的国际格局;(4)"凡尔赛体系",第一次世界大战英、美、俄、中、日等"协约国"战胜德、奥、意"同盟国"之后形成的国际格局;(5)"雅尔塔体制",第二次世界大战后逐步形成的以美国和苏联为主导的两极格局;(6)"一超独霸格局",1991年苏联解体后形成的只有美国一个超级大国的国际格局。

相对而言,国际格局大体可以分为"多极格局"和"少极格局"两种类型;同时,又可以分为由"多极"向"少极"演变的国际政治力量"集中时期"和由"少极"向"多极"演变的国际政治力量"分散时期"这样两种国际格局演变时期。威斯特伐利亚格局是一个多极格局,拿破仑战争时期是国际政治力量集中时期;维也纳格局是一个多极格局,这个多极格局维持到一战前夕;一战时期是国际政治力量集中时期,凡尔赛体系是一个少极格局;一战后,进入国际政治力量分散时期,二战前夕是一个多极格局;二战期间是国际政治力量集中时期,二战后的雅尔塔体制是少极格局;苏联解体之后,进入国际政治力量分散时期。

自威斯特伐利亚和约以来,三个半世纪中,中立法忽而兴盛,忽而衰落。特别是从1856年以来,中立制度走过了高潮、低潮、再高潮、再低潮,这样一条波浪起伏的发展过程。这个发展过程是同国际格局的变动息息相关的。可以这样认为:"多极格局"和"分散时期"是中立法兴盛的历史阶段;"少极格局"和"集中时期"是中立法衰落的历史阶段。

历史事实有力地证明了上述判断。18世纪和19世纪是中立法逐步兴盛时期,继两次武装中立之后,从1856年巴黎宣言开始,中立法的发展进入高潮,产生了1899年和1907年两次海牙和平会议上的一系列中立法公约,特别是1907年第二次海牙会议通过的13个公约中,有7个公约主要是关于中立规则的。一战期间,中立进入低潮,中立观念和中立原则发生了较大变化,对中立法持否定态度的观念逐渐占上风,中立国公正不偏的义务趋于弱化。《伦敦宣言》因批准国数目不足而没有生效,已经决定把《伦敦宣言》的内容作为习惯法予以执行的法国和英国,也分别宣布停止遵守《伦敦宣言》。具有中立传统的美国,态度也发生了变化。1917

年4月2日,美国总统威尔逊在致国会的咨文中说:"在关系到世界和平和各国人民自由时,中立便不再可能或为人所渴望。"一战的交战国普遍认为,中立国"是规避其对人类所应负的责任的"。当时实行永久中立的3个国家(瑞士、比利时和卢森堡),在大战面前深感难以维持其中立地位。比利时和卢森堡于1919年放弃了永久中立的地位。一战后最初的十几年,中立法继续处于衰落状态,国联盟约和1928年巴黎非战公约大大削弱了中立法,几乎到了取消的程度。但是,1928年以后,中立法又兴盛起来。国际联盟的集体制裁行动受到中立法复兴势力的阻力;国际联盟以外的其他国家也采取了加强中立地位的行动,特别是美国,1935年至1937年连续三次通过中立法案。二战期间,中立法再度跌入低潮,美国再次改变对中立的态度,先是认为在二战这样的历史条件下,绝对中立是不合理的,必须实行有条件中立,后来索性放弃中立,对德宣战。美国所阐述的理由代表了当时国际社会对中立法的主要观点。许多中立国感到,除了完全参战之外,无法充分保证国际社会的法治和安全。二战之后,中立法仍然处于衰落状态。《联合国宪章》第103条所规定的"宪章义务优先"原则以及主要由第七章所规定的"集体安全制度",在很大程度上是排除中立法的;宪章第2条第(5)项为联合国会员国所规定的"集体协助"原则,对中立制度具有限制性影响。❶ 建立在雅尔塔体制基础上的两极格局瓦解之后,中立法正在发生新的变化和发展。

---

❶ 见《联合国宪章》序文第三段、第2条第(5)及(6)项、第七章各有关条款、第103条等,并参见梁西著:《国际组织法》(修订第4版),武汉大学出版社1998年版,第69—78页及第216—223页。

第 四 章

中立的基本矛盾

第一节　中立基本矛盾的两个方面

　　格劳秀斯在《战争与和平法》中指出了中立的两条基本原则,一条是战争正义原则,意指中立国应当判断交战国正义与否,支持正义一方,反对非正义一方;另一条是公正不偏原则,意指如果中立国对交战双方的正义性无法作出判断,那就应当对交战双方不偏不倚。他也许没有想到,这两条原则在后来的实践中不仅不容易协调,常常互相排斥、抵触、矛盾,而且国际社会对两者的偏重还会反复发生变化,时而强调战争正义,时而强调公正不偏,此起彼伏、此消彼长,似乎永无止境,竟成为中立理论与实践的"永恒主题"。

　　根据哲学的矛盾原理,事物发展是其内在矛盾运动的结果。"战争正义"与"公正不偏"正是中立内在的基本矛盾,中立的发展历史,正是在这对基本矛盾对立统一运动中向前迈进。对此,作以下分析:

（一）战争正义和公正不偏都是中立不可回避的因素。公正不偏作为中立的必要因素,这是很容易理解的,如果没有公正不偏,那就不成其为中立。那么,中立又何必作"战争正义"判断呢？这是因为纯粹、无底线、无条件的"不偏不倚",违背人类的道德法则。一切中立,首先必须基于人类的道德和正义,在这个基础上,才能持中立。这个道德和正义底线的设立,并不是法学家、思想家们在理论上设想和设定的,而是几百年、乃至几千年来人类的中立实践史中所包含的。回看历史,无底线的"不偏不倚",总是受到当时的批评和后世的诟病;而放弃"不偏不倚"的理由,一定是维护道德、支持正义、主持正义。所以,在现代中立法的用语上,把无底线、无条件的"中立"称为"不偏不倚",而把真正的中立称为"公正不偏"。

（二）战争正义与公正不偏常常会互相排斥、抵触和矛盾。虽然战争正义和公正不偏在法学家的著作中、在政治家的辞令中似乎合理地并存着,但在实践中却总是纠缠不清、互相抵触。当中立方对某一交战方有所偏向时,它的理由一定是"根据对战争正义的判断";而当交战方批评中立方有所偏向、违背中立时,它的理由一定是"对战争正义作出错误的判断"、"有悖于公正不偏"。二战前期美国与德国之间关于保持中立和违背中立的论战,就是十分生动的实例。战争正义与公正不偏之所以发生矛盾,并不是它们本身有矛盾,而是因为在漫长的历史进程中,谁来判断战争正义的问题一直没有解决、很难解决。中立者自己判断战争正义,当然不能令被判断为非正义的交战方服气。事实上,个别、少数的中立者对战争正义的判断,难免不带有偏见和私利。所以,只要国际社会还没有建立起得到普遍认可的战争正义判断机制,战争正义与公正不偏之间的矛盾就无法解决。

（三）公正不偏是中立基本矛盾的主要方面,是中立的肯定因素。任何矛盾的两个方面中都有一个是主要方面,另一个是次要方面。在中立基本矛盾的两个方面中,公正不偏是主要方面,这是因为:第一,公正不偏是中立的肯定因素,如果没有公正不偏,也就没有中立;第二,公正不偏的具体方式、要求,决定了不同种类的中立。例如,不以战争正义判断为前提的中立,是绝对中立;以战争正义判断为前提的中立,就是有条件中立。

(四)战争正义是中立基本矛盾的次要方面,是中立的否定因素。之所以把战争正义只作为中立基本矛盾的次要方面,是因为:第一,战争正义是中立的否定因素,它会使中立趋于薄弱甚至不能成立,也就是说,如果过于强调战争正义,要求非交战国在对待交战国时必须作出哪一方为正义的判断,那么中立就会丧失用武之地;第二,对战争正义的判断标准和判断程序的变化和发展,会使公正不偏发生一定的调整,从而使中立表现为不同的形态,所以说,不同的中立形态是由不同的公正不偏决定的,而不同的公正不偏又是由不同的对战争正义的判断标准和判断程序决定的。

通过以上分析,就能对中立制度的历史发展形成更加深入的认识。19 世纪,由于缺乏公认的标准和程序对战争正义作出判断,因而以默示的形式假定交战双方均是正义的,在那样的情况下,对交战双方只能绝对中立,而不能有条件中立。[1] 20 世纪,在国联盟约和联合国宪章诞生后,形成了对战争正义进行判断的公认标准和程序,这样,绝对中立和有条件中立就可以并存了,即:在战争正义能够按照国联盟约和联合国宪章规定的标准和程序作出判断的情况下,应当实行有条件中立,甚至不允许中立;在尚未能够按照国联盟约和联合国宪章规定的标准和程序对战争正义作出判断的情况下,应当实行绝对中立。从这个意义上讲,如果将来对战争正义的判断标准和判断程序十分完善了,中立也许就没有存在的必要和可能了。

---

[1] 参见[英]劳特派特修订:《奥本海国际法》下卷第 2 分册,王铁崖、陈体强译,商务印书馆 1973 年版,第 156 页。

第二节　中立基本矛盾的表现形态

随着公正不偏原则与战争正义原则的此起彼伏关系,形成了两种中立。一种是不以战争正义判断为前提的无条件的"公正不偏",这样的中立人们称为"绝对中立"或"完全中立";另一种是以战争正义判断为前提的有条件、有区别的"公正不偏",人们称为"有条件中立"、"有限制中立"或"差别中立"。在历史进程中,国际社会时而普遍主张绝对中立,时而普遍主张有条件中立。中立的实践和理论就在这种波浪式起伏中前进。这个过程,实际上反映了"公正不偏"和"战争正义"这一对矛盾的对立统一,一方面,它们是对立的,一方使另一方发生变化;另一方面,它们又是统一的,两者都不能从中立规则中排除。

我们先看 18 世纪中期以前的情况。在格劳秀斯之后,18 世纪两位法学家宾刻舒克和瓦泰尔❶对公正不偏和战争正义这两个原则的看法有所不同。宾刻舒克比较侧重公正不偏,认为中立国没有必要为交战国评判是非。而瓦泰尔则认为中立国可以根据对战争正义的判断而对交战国的态度有所区别。但总的来说,从格劳秀斯到瓦泰尔,都对战争正义原则给予了充分的肯定,承认有条件中立。他们的理论反映了 17 世纪和 18 世纪的实践,因为当时对中立国公正不偏的要求并不十分严格,中立国可以根据先前的协议给交战国一定的援助,包括提供军队、允许其军队过境,交战国任何一方都可以在中立国招募军队,利用其资源,向其商船颁发私掠船证书等。这种情况给了中立国很大的行动余地,使它较容易对交战双方的做法有所不同,而理由就是对战争正义的判断。

从 18 世纪后半期到 19 世纪末,国际社会普遍趋向主张绝对中立,中

---

❶　参见本书第二章第二节。

立国公正不偏的原则受到强化,而对战争正义的判断趋于弱化,不管交战国正义与否,中立国的义务只是对双方不偏不倚。出现这个情况的原因主要是由于这一时期国家主权观念不断加强。在此之前,从博丹创立的国家主权概念得到国际社会的接受(以威斯特伐利亚和约为主要标志),到18世纪中叶,国家主权概念仍然处在"原始的、相对的"状态。❶18世纪下半叶,美国独立战争❷和法国大革命❸大大加强了国家主权观念。19世纪上半叶,黑格尔哲学的国家学说对强化国家主权起了推动作用,他在《法哲学原理》中指出:"作为国家的民族,其实体性的合理性和直接的现实性就是精神,因而是地上的绝对权力。由此可见,一个国家对其他国家来说是拥有主权和独立的。它有权首先和绝对地对其他国家成为一种主权国家,即获得其他国家的承认。"❹学者大多认为黑格尔主张国家享有绝对主权。到19世纪中叶,国家享有绝对主权的主张在国际社会影响很大❺,促使国家主权观点得到强化。这给中立制度带来了两个情况:一是中立国的领土主权得到加强,普遍认为交战国没有理由在中立国领土上做它平时无权做的事,从而明显缩小了中立国允许交战国利用其资源或其他条件的范围;二是强调不得干涉别国事务,这样就阻滞了中立国对交战国正义性进行判断。这两个情况使中立国更注重实行公正不偏原则以维护自身的主权和权利,而对交战国正义性的判断则退居更加次要的位置。两次武装中立,瑞士和比利时的永久中立,普法战争中非交战国的态度,❻以及《关于海上若干原则的巴黎宣言》,都反映了绝对中立的观念。这种情况一直延续到20世纪初,两次海牙会议所形成的中立规则仍然是

---

❶ [奥]阿·菲德罗斯等:《国际法》上册,李浩培译,商务印书馆1981年版,第12页。

❷ 美国1776年《独立宣言》第一次以国家法令的形式确立了"主权在民"的思想。见《改变人类命运的八大宣言》,中国社会出版社1996年版,第10页。

❸ 1793年6月24日法国国民公会通过的《法兰西宪法》确立了"人民主权原则"和"不干涉原则"。

❹ [德]黑格尔:《法哲学原理》,范扬、张企泰译,商务印书馆1961年版,第346页。

❺ 王铁崖主编:《中华法学大辞典·国际法学卷》,中国检察出版社1996年版,第324页。

❻ 普法战争期间,俄国、奥匈帝国、意大利均宣布中立。参见王绳祖主编:《国际关系史》第2卷,世界知识出版社1995年版,第429—430页。

绝对中立的反映。❶

　　但是,本世纪初,出现了向相反方向发展的趋势。一战前夕,"有条件中立"的观念抬头,战争正义原则受到强化。当时,英国国际法学者、常设仲裁法院仲裁员韦斯特莱克(John Westlake,1828—1913)❷发表了具有代表性的观点,他说:"中立在道义上是说不过去的,除非对战争进行干涉看来并不能促进正义,或者只有中立国付出毁灭性的代价才能予以促进",因为"社会的每一成员的总义务是促进正义"。这种观点把战争正义问题又提了出来,使公正不偏原则趋于弱化,战争正义原则再度居于重要地位。但是,这个观念的偏激发展,结果引起了一战期间以及一战后若干年否定中立的思潮。❸ 这股思潮持续到了 20 世纪 30 年代初,随后,由于国联盟约建立的集体安全制度遭受挫折,1935 年之后,这股思潮在众多国家的中立行动中逐渐销声匿迹,各国又纷纷主张绝对中立。然而,时隔不久,到 1939 年,反对绝对中立,主张以战争正义为基础的有条件中立,又在以美国为代表的中立态度中回潮。美国的理由是,绝对中立是不合理的,必须实行有条件中立。因为,19 世纪末的绝对中立所依据的历史基础是国家从事战争的绝对权利,这个权利已经被几乎所有国家,包括德国在内,在《巴黎非战公约》中废弃,区别对待侵略者和被侵略者,是符合《巴黎非战公约》的宗旨的。美国还认为,早在格劳秀斯时期,有条件中立就已得到国际社会承认,虽然有条件中立在 19 世纪几乎被否定,但从来没有完全排除于国际法之外,而国际联盟盟约完全恢复了有条件中立。

　　从上述历史回顾可以看出,公正不偏原则和战争正义原则就像"跷

---

　　❶　这一时期虽然有条件中立被国际社会普遍否定,但事实上仍然存在有条件中立的做法。参见[英]劳特派特修订:《奥本海国际法》下卷第 2 分册,王铁崖、陈体强译,商务印书馆 1973 年版,第 157 页。

　　❷　王铁崖主编:《中华法学大辞典·国际法学卷》,中国检察出版社 1996 年版,第 582 页。

　　❸　国联盟约并没有明文废除中立制度,虽然盟约第 10 条和第 11 条规定,国联所有成员国均应共同行动以使盟约义务受到尊重;盟约第 16 条赋予成员国采取反对侵略者和援助受害者的行动的义务,但是,如果战争行动并没有违反盟约或者国联行政院没有作出决议,那么,非交战的国联会员国仍须按传统中立法行事。

跷板"一样反复此消彼长。它们如同磁铁无法分离的两极,既互相否定、互相排斥,又互为前提、互相联系,形成一个对立统一的矛盾体,并且在矛盾中共同向前发展。从根本上说,两者的矛盾是客观存在的:如果公正不偏不以战争正义判断为前提,这种公正不偏至少是盲目的,在许多情况下,它是否真正的公正不偏,很值得怀疑;可是,如果公正不偏以战争正义判断为前提,那么且不说非交战国常常缺乏充分的事实材料和法律依据来判断其他国家间战争的正义性,即使一国主观地根据自己的考察和理念对战争正义作出了判断,也无从保证其判断的客观正确性,而根据一个未必正确的判断来确定其公正不偏的立场,这个立场仍然是非常值得怀疑的。

解决这个矛盾的办法只有一个,就是国际社会必须确立判断战争正义的标准和程序,这样,公正不偏原则和战争正义原则才能真正有效地统一起来,而这也正是两者共同发展的方向。国际社会为确立判断战争正义的标准和程序曾经作过许多努力(当然,其主要目的并不是为了完善中立制度),并且在二战之后以《联合国宪章》为标志,取得了一定的成效。《联合国宪章》规定了什么是合法战争,什么是非法战争,❶并且建立了以安理会为核心的判断战争合法性的机制。❷ 但是,历史发展水平离目标还差得很远,这个目标是:国际社会对每一个非法战争行为都能够及时作出判断并采取制止行动。在走向这个最终目标的过程中,公正不偏原则与战争正义原则总是在相互促进中向前发展,前者总是给后者提出新的要求,而后者总是给前者作出新的规范。在这个过程中,人们仍然会看到绝对中立和有条件中立在来回摆动。实质上,这是对立统一的两个基本原则在新的历史条件下的矛盾运动。

---

❶ 宪章第 2 条第 4 项、第 42 条、第 51 条。
❷ 宪章第 39 条。

第 五 章

战时中立的权利义务

非交战国中立地位的确立以及确立之后中立国与交战国之间中立关系的调整,皆基于非交战国在别国交战的情势下依据国际法所享有的权利。当非交战国行使这种权利时,国际法也给予交战国一定的权利。为了保障各自权利的实现,国际法要求中立国和交战国各自承担相应的义务。这些权利和义务就构成了国际法上中立制度的基本内容。

中立国与交战国之间的权利和义务是相互联系、相互对应的,因而不可能孤立地阐述中立国或交战国的某一种权利或义务。在阐述每一种权利或义务时,都不可能不涉及与之相关联或相对应的其他权利和义务。所以,应当按照中立国与交战国权利义务关系的关联性和对应性来分析中立关系中的权利和义务。

按照上述关联性和对应性,战时中立的权利和义务可以分为三组:

一是在中立关系形成时的权利义务。当非交战国在面对或可能面对别国的交战时,对参与或不参与交战享有选择权,如果它不选择中立,那么它只能选择结盟或交战,实际上结盟或交战是一回事,因为同交战一方结盟,即意味着同交战另一方交战。交战国则相应地享有承认或不承认上述国家中立的权利,如果它不承认该国的中立,那就只能意味着也与该国交战。中立国和交战国各自对对方选择权的认可,即产生它们相应的义务。在这一组权利义务中,非交战国对中立的选择权是最基本的,因为通常总是交战国对非交战国中立选择的承认或不承认,而不是反过来,中立国对交战国某种选择的承认或不承认。因此,这一组权利义务关系的基本问题是非交战国中立选择权问题。

二是局限于中立国与一方交战国之间关系的权利义务。在选择了中立地位之后,中立国享有包括交战国在内的通商交往的权利,相应地,交战国有尊重和不妨碍中立国通商交往包括与交战国敌对方通商交往的义务。同时,交战国有在交战中采取阻止敌国与其他国家通商交往的办法以赢得战争胜利的权利,相应地,中立国则有认可交战国在国际法允许的范围内采取各种阻止措施的义务。在这一组权利义务中,核心问题是中立国的通商交往权和交战国的交战权之间的冲突和平衡。

三是涉及交战另一方的权利义务。在中立关系中,中立国与一方交战国的合作不能对交战另一方造成损害或不利,交战各方都有权要求中立国公正不偏;当然,中立国也有权要求交战国不得妨碍它的公正不偏。所以,在这一组权利义务中,公正不偏既是中立国和交战各方的权利,也是它们的义务,但是最基本的是中立国公正不偏的义务。

有人认为,中立的权利和义务并不存在,中立国没有因为中立而得到权利,交战国也没有因为中立而承担义务,交战国对中立国不能做的事,即使在平时也不能做。但是,这种意见是不正确的。虽然交战国在战时不能做的事情,大多数在平时也不能做,但有些行为并不是这样。例如,交战国不得没收中立国船上的敌货,这一义务在平时是不存在的,它显然属于因中立关系而产生的义务。

下面就按照上述三组权利义务分别作进一步阐述。

第一节　中立选择权

中立选择权是指国家不参加别国交战的权利。

从国际实践看,中立选择权应当是国家的自然权利,因为这项权利不需要任何国际条约的赋予即可取得,并且得到国际社会的承认。可以认为,中立选择权是习惯法。虽然目前尚无一个公约条款明确规定国家有此自然权利,但是根据国际习惯和海牙公约有关规定是可以得出这样的结论的。在国际联盟建立集体安全体制以前,国家的这项权利在法律上不受任何限制;在此之后,这项权利受到了一定的限制。但是,在集体安全体制之外,国家的这项自然权利仍然不受限制。对于国家的中立选择权,国际法学者没有反对意见,有的还明确表示肯定,如韩国学者柳炳华指出:"根据战争法的一般原则,不愿参加战争的国家有权宣布中立。"❶1975 年《欧洲安全与合作会议最后文件》对国家主权平等进行阐述时也指出:国家有"中立的权利"。❷ 实际上,国家选择中立是非常简单的,如果它不想参与交战,不必作任何表示,只要交战国没有作相反的表示,那么它就是中立的。这种"沉默即是选择"的方式,在某种意义上也表明了中立权(仅指对中立的选择权)是国家的自然权利。

虽然中立选择权是国家的自然权利,但它不是国家的基本权利,而是基本权利的派生权利。根据国际法有关文件,联合国国际法委员会于 1947 年拟订的《国家权利义务宣言草案》以及 1970 年联合国大会通过的《关于各国依〈联合国宪章〉建立友好关系及合作之国际法原则之宣言》中规定的国家基本权利,都没有包括中立选择权。不把中立选择

---

❶　[韩]柳炳华:《国际法》,朴国哲、朴永姬译,中国政法大学出版社 1995 年版,第414 页。

❷　转引自王铁崖主编:《国际法》,法律出版社 1995 年版,第 120 页。

权列为国家的基本权利是有理由的。其一,对于中立选择权的放弃或限制,并不意味着国家主权的放弃或限制,这是与国家基本权利所不同的。中立选择权是可以放弃或限制的,而国家基本权利不具有这样的性质。其二,中立选择权是独立权和平等权这两项国家基本权利的体现。

独立权是指在国家之上没有国际法之外的任何权威,国家拥有独立地处理其对内对外事务的自由。独立权包括两个方面:一是对内独立权,是指国家除受国际习惯法或条约的限制外,在领土范围内行使国家权力、不受外来干涉的完全自主性和排他性;二是对外独立权,是指国家除受国际习惯法和条约的限制外,自由地处理其对外事务的自主性和排他性。❶国家依其对外独立权可以自由地处理国际事务,如接受和派遣外交使节,参加国际会议,签订或加入国际公约,同样,也包括决定在其他国家之间的战争中采取什么样的态度和立场。《国家权利义务宣言草案》第3条规定:"各国对任何他国之内政外交,有不加干涉之义务。"因此,一国对中立的选择同样是不受他国干涉的。

事实上,一个不能独立或丧失独立的国家是没有中立可言的。1885年,解决非洲问题的柏林会议《总议定书》规定,"刚果自由国"实行中立。实际上,这个刚果自由国只是比利时的殖民地,根本没有独立可言,因而它的中立只能是一个不了了之的闹剧。❷在瑞士历史上也曾遇到过独立与中立的关系问题。1797年年末至1798年年初,法国督政府对动乱中的瑞士进行武装干涉,随后宣布成立了受法国控制的海尔维第共和国。1800年至1802年间,海尔维第共和国内乱不已,出现了5次政变,并爆发内战,拿破仑遂派兵再度占领瑞士,瑞士的独立受到损害,连经济政策的独立性都被剥夺,甚至被法国割去了一部分领土。1813年,反法同盟为假道瑞士进攻法国,要求瑞士放弃中立,瑞士起初表示反对,反法同盟指

---

❶ 王铁崖主编:《国际法》,法律出版社1995年版,第100—135页。
❷ 王绳祖主编:《国际关系史》第三卷,世界知识出版社1995年版,第102页。

出,独立是中立的前提要求,瑞士的独立都已被法国取消,如何保持中立?瑞士只有恢复独立,才能保持中立。❶

历史上,保持中立和捍卫独立常常是联系在一起的。一个国家能够维护其独立,也就能够保持中立,否则就无法保持中立。二战之前,丹麦和挪威都声明中立,但是由于其战略地位的重要性,德国和英法都不想使它们保持中立,都想抢在对方前面占领该地,剩下来的问题只能是看它们自己能不能保卫自己主权独立,否则,中立只能是无稽之谈。1940 年 4 月 9 日,德国以防止英法入侵、保卫丹麦和挪威中立为名入侵两国。丹麦自从 1935 年 5 月同德国签订互不侵犯条约后,未作战争准备,只好接受"德国保护下的中立"。挪威进行了顽强的抵抗,但力量薄弱,又得不到英法的有力支持,国王和政府出走伦敦,本土上由德国拼凑了一个傀儡政府。两国独立既失,中立也都化为泡影。

对于中立选择权的理解,下面两个问题是需要澄清的:

第一,协议中立和永久中立并不影响中立国的独立性。协议中立国特别是经协议确立的永久中立国,其主权独立和领土完整是得到条约担保的。这样的中立国要承担不参加军事同盟、不使它自己直接或间接地卷入战争等义务,如果中立国违背了这样的义务,那么签约的其他国家就不再给予条约所规定的担保。为此,有人认为永久中立国只是部分主权的国家,而不是与其他国家处于同等地位的国际人格者。❷ 这种观点是不正确的。中立协议只是国家间的一种协议,它并不在任何程度上影响一国主权独立。永久中立国是通过特别条约实现中立化的国家,除了中立化所产生的平时中立义务以外,它们的中立权利和义务与其他国家是相同的。尊重和担保一个国家的中立,意味着一旦另一个国家破坏了这个国家的主权和领土完整,中立国有权要求担保国出面恢复其主权和领

---

❶ [瑞士]埃德加·蓬儒:《瑞士中立史》,刘永立译,武汉大学出版社 1991 年版,第 43—47 页。

❷ [英]詹宁斯、瓦茨修订:《奥本海国际法》,王铁崖等译,中国大百科全书出版社 1995 年版,第 266 页。

土完整。但是,任何担保国无权主动出面,只有在中立国发出请求的情况下,担保国才能出面,否则就是对中立国独立权的侵犯。因此,永久中立国的国际人格不受中立地位的任何不利影响。

第二,如果一个国家通过条约表示在某种情形下不采取中立,是不是意味着这个国家丧失了选择中立的权利呢? 答案是否定的。首先,国家通过条约放弃中立或表示不中立,正是基于其中立选择权所作的选择;其次,在条约终止之后,该国将恢复它选择中立的完全自由;再者,通过条约表示不中立的范围是有限的,在条约之外,对于非缔结该条约的国家,该国选择中立的权利依然存在。

平等权也是中立选择权的基础,主要表现在:国家根据其在国际社会中的平等地位而选择中立地位。国家的平等地位是因其主权而享有的,是不可剥夺的。如果一个国家丧失了平等地位,也就丧失了主权。国家的平等地位使它有权在其他国家的冲突中采取中立的态度。在国家间关系不平等的国际社会中,比如在1648年以前的欧洲或18、19世纪的亚洲、非洲和拉丁美洲,各国对中立的选择权实际上无法存在,因为它们在国际社会中尚不享有平等地位。

第二节　中立国的通商交往权和交战国的交战权

通商交往权是指中立国在别国交战时,仍然可以与交战国进行正当的商务和其他往来的权利。

中立法并不要求中立国断绝与交战国的往来。除了禁运等方面的某些限制外,交战国与中立国之间的一切往来仍应如旧。特别在条约执行、外交往来和贸易等方面,更是这样。当然,交战国之间的战争状况会间接地干扰交战国和中立国之间的往来。例如,中立国的条约权利可能由于交战国占领敌国领土而受到干扰;居住在敌国领土内的中立国人民在一定意义上产生了敌性;与交战国进行贸易的中立国人民要受到临检和搜查,违反禁运和封锁的要被拿捕等。但是,从原则上讲,中立国的通商交往权无疑是存在的。

为保障中立国的通商交往权,交战国对中立国承担下列义务:(1)不得为军事目的而进入或使用中立国领土;❶(2)不得干涉中立国与敌国之间的合法交往;(3)除禁运品以外,不得没收敌船上的中立国货物和中立国船上的敌国货物;❷(4)对在被占领的敌国领土上发现的中立国派遣在敌国的外交代表,应给予适当待遇,至少必须给予不加留难地离开被占领领土的权利;(5)对敌国领土上的中立国人民和中立国财产给予适当待遇,对在敌国领土上定居的中立国人民及其私人财产给予不比战争法所许可的更苛刻的待遇,虽然中立国人民及其财产由于在敌国领土上定居而产生了敌性,但它们并未丧失其中立国本国的保护;(6)交战国如果对通过其敌国境内的中立国财产进行征用,必须赔偿全部损失。

通商交往权同样是国家的自然权利,是国家独立权和平等权的体现。国家之间的交往自由、通商自由是主权国家不可剥夺的权利。但是,通商交往权是可以而且实际上在国际法上受到限制的,在行使此项权利时,如果与其他国家的合法权利相冲突,就需要进行协调并受到一定的限制。比如,通商交往权与别国的领土管辖权发生冲突,那就要因别国的领土管辖权而受到限制。

在别国交战时,通商交往权受到的限制主要来自交战国的交战权。交战权是交战国通过各种合法手段取得战争胜利的权利,只要国际法允许国家在一定条件下(比如在自卫的条件下)可以使用武力,那么这种交战权就在相应程度上是国际法所允许的。至于这种交战权的合法性是基于自卫权、自保权,还是不受限制的绝对战争权,则是国际法各个发展时

---

❶ 见海牙第 5 公约第 1 条至第 4 条和海牙第 13 公约第 1 条至第 5 条。
❷ 见 1856 年巴黎宣言。

期的不同情况。从传统中立制度的内容来看,交战权包括阻止敌国从别国得到经济、军事或其他有利条件的权利。《联合国宪章》实际上也默认了在集体安全体制外国家有交战权,并且交战权包括阻止敌国从别国得到各种有利条件的权利。显然,交战权必然会同中立国的通商交往权发生冲突。一方面,中立国的通商交往权使得中立国有可能破坏封锁、运载禁运品、为交战国从事非中立业务等;另一方面,交战国的交战权也使得交战国有可能阻止中立国与敌对国的一切正当交往,比如,在 19 世纪以前,交战国经常用"纸上封锁"来阻止中立国对敌国的贸易。面对这种冲突,国际实践以及由此形成的实定国际法不断通过完善中立制度来进行平衡和协调。

中立制度主要就是中立国的通商交往权与交战国的交战权之间互相平衡的结果,当然这种平衡是不断发展的。1856 年《巴黎宣言》确定:在公海上或在敌国领水内的中立国船上的敌货,除禁运品外,交战国不得没收。这一规定既明示了中立国与交战国的通商权,也限定了中立国的通商权,使通商权不能及于交战国规定的禁运品;反过来说,这一规定既明示了交战国阻止中立国与敌国通商的权利,也限定了这项权利不能及于禁运品之外。这样,通商权与交战权就达成了一定的平衡。

通商交往权与交战权之间的冲突是十分复杂的,正是在这种复杂的冲突中,中立制度向前发展。第一次世界大战期间,交战国为了阻止敌国与中立国的航运,采取了一种新的措施,即宣布海上的"战争地带"(或称"军事区")。由于海牙公约对这种措施尚未建立任何规则,因而这种战争地带往往由交战国自行划定,并在这样的地带中布置触发水雷,或用潜艇攻击进入其中的中立国船舶。1914 年 11 月 3 日,英国宣布整个北海为"军事区"。1915 年 2 月 4 日,德国以报复为理由,宣布整个围绕英格兰、苏格兰和爱尔兰的水域为"军事区"。双方军事区的区域范围实际上常常在变动。1917 年 1 月 31 日,德国的"军事区"进一步扩大到围绕法国、意大利、希腊、中东和北非的水域。英、德两国的做法都遭到了中立国的强烈反对,但相比之下,对德国的不满更甚,因为英国在军事区中留出了中立国船舶可以安全通过布雷区的通道;而德国不但宣称有权封闭有关的区域,而且还有权用水雷和潜艇执行封闭。在这样的情况下,发生了"鲁西坦尼亚号案"。1915 年 5 月 7 日,美国邮船鲁西坦尼亚号行至爱尔兰海岸附近,突遭德国潜艇发射的鱼雷攻击后沉没,船上不少于 1100 名平民包括妇女儿童遇难。在国际社会的压力下,德国于 1916 年 2 月 4 日照会美国,表示愿意对所造成的生命损失给予赔偿。

建立"战争地带"是否符合国际法?引起了国际社会的关注。这个问题的实质依然是通商交往权与交战权之间的关系问题。有的学者从交战权的角度出发,认为建立"战争地带"是合法的,因为交战双方的权利是对等的,都可以采用建立战争地带的方法进行对抗,只要不违反当时海牙公约规定的关于限制使用作战手段的规定以及关于事先发出警告的规定即可。另一些学者则从通商交往权的角度出发,认为建立战争地带是不合法的,因为中立国在战时有在公海上从事商务活动的自由,不受国际法所不承认的任何措施的干扰,而当时海牙公约所规定的交战国对中立国可以采取的措施只有四项:禁运、封锁(包括临检和搜查)、阻止非中立役务、正当报复。为了解决这个问题,首先出现了《关于在战争中使用潜水艇和有毒气体的条约》。❶ 该《条约》规定:交战国潜水艇得像水面舰艇一样,在拿捕商船之前,先进行临检,除非拒绝临检或拿捕,不得攻击。如果潜艇无法拿捕商船,就应允许该商船继续行驶。这一规定限制了使用潜艇不分皂白地执行战争地带封锁的权利。接着,出现了 1930 年《限制和裁减海军军备的国际条约第 4 部分关于潜艇作战的规则》,❷该规则与上述条约的规定基本相同,并进一步规定:"除非接到正式通告仍拒绝停驶或主动抗拒临检和搜查,任何军舰无论是水面舰艇还是潜艇,在把乘客、船员和船舶文书安置于安全场所之前,不得将商船击沉或使其丧失航

---

❶ 1922 年 2 月 6 日在华盛顿签署,批准或加入国 11 个,由于签署国法国没有批准而未能生效。

❷ 1930 年 4 月 22 日在伦敦签署,11 个签署国均已批准。1936 年,该规则的签署国又签署了关于该规则的议定书,重申了完全相同的规则,议定书的加入国达到 39 个。

行能力。就此而言,船舶所载小艇不能视为安全场所,除非在当时海上和气候情况下,由于接近陆地,或者另一船舶同意上述人员登船而使乘客和船员的安全获得保障。"

　　国际社会虽然进一步确定了潜艇规则,但对水雷的使用仍然停留在海牙公约所作的规定。这样,交战国依照海牙第8公约❶布置水雷给中立国航行自由带来的阻碍,并不违反国际法,这就在实际上承认建立"战争地带"是合法的。二战期间,英国和德国又像一战期间那样,在英吉利海峡、北海、波罗的海和英国东海岸等广大海域布置水雷。两次大战期间的实践使中立国的通商自由同交战国的交战权之间达成这样的平衡:一方面,交战国有权在公海上布雷,另一方面,交战国有义务保证中立国的交通安全。1994年6月,由国际人道法学会组织24个国家的海战法专家在意大利里窝那制定的《适用于海上武装冲突的国际法》(又称《圣雷莫海战法手册》),对上述"平衡"状况继续予以肯定,反映了国际法专家的普遍观点。❷ 很显然,这种"平衡"看起来是自相矛盾的。但是,国际社会似乎并不热心解决这种矛盾,而是听任各国在遇到具体情况时运用自己的智慧,比如英国的办法就是在布雷的同时给中立国留出航行的通道。

第三节　公正不偏义务

　　公正不偏义务是指中立国防止和阻止交战国利用该中立国的条件造成对另一交战国不利的义务。

　　中立所要求的公正不偏与中立国对交战一方的同情和对另一方的反对是可以并行不悖的。中立国的舆论和报刊,乃至中立国的政府,都可以

---

❶ 《关于敷设自动触发水雷公约》。
❷ 见《圣雷莫海战法手册》第80条至92条。

对交战一方或他方表示同情，但是决不能给予所同情的一方任何中立法所禁止的援助，否则就是违反了中立法。

中立国的公正不偏义务在中立规则中有大量明确的规定。例如，海牙第 5 公约❶规定："中立国没有义务阻止为交战国一方或另一方输出或运输武器、弹药以及一般对军队或舰队有用的任何物品。"❷"中立国没有义务禁止或限制交战国使用属于它或公司或私人所有的电报或电话电缆以及无线电报器材。"❸但是，"中立国对第 7 条和第 8 条所指内容所采取的一切限制或禁止措施应对交战双方公正不偏地予以适用。"❹又如，"交战国一方在上述条件下带进中立国领土的敌对一方伤病员应由中立国予以看管，务使他们不得重新参加作战行动。该中立国对委托给它的另一方的军队的伤病员也负有同样的义务。"❺再如，海牙第 13 公约❻规定："中立国应将它对交战国军舰或捕获船只进入其港口、锚地或领水方面所制订的条件、限制或禁令，公平地适用于交战双方。"❼

公正不偏历来被认为是中立关系的基础，因为中立规则不但基本上是围绕公正不偏义务展开的，而且这项义务不仅是中立国的义务，也是交战国的义务，交战国不得妨碍中立国履行公正不偏的义务。实际上，当中立国要求交战国不妨碍其履行公正不偏义务时，公正不偏也就成了中立国的一项权利。因此，公正不偏具有非常独特的性质：它既是义务也是权利，既是中立国的权利和义务，也是交战国的权利和义务。

在一定的范围内，公正不偏意味着"不偏不倚"。比如，在非与军事行动直接有关的便利上，中立国首先有权决定给予还是拒绝给予交战国这种便利；一旦决定给予或者拒绝给予这种便利，那就要对交战国双方一

---

❶ 《中立国和人民在陆战中的权利和义务公约》。

❷ 海牙第 5 公约第 7 条。

❸ 海牙第 5 公约第 8 条。

❹ 海牙第 5 公约第 9 条。

❺ 海牙第 5 公约第 14 条第 2 款。

❻ 《关于中立国在海战中的权利和义务公约》。

❼ 海牙第 13 公约第 9 条第 1 款。是中立国的权利和义务，也是交战国的权利和义务。

视同仁。如果中立国给予一方交战国这种便利,也就应当以同样程度给予另一方交战国;如果中立国拒绝给予一方交战国这种权利,也就应当同样拒绝给予另一方交战国。这一含义在海牙第 5 公约和第 13 公约中均有明确的规定。

但是,公正不偏并不等同于"不偏不倚",它与"不偏不倚"有下列两点区别:(1)公正不偏要受到一定的限制。比如:不得为交战国的军事活动提供便利,哪怕这种便利是同样给予交战国双方的也不行。在中立法发展初期,只要对交战国双方不偏不倚地给予援助,就不被认为违反中立;一国允许自己的军队以同等数目为交战双方作战,仍被认为是中立的。但是海牙第 5 公约和第 13 公约已经改变这一观念。这两个公约规定,任何与军事行动直接有关的便利,即使只是给予交战国部队以通过中立国领土的便利,并且对交战双方同样给予,也是非法的。(2)公正不偏要求中立国采取一定的积极措施。比如:防止交战国为军事目的而利用中立国的领土和资源,防止任何一个交战国干扰该中立国与另一交战国之间的合法交往等。交战国为军事目的而侵犯中立国领土,既是违反中立的行为,也是和平时期所禁止的行为。但是,这两种行为并不是等同的。对于和平时期所禁止的侵犯国家领土主权的行为,被侵犯国可以不予理会,因为它并没有向侵犯国追究责任的义务。然而,对于侵犯领土主权同时又违反中立的行为,中立国不但有追究其责任的权利,而且有追究其责任的义务。例如,海牙第 13 公约第 3 条规定:"如果船只在中立国领水内被捕获,且该船舶仍在其管辖范围内,该中立国应使用他所掌握的一切手段释放被捕获船只及全体船员,并扣留捕获者派在船上的人员。"如果中立国不追究该交战国的责任,那就违反了公正不偏的中立义务。

在一战和二战期间,交战双方都曾以要求公正不偏为理由,进行"报复",这是中立制度中一个很重要的问题。中立中的"报复"是指:如果交战一方与中立国进行合法交往时,另一方进行破坏,而中立国对这种破坏不制止或无力制止,那么交战一方就可以同样破坏另一方与中立国的合法交往。这方面的事例以一战和二战期间交战双方均以报复为理由宣布和不断扩大"战争地带"最为典型。如上一节所提到的：1914 年 11 月 3 日，英国宣布整个北海为"军事区"。1915 年 2 月 4 日，德国以协约国不执行伦敦宣言为理由进行报复，宣布整个围绕英格兰、苏格兰和爱尔兰的水域为"军事区"，对进入这个区域的商船进行攻击。接着，英国于 1915 年 3 月 11 日，法国于 1915 年 3 月 13 日，同样以报复为理由，命令舰队阻止一切由德国输出和向德国输入的货物。1917 年 1 月 10 日，英国的报复进一步扩大到针对所有的敌国。1917 年 2 月 1 日，德国更进一步扩大潜艇战；1917 年 2 月 16 日，英国的报复再进一步扩大到运载以敌国为目的地或以敌国为来源地的货物的船舶，除非在被拿捕前驶往英国港口或协约国港口检验舱货，否则这种货物将被拿捕和判决没收，货物如检验后证明具有敌国来源地或目的地的，应予以判决没收。美国和其他中立国抗议英法两国的报复行为侵犯了中立国的权利。英国认为，由于中立国没有阻止德国以切断英国与中立国交通为目的非法的潜艇战，因而英国的报复是合法的。中立国不阻止或不能阻止一个交战国军队通过它们的中立领土，那么，它对于另一交战国同样侵入这些领土，并在那里攻击敌人就不能有所抱怨。同样，如果中立国不阻止或不能阻止一个交战国阻挠该中立国与另一交战国的商务往来，那么，另一交战国也可以阻止该交战国与中立国的商务往来，中立国也不能有所抱怨。英国学者进一步认为：交战国不得干扰中立国合法商务的规则，是以一种假定为前提的，这种"假定"是交战国双方都愿意执行这个规则，并且中立国愿意而且能够阻止交战国对这个规则的破坏。如果这个"假定"的前提不存在了，那就应当允许交战国进行报复。美国学者对此有不同的看法。《哈佛大学国际法研究》（1939 年）对报复问题作了详细讨论，认为：一个交战国即使对其对方的不法行为进行报复，也不因而解除其对中立国的义务，并且认为，这是"现行国际法的规则"。

中立中的报复是对公正不偏的极端要求，它对中立规则是起否定作用的，因而是有害的。从现行国际法来看，交战国在中立中的报复权应当废弃。在联合国宪章禁止使用武力和以武力相威胁的情况下，交战国不能再以报复为理由增加对中立国的权利。也就是说,交战国不能以敌国破坏中立为理由而实施与敌国相同的破坏中立的行为。任何交战国违反国际法的行为都应单独追究,而不应成为另一交战国同样违反国际法的理由。即使因敌国违反中立法而导致受害的交战国行使自卫权,也只能严格限制在自卫的范围内,而不能以自卫为理由损害中立国的利益。比如,甲乙两国交战,在没有安理会决议的情况下适用绝对中立规则,如果甲国违反中立法,在中立的丙国领海内攻击乙国军舰,如果丙国无力制止,乙国出于自卫可以还击。但是,事过之后,乙国无权以报复为由也在丙国领海内攻击甲国军舰。

管辖权和自卫权,这两项国家基本权利是中立国公正不偏权利义务的基础。国家管辖权分为依据国籍的管辖,即属人管辖;依据领土的管辖,即属地管辖;为保护一国及其国民的重大利益而实行的管辖,即保护性管辖;为维护国际和平与安全和人类共同利益而实行的管辖,即普遍管辖。中立国有权并且只能在这些范围内行使其公正不偏的权利。自卫权是中立国在其中立地位受到武力破坏时,相应采取武力行动的基础,因而自卫权是中立权利的重要基础,中立国行使自卫权并不丧失其中立地位。❶ 美国在二战前夕,把自卫权作为实行有条件中立以及后来放弃中立的理由。在将自卫权作为实行有条件中立的理由时,美国认为,自卫权是国家最基本的权利,如果一个国家侵略了另一个国家,中立国就不能在侵略国与被侵略国之间不偏不倚地对待。在将自卫权作为放弃中立的理由时,美国认为,国际义务的履行是相互的,如果一个国家已经以空前的规模违反了国际法的基本规则,其中包括中立方面的规则,那就不能允许这个国家再以这些规则为根据而实现其非法目的,因为破坏国际社会的基本规则是对国际社会所有成员的威胁。❷ 从二战期间的国家实践可以

---

❶ 海牙第 5 公约第 10 条规定:"中立国即使用武力抵抗侵害其中立的行为也不得被认为是敌对行为。"

❷ 美国总统在 1941 年 1 月 6 日致国会的咨文中指出:"单方面的国际法,这种国际法在其遵守的方面缺乏相互性,因而成为一种压迫的工具"。

看出,中立国公正不偏的权利义务,受制于国家的管辖权和自卫权,特别是国家的自卫权对于中立国公正不偏的权利义务有更大的影响,中立国可以根据自卫权调整其行使和履行公正不偏权利义务的方式和程度;同时,中立国在行使自卫权时,也必须符合必要性和相称性原则,否则,就会在中立关系中有损其公正不偏的权利义务。

第 六 章

平时中立的权利义务

第一节 平时中立的法律性质问题

平时中立也称中立化,是指平时状态下国家或者区域的中立。本书第一章已经谈到,平时中立同战时中立有所区别,战时中立是一个内涵性的专门概念,其含义已经特定化。而平时中立是一个外延性的类概念,是平时条件下各种中立形式的统称,包括协议中立、永久中立、不结盟、非军事化等各种中立形式。

永久中立(permanent neutrality)和非军事化(Demilitarization)是平时中立的两种主要形式,它们统一在"中立化"(Neutralization)这个概念之下,前者是主权国家的中立化,后者是区域的中立化。此外,平时中立还

包括狭义的协议中立❶和一般意义上的不结盟。❷

长期以来,国际法学界有一种影响较大的观点,认为平时中立是政治问题而不是法律问题,中立法仅指战时中立法,而不存在平时中立法。❸这种观点产生的主要原因是两次海牙会议产生了一系列有关战时中立的公约,对战时中立作了比较系统的规范,而平时中立却没有任何有关的公约。根据这种观点,永久中立和非军事化都不属于国际法上中立的范畴。但是,这种观点随着历史的发展,变得越来越不符合实际情况了。

第一,政治问题和法律问题没有永恒的界线。在国际关系领域,确有政治问题与法律问题之分。所谓法律问题,是指国际法所调整的问题,换句话说,就是根据国际法可以断定其合法或非法的问题❹,否则就是政治问题。但是,政治问题与法律问题之间没有一成不变的界线,随着国际法的发展,原来的政治问题可以发展为法律问题,而且,从国际社会发展的大趋势看,政治问题总是不断向法律问题的方向发展。中立领域也是这样,比如,国家在别国之间的战争中是否可以维持中立,原来属于政治问题,而在 1928 年战争权被国际社会废弃以后,这个问题就变成了法律问题。这是因为,根据 1928 年《巴黎非战公约》,国家在国际关系中不得使用武力,这样,任何国家,除非出于单独或集体的自卫,否则在与交战国的关系中就有维持中立的义务。特别是在联合国集体安全体制建立以后,能不能中立,已经不再是政治问题。安理会作出采取军事制裁行动的决议后,执行安理会决议的国家不能维持中立,其他国家也不能维持绝对中立。这表明能不能中立已经从政治问题转化为法律问题。

第二,一战以来,平时中立的许多政治问题已经成为法律问题,平时中立法得到了相当的发展。比如,奥地利的永久中立,由美、苏、英、法等

---

❶ 狭义的协议中立是指不包括永久中立的协议中立。

❷ 一般意义上的不结盟是指区别于不结盟运动的不结盟。参见本书第一章有关不结盟运动的内容。

❸ 王铁崖主编:《中华法学大辞典·国际法学卷》,中国检察出版社 1996 年版,第 680—681 页。王铁崖主编:《国际法》,法律出版社 1995 年版,第 650 页。

❹ 参见叶兴平:《和平解决国际争端》,武汉测绘科技大学出版社 1994 年版,第 9 页。

大国通过条约予以承认并给予保障；老挝的中立，由 13 个国家在协议中表示尊重并承诺给予保证。这些国家的中立受条约法的约束，它们的中立地位不能随意放弃或变更，否则将违反国际法。又如，《南极条约》规定了南极的非军事化，《外层空间条约》规定了月球及其他天体的非军事化，南极和外空的非军事化地位不能被随意变更，否则也将违反国际法。因此，如果坚持把平时中立看成政治问题，那就等于放弃对平时中立的法律调整，这对维持国际社会的和平与安全是不利的。

第三，不能把海牙公约和日内瓦公约等"一般性"公约看做中立法唯一的渊源。在这里，笔者所称的"一般性"公约，是指不针对具体国家的中立多边条约。现有的关于平时中立的多边条约都是关于具体国家的多边中立条约，比如，《重建独立和民主奥地利的国家条约》、《关于老挝中立的宣言》等，而没有关于平时中立的一般性公约，既没有"非军事化公约"、"国际组织中立公约"，也没有"永久中立公约"。造成这种状况的原因可能来自两个方面：一是平时中立的多样性和复杂性。瑞士的永久中立同奥地利的永久中立以及老挝的中立显然差别很大，用一个公约来统一规定它们平时的权利义务恐怕是十分困难的。二是国际法发展的局限性。用一般性国际公约来规定永久中立国的权利义务，恐怕有待于国际法的进一步发展；同样，用一般性国际公约来规范世界各国对于各类非军事化区域的权利义务，也需要国际社会的进一步努力。但是，针对具体国家的多边条约，同样是国际法文件，也应当具有国际法的效力。所以，应当把一般性国际条约之外的各类国际条约也作为中立法的渊源，这样，就能解决平时中立的法律渊源问题。

第四，不能用战时中立的法律状况来套看平时中立的法律状况。从法律关系的角度看，战时中立是中立的典型形式，其法律关系的主体及其权利义务比较具体，既有中立国，也有交战国，各自的权利义务也达到了比较明确的程度。而平时中立的法律关系就没有战时中立那么完整和具体，比如：永久中立的法律关系主体只有中立国，没有交战国，权利义务也不像战时中立那么明确；非军事化的法律关系中只有"可能的"交战国，没有具体的中立国。但是,如同我们不能因为国际法的立法和司法不像国内法那样完备而认为国际法不是法一样,我们也不能因为平时中立的法律关系不像战时中立的法律关系那么完备而认为平时中立不是法律意义上的中立。永久中立和非军事化等平时中立应当是法律意义上的中立形式之一,只要它们受国际法的调整,哪怕比较间接或原始,也应该是中立法的组成部分。这样说可能是比较符合实际的。

第五,国际法的重大发展对平时中立的影响具有法律意义。联合国宪章建立了集体安全体制以后,对永久中立国以及平时以国内法实行中立政策的国家有重要影响,宪章中关于通过集体安全制度维护国际和平与安全的各项规定,明确了平时中立国应当如何执行安理会作出的关于预防和强制措施的决议,这就为平时中立设定了法律依据,成为平时中立法律化的一个重要方面。

根据以上分析,平时中立具有相应的法律意义,可以根据法律确定当事国的权利义务,因而是一个法律问题。

第二节　永久中立的权利义务

一、永久中立的法律关系

永久中立是平时中立中一种非常重要的中立形式,它以其法律关系特有的结构形态而与其他的中立形式相区别。其法律关系特有的结构形态,就是永久中立国权利义务的“对世性”。在这种法律关系中,一方是永久中立国本身——一个主权国家,另一方则是世界上所有国家。为了说明这种法律关系特有的结构形态,有必要将它与中立的其他几种形式作一点比较。

(一)永久中立与战时中立法律关系的区别。永久中立与战时中立的区别,与其说是中立发生的时机不同,更不如说是法律关系的结构形态不同,因为在这一点上它们的差异更大,决定了它们的权利义务不一样。战时中立法律关系的结构形态是"国对国",中立国一方是确定的主权国家,交战国双方也是确定的主权国家。战时中立法律关系因具体的交战国的存在而存在,也因具体的交战国的消失而消失。永久中立国恰好相反,如果它面对具体的交战国,那么永久中立的法律关系反而不存在了,永久中立国与交战国之间的法律关系进入了战时中立关系的状态;一旦具体的交战国消失,则又回复到永久中立的法律关系状态。因此,在战时,永久中立国并不比战时中立国承担更多的义务,当然也不享有更多的权利。

(二)永久中立与狭义协议中立法律关系的区别。永久中立同协议中立(狭义)的区别也在于法律关系形态的不同。协议中立也像战时中立那样,是"国对国"的中立。但是,协议中立与战时中立又有很大区别,不仅在于发生的时机前者在平时,后者在战时,而且在"国对国"的关系上也不一样。协议中立法律关系的主体至少有一方是协议中立国,另一方为可能的交战国(或协议中立的对象国),而有时可能双方互为中立国和互为可能的交战国。协议中立的第三方可能是不特定的,也可能是特定的,但它不作为协议中立关系的一方。由于协议中立法律关系的特征,因而它的权利义务内容完全由缔约国约定。除了缔约国约定的权利义务内容以外,从国际法上讲,协议中立没有自身独立的价值,因为在这个意义上,协议中立实际上是一个"等候"的战时中立。

(三)永久中立与非军事化法律关系的区别。永久中立与非军事化的法律关系可以说正好是相反的。在非军事化的法律关系中,被中立化的区域不是一个主权国家,因而不是法律关系的主体,而是法律关系的对象。这样,在其法律关系主体中没有中立国,只有"可能的交战国",这些"可能的交战国"之间缔结了中立条约。非军事化条约的缔约国约定,不论它们未来是否成为交战国,它们在平时都对非军事化区域承担如同对中立国的义务——不为军事目的而利用非军事化区域,也可以只承担更为有限的义务,比如不在非军事化区域部署和使用核武器等。同协议中立一样,非军事化的权利义务也是由缔约国各方针对特定的非军事化区域具体约定的,迄今尚无一般的非军事化的权利义务。

二、永久中立国的权利义务

国际法学者通常将永久中立国应当承担的义务概括为以下几点:(1)不主动发动战争,但是当受到别国攻击时,为了保护本国的政治独立和领土完整,可以进行自卫,并且可以在平时为此目的保持军备;(2)不参加其他任何国家之间的战争,在任何战争时期始终保持绝对中立;(3)不参加任何需要承担战争义务或其他与中立地位相抵触的条约;(4)不承担任何可能使自己卷入战争的义务或采取这方面的行动。❶

根据永久中立国所承担的义务,可以推断它享有如下权利:(1)任何国家不得对其发动战争;(2)任何国家不得迫使其参加战争;(3)任何国家不得迫使其加入需要承担战争义务的条约;(4)任何国家不得迫使其承担可能使之卷入战争的义务或采取此类行动。❷

一些学者特别强调,永久中立国并不承担舆论中立、经济中立等义务。也就是说,永久中立国没有义务阻止本国国民非中立的言论,没有义务在经济贸易方面也对互相对立的国家公正不偏。❸

上面列举的永久中立国的权利义务在战争权被废弃以前是有其独立意义的,因为在那时候,一般主权国家并不具有以上权利义务。但是,在战争权被废弃之后,永久中立国的权利义务与一般国家的权利义务区别就不大了,因为一般国家根据联合国宪章同样不得对其他国家发动战争、使用武力或以武力相威胁,不论是独自这样做,还是以条约形式与其他国

---

❶　王铁崖主编:《中华法学大辞典·国际法学卷》,中国检察出版社 1996 年版,第 639 页。

❷　永久中立国土库曼斯坦宪法规定:不参加带有强制义务或集团责任的军事集团、联盟及国家联合体;不允许外国在土库曼斯坦建立军事基地;除自卫防御外,不发起、不参加任何战争和军事冲突,在本国遭遇武装入侵的情况下有权求助联合国和其他国家;承诺不拥有核武器、化学武器及其他大规模杀伤性武器;与各国和国际经济组织开展经济合作,反对以经济手段进行政治施压,不加入以此为目的的任何经济合作组织。

❸　[瑞士]达尼埃尔·弗雷(D.Frei):《瑞士的外交政策》,刘文立译,华中师范大学出版社 1987 年版,第 9—10 页。

家共同这样做,都是违反国际法的。

关于永久中立国的权利义务同一般国家在战时中立时的权利义务的差别问题,还需要作一点深入的探讨。瑞士在 1815 年维也纳会议上被各国承认为永久中立国之后,仍然继续同外国签订有关招募本国雇佣军的协定,这一做法遭到学者❶强烈反对。为此,瑞士政府于 19 世纪末取消了这一做法,不允许任何外国在本国领土上招募兵员。这一禁止,并不是条约要求永久中立国承担的一项义务,而是瑞士主动采取的一种中立措施,甚至可以视为瑞士作为永久中立国行使的一项权利。然而,时隔不久,1907 年海牙第 5 公约也规定,战时中立国不得允许交战国在其领土上招募兵员。❷ 这一规定作出后,永久中立国瑞士主动采取的这一项措施便与一般国家在战时中立时履行海牙第 5 公约所规定的义务没有任何区别。这样看来,是不是永久中立国的权利义务与一般国家在战时中立时的权利义务就没有什么区别了呢? 恐怕不能简单地得出这样的结论。它们之间至少还有两点差别:第一,一般国家仅在战时中立时有义务不允许交战国在其领土上招募兵员,在平时没有这样的义务,而永久中立国不仅在战时而且在平时也有义务不允许其他国家在其领土上招募兵员,因为这一做法依据 1907 年以来海牙公约以及其他国际公约的有关规定,将会使永久中立国可能卷入战争,这是与其永久中立地位相悖的。第二,一般国家也可以在平时主动采取不允许其他国家在其领土上招募兵员的措施,但这对于一般国家而言,并不是国际法上规定的中立义务,而这对于永久中立国瑞士而言,已经成为一项国际法上的中立义务。有的学者依然按照 1907 年海牙第 5 公约生效前的理解,认为这是永久中立国瑞士行使权利的行为。本书认为这种理解是不正确的。在 1907 年以前,由于国际法没有要求中立国不得允许交战国在其领土上招募兵员,因而可以认

---

❶ 乌尔里希·慈温利(Ulrich Zwinli,1481—1531),瑞士宗教改革家和人文主义者,曾任苏黎世大教堂本堂神甫。托马斯·穆尔(Thomas Moore,1779—1852),爱尔兰诗人、作家、音乐家。

❷ 海牙第 5 公约规定战时中立国不得为交战任何一方提供军队。

为瑞士的做法是一种行使权利的行为；但在 1907 年以后，由于国际法作出了相关规定，而瑞士如果在平时允许外国在其领土上招募军队，由于平时与战时的连续性，因而将在逻辑上招致其违反战时中立的结论，这样，瑞士所采取的措施就不能再被认为是行使权利，而是国际法要求其承担的一项永久中立的义务。

20 世纪 50 年代，关于瑞士参加欧洲国家共同进行核研究的条约是否与永久中立地位相抵触的问题，曾引起深入讨论。1953 年，瑞士加入《关于成立欧洲核研究所的公约》时，瑞士联邦委员会在 1953 年 8 月 15 日的咨文中以瑞士国际法学家讨论的意见为根据，认为国际法并不禁止永久中立国在其领土内对专供科学使用的国际核试验提供便利。显然，瑞士参加核研究条约，为核研究提供便利，与前面阐述的作为永久中立国应当承担的任何一项国际义务都不抵触，其关键就在于瑞士所加入的这项核研究条约并不是一项军事合作条约或者军事同盟条约，不存在将瑞士卷入战争的可能性。

永久中立国所承担的在任何时候都不得参加任何军事集团、不得与别国订立军事条约的义务，迄今依然是其特有的国际义务，其他国家都不需要承担此项国际义务。之所以要求永久中立国承担这样的义务，是因为加入军事集团或军事条约，将会使其卷入武装冲突。尽管军事集团或者军事条约也可能以集体自卫为目的，但是在实际履约时是否属于符合国际法的集体自卫，并不是完全由军事集团成员国或者军事条约缔约国自己判断的，安理会有权作出具有最高权威的断定。如果安理会的断定与当事国自认为属于自卫的判断不一致，那么加入其中的永久中立国势必处于两难境地，要么依条约行事而按联合国宪章规定则违反了国际法，要么依宪章行事而不履行条约也同样违反国际法。这样的情况即使安理会没有作出任何断定也会发生，因为与该军事集团或者军事条约相对立的国家对于自卫问题同样有发言权，而对立双方对于自卫问题的判断通常总是不一致的。也许有人提出疑问，如果按照这个理由，一般国家岂不是也不能参加军事集团或者加入军事条约？ 其实不然，一般国家参加军事集团或者加入军事条约,并不存在使自己陷于两难境地的可能性。当它们与对立国家在自卫问题上判断不一致时,由安理会作出断定。而永久中立国即使这样做,陷于两难境地的可能性也是无法消除的,其原因就在于,永久中立国的中立义务是"对世"的,也就是对世界上所有国家的,这样,它虽然有自卫权,但只能为自己自卫,而不能参加集体自卫。因此,对于永久中立国来说,唯一的办法就是不参加军事集团、不加入军事条约。

三、永久中立国与联合国的关系

永久中立国必须保持绝对中立的义务,这是得到公认的。但是,这是一个很值得研究的问题,因为这项义务涉及永久中立国与联合国的关系。在联合国宪章下的集体安全体制建立以前,永久中立国通过条约承担在任何情况下保持绝对中立的义务,是符合国际法的。在集体安全体制建立以后,如果永久中立国成为联合国会员国,那么固守绝对中立就不符合联合国宪章。因为,对于安理会关于对破坏宪章的国家进行制裁的决议,任何会员国都没有理由拒绝执行,任何中立都只能是有条件中立。从这个意义上讲,永久中立国如果坚持在集体安全体制下也要维持绝对中立,那就不能成为联合国会员国;如果成为联合国会员国,那就必须放弃无条件的绝对中立。

进一步需要思考的问题是:永久中立国加入联合国从而在集体安全体制下不再坚持绝对中立以后,是否仍然保有其永久中立的地位? 答案是肯定的。首先,联合国并不是一个军事集团,联合国宪章也不是一个军事同盟条约。其次,永久中立国保持绝对中立的义务只是集体安全体制外的义务,而在集体安全体制下并无此项义务,相反,它反而有按照安理会有关决议维持有条件中立的义务。任何国家都无权要求永久中立国在联合国集体安全体制下保持绝对中立,因为联合国宪章是高于一切国家之间的条约的,事实上迄今也没有一个条约要求永久中立国这样做。永久中立国如果坚持在一切条件下固守绝对中立,那么在集体安全体制下这样做只不过是一种政治态度,而不是一项国际法上的义务。所以,永久中立国加入联合国,不存在国际法上的障碍。

也许是出于上述理由,奥地利于 1955 年加入联合国时,并没有引起各国的非议。后来,在执行安理会关于对南罗得西亚采取制裁措施的决议时,奥地利一面执行决议,一面发表声明,提出:"奥地利作为联合国的一个永久中立的会员国,是否自动受到安全理事会关于强制性制裁决定的拘束——这个问题在奥地利联邦政府看来只能按照每个事例的具体情况,适当考虑到一方面奥地利是联合国会员国和另一方面,奥地利的永久中立地位(这一点以前已经通知联合国各会员国)所应承担的义务,才能作出决定"。根据前面的论述可以看出,这样的声明其实是画蛇添足,因为,永久中立国只是在联合国宪章确立的集体安全体制外才有维持绝对中立的义务,而在该集体安全体制内,没有维持绝对中立的国际义务,只有按照安理会决议维持有条件中立的义务。

从瑞士所表达的立场看,它在加入联合国后,仍然坚持尽量固守绝对中立。瑞士这样做,实际上只是它所持的一种政治态度,因为它在国际法上完全没有这项义务。从严格意义上讲,在联合国集体安全体制下,瑞士有放弃绝对中立、维持有条件中立的义务。联合国宪章第 2 条第 6 项规定,联合国"在维持国际和平及安全之必要范围内,应保证非联合国会员国遵行上述原则。"所谓上述原则,是指"对于联合国依本宪章规定而采取之行动,应尽力予以协助"。根据这个规定,联合国应保证瑞士对于安理会决定采取的行动,给予协助。从实践看,瑞士在加入联合国以前,对于安理会决定采取的行动,就已经给予了协助,❶但是瑞士强调,它所给

❶ 安理会作出关于对南罗得西亚采取制裁措施的决议时,瑞士被邀请遵守该决议,但是瑞士决定:"由于原则关系,瑞士作为一个中立国家,不能遵守联合国强制性的制裁。"不过瑞士还是采取各种步骤,使之不致成为南罗得西亚逃避联合国制裁的工具。1977 年 12 月 12 日,瑞士联邦委员会通过一项法律,禁止在瑞士居住的人参加某种交易,使用瑞士作为逃避联合国对南罗得西亚制裁的工具。安理会通过第 418(1977)号决议对南非实行武器禁运时,瑞士不承认它有义务这样做,但是它"主动地"通过了禁止运输武器和作战物资的决定。在伊拉克侵入科威特之后,为了响应安理会第 661(1990)号对伊拉克经济制裁的决议,瑞士采取了某些实质上与该决议相应的措施,但是它声称,这些措施"是独立采取的";作为非联合国会员国,瑞士事实上不受安全理事会决定的法律拘束,因而在这种情形下,也不受第 661(1990)号决议的法律拘束。

予的协助是"独立采取的",而不是受安理会决定的法律拘束。如果说瑞士在加入联合国之前,像它自己所说的那样,它是"独立地"采取了与安理会决议一致的行动,而不是受安理会决议的法律约束;那么,在瑞士加入联合国之后,它就必须采取、只能采取与安理会决议不相抵触、保持一致的行动,这是它必须承担的、不能独立选择的一项国际义务。

四、永久中立与集体安全体制的相互独立性

永久中立国对联合国行动给予协助,是不是违背其"绝对中立"的义务呢?这正是永久中立国所担心的,并且也是它们至少在形式上不将其协助行动纳入集体安全体制的理由。对于这个问题,只有从联合国宪章与形成永久中立的条约之间的相互关系上进行分析才能作出正确的解释。

第一,联合国宪章优于关于永久中立的条约和习惯。联合国宪章是一项多边条约,由于它的高度普遍性,已经成为国际社会的基本法律文件,成为现代国际法最重要的渊源。当联合国会员国依据宪章所承担的义务和它依据其他国际协定所承担的义务发生冲突时,前者为"优先义务"。永久中立国的地位是由多边条约所确立的,并且由国际习惯所承认。从其作为多边条约的结果来看,它即使作为联合国的一个"永久中立"的会员国,也显然不能优于联合国宪章的规定。那么,从国际习惯的角度看,是否优于宪章规定呢?答案也是否定的。其一,如果说保持绝对中立是永久中立国依习惯法所享有的权利或承担的义务,那么根据宪章第103条❶和《国际法院规约》第38条,❷这样的权利义务不能优于联合国宪章。其二,永久中立的权利义务是以战时中立为参照的,或者说是建立在战时中立的传统或基础之上的。19世纪的战时中立逐步确立为绝对中立,因而永久中立也以绝对中立为其内涵。但是,在集体安全体制

---

❶ 该条规定:"联合国会员国在本宪章下之义务与其依任何其他国际协定所负之义务有冲突时,其在本宪章下之义务应居优先。"

❷ 该条所列国际法院裁判所应适用的法源顺序,第一是国际条约,第二是国际习惯。

下,绝对中立不可能无条件存在,因而永久中立国制度也需适应形势的发展而予以调整。

第二,在联合国宪章之外,永久中立仍然有其独立的法律意义。根据宪章第103条,宪章并不排除永久中立国依其他国际协定所承担的义务。因此,虽然永久中立国的绝对中立在联合国集体安全体制之内难于维持,但在集体安全体制之外,永久中立国即使作为联合国的一个"永久中立"的会员国,仍然有权而且有义务保持绝对中立,这是永久中立国所承担的基本国际义务。

第三,永久中立与集体安全制度的渊源毕竟是各自独立的。尽管由于集体安全体制的建立,永久中立国的权利义务与一般国家的权利义务大部分重合了,但不能因此而认为,在永久中立的权利义务中,除了不能加入军事集团和军事条约的义务以外,与一般国家的权利义务就没有什么区别了。因为永久中立不是依托集体安全体制而存在的,在集体安全体制之外,永久中立有其独立的地位。或者说,假如集体安全体制由于某种原因而突然消失,永久中立制度不受其影响。这一点是可以用条约与习惯的关系来解释的:条约依据习惯确立了某种规则以后,习惯并不因之而消失,它依然独立存在,当条约失去效力时,习惯规则依然具有约束力。

五、永久中立国与担保国的权利义务关系

永久中立国除了"对世"(世界所有国家)的权利义务以外,也有"对国"(交战国)的权利义务,此外,还有永久中立国与签约的担保国之间的权利义务,也就是担保与被担保的权利义务。国际实践已经表明,永久中立只有签订多边条约才能为世界各国所承认,自行宣布的永久中立不具有国际法上的意义。担保国有什么权利义务,目前看来很难清晰列举。但有一条是肯定的,担保国必须尊重永久中立国的主权、领土完整和永久中立地位。如果担保国不履行这些义务,则是违反条约的行为。比较不清晰的问题是:如果担保国以外的国家侵犯了永久中立国的永久中立地

位,担保国是否可以未经永久中立国请求而自动行使担保权呢？应该说，担保国没有这样的权利,因为不论是国际法的一般原则还是条约本身都没有自动地赋予担保国这样的权利。

第 七 章

集体安全体制下的中立

第一节　集体安全体制的两根支柱

一、两种安全体制

国际社会的安全保障,分为"个体安全"和"集体安全"两种体制。

在第一次世界大战结束前,国际社会的安全主要以"个体"或者"个体联盟"的方式进行保障。每当国家间的矛盾激化到一定尖锐程度时,往往通过直接武力冲突的方式来衡量和改变力量对比,然后在某种新的水平上恢复"平衡"。伴随这种安全保障方式,战争被看成是实现"基于国际法"之权利主张的一种合法的自助手段,是国际法上不受限制的权利。但是,历史证明,这种方式不能确保国家安全,不足以维持世界和平,最终爆发了第一次世界大战。

在经历了第一次世界大战的灾难后,关于建立"集体安全"制度的设想在《国际联盟盟约》中初露端倪。它是一种"在主权国家组成之国际社会中,用以控制使用武力、保障和平的组织化措施",其法律上的主要表现是:"各国共同约定,以暴力改变现状为非法,并将受到外交、经济甚至军事等方面的集体制裁"。❶

比较容易混淆的是,集体安全体制与"个体安全体制"下的军事同盟之间的区别。比如,20世纪下半叶最强大的两个军事同盟:"北约"(北大西洋公约组织)和"华约"(华沙条约组织),属于集体安全体制,还是属于"个体安全体制"下的军事同盟? 答案是:它们都属于"个体安全体制"下的军事同盟,而不属于集体安全体制。集体安全体制与"个体安全体制"下的军事同盟的区别主要有两点:第一,集体安全体制是内向性的,主要调整本组织内部会员国之间的安全事务关系;而军事同盟是外向性的,也就是针对来自该同盟外部的安全威胁。第二,集体安全体制在事先并无具体的敌人,哪个国家被认定为破坏了国际和平与安全,这个国家就成为这个集体(国际组织)的"敌人";而军事同盟往往从一开始即明确具体的敌人,尽管与这样的敌人还没有交战或宣战,但已经在军事上作为该同盟的敌人。

二、集体安全体制的两根支柱及其现状

集体安全体制有两根缺一不可的支柱。

第一根是实体支柱,即对"和平之威胁、和平之破坏或侵略行为"作出界定,其中主要是对侵略行为进行界定。实体支柱的基础是普遍禁止使用武力,或者说在国际关系中"废弃战争作为实行国家政策的工具"(《巴黎非战公约》第1条),在"国际关系上不得使用威胁或武力"(《联合国宪章》第2条第4款),在国家之间"可能发生的一切争端或冲突,不论其性质或起因如何,只能用和平方法加以处理或解决。"(《巴黎非战公

---

❶ 梁西:《国际组织法》,武汉大学出版社1998年版,第212—214页。

约》第 2 条)实体支柱的内容除了《巴黎非战公约》和《联合国宪章》的有关规定以外,还更具体地体现在 1974 年联合国大会通过的《关于侵略定义的决议》中。进入 21 世纪以来,这一实体支柱,也就是对侵略行为的判定标准,又有了新的重大进展。2010 年 6 月 11 日,在乌干达首都坎帕拉召开的《关于成立国际刑事法院的罗马规约》缔约国大会通过了一项关于修正《罗马规约》的决议❶,将侵略罪的定义和国际刑事法院对侵略罪行使管辖权的条件写入了《罗马规约》。这次大会通过的侵略罪定义,与 1974 年联合国大会通过的《关于侵略定义的决议》十分相似。这一新发展,实际上弥补了 1974 年《关于侵略定义的决议》在法律效力上的不足,因为联合国大会通过的决议,并不具有国际公约的效力,而《罗马规约》缔约国大会通过的决议,具有国际公约的效力。总之,由于这样的发展,当今联合国集体安全体制已经基本具备了对侵略行为进行判断的实体标准,构成了集体安全体制的实体支柱。

第二根是程序支柱。这是指集体安全措施的决策程序和保障措施。比如《联合国宪章》把和平之威胁、和平之破坏或侵略行为的断定权,集体安全措施的决定权,以及实施保障措施的组织权,均赋予安理会;安理会按照宪章规定的程序作出决定,并按宪章规定采取措施保障决定的实施。正如前文提到的实体支柱的发展一样,2010 年 6 月召开的罗马规约缔约国大会,也使追究侵略罪行的程序制度得到了发展,将国际刑事法院对侵略罪行使管辖权的条件,作为罗马规约第 15 条之二和之三❷。尽管

---

❶　2010 年 6 月 11 日在乌干达首都坎帕拉召开的《罗马规约》缔约国大会,通过了"关于修正《罗马规约》的决议"。决议明确:将大会界定的侵略罪的定义和规定的国际刑事法院对侵略罪行使管辖权的条件写入《罗马规约》。此项修正内容也被称为《侵略罪修正案》。见联合国网站新闻:http://www.un.org/chinese/News/story.asp? NewsID = 13615。

❷　第十五条之二　对侵略罪行使管辖权

(缔约国提交,检察官自行开始调查)

(一)在不违反本条规定的情况下,法院可根据第十三条第 1 项和第 3 项对侵略罪行使管辖权。

(二)法院仅可对修正案获得三十个缔约国批准或接受一年后发生的侵略罪行使管辖权。

(三)法院根据本条对侵略罪行使管辖权,但需由缔约国在 2017 年 1 月 1 日后以通过本规约修正案所需的同样多数做出一项决定。

罗马规约的规定并不是联合国宪章的组成部分,国际刑事法院的管辖行为也不是安理会的决定和举措,但由于国际刑事法院对侵略罪的认定不得与安理会的判定相抵触,因而国际刑事法院对侵略罪的管辖,实际上成为当今联合国集体安全体制在程序方面的一种补充。

当今《联合国宪章》所确立的集体安全体制,是在《国际联盟盟约》所建立的集体安全体制的经验教训基础上建立起来的。《国际联盟盟约》所建立的集体安全体制的两根支柱都存在重大缺陷,同时由于国联本身的矛盾以及当时国际形势的局限性,因而所建立的集体安全体制没有收到预期效果。第二次世界大战后,《联合国宪章》建立的集体安全体制有了明显的进步。

《联合国宪章》不仅禁止"战争",而且以普遍禁止使用武力为原则,规定"不得以武力相威胁或使用武力",从而大大扩大了禁止的范围。宪章把维持国际和平及安全的主要责任赋予安理会,确认安理会在履行此

(四)法院可以根据第十二条,对因一个缔约国实施的侵略行为导致的侵略罪行使管辖权,除非该缔约国此前曾向书记官长做出声明,表示不接受此类管辖。此类声明可随时撤销,且缔约国须在三年内考虑撤销此类声明。

(五)对于本规约非缔约国,法院不得对该国国民或在其领土上实施的侵略罪行使管辖权。

(六)如果检察官认为有合理根据对侵略罪进行调查,他(她)应首先确定安全理事会是否已认定有关国家实施了侵略行为。检察官应将法院处理的情势,包括任何有关的资料和文件,通知联合国秘书长。

(七)如果安全理事会已做出此项认定,检察官可对侵略罪进行调查。

(八)如果在通知日后六个月内没有做出此项认定,检察官可对侵略罪进行调查,前提是预审庭已根据第十五条规定的程序授权开始对侵略罪进行调查,并且安全理事会没有根据第十六条做出与此相反的决定。

(九)法院以外的机构认定侵略行为不妨碍法院根据本规约自行得出的结论。

(十)本条不妨碍关于对第五条所指其他犯罪行使管辖权的规定。

第十五条之三　对侵略罪行使管辖权

(安全理事会提交情势)

(一)在不违反本条规定的情况下,法院可根据第十三条第2项对侵略罪行使管辖权。

(二)法院仅可对修正案获得三十个缔约国批准或接受一年后发生的侵略罪行使管辖权。

(三)法院根据本条对侵略罪行使管辖权,但需由缔约国在2017年1月1日后以通过本规约修正案所需的同样多数做出一项决定。

(四)法院以外的机构认定侵略行为不妨碍法院根据本规约自行得出的结论。

(五)本条不妨碍关于对第五条所指其他犯罪行使管辖权的规定。

项任务时,系代表成员国行事。会员国在安理会作出决定之前,无须采取任何行动,但在安理会作出采取强制措施的决定后,则不论属于经济制裁或政治制裁,均对各会员国具有约束力。各会员国必须通力合作、互相协助,以执行安理会所决定的集体措施。❶

但是,联合国集体安全体制的两根支柱仍然是远非完善的。

第一,对侵略的定义仍难适应实践中出现的各种复杂矛盾。"普遍禁止使用武力"是联合国宪章确立的一个原则,这个原则的实施需要对非法使用武力作出具体的界定。联合国设立专门委员会对这个问题进行了长达 24 年的讨论,1974 年 12 月 14 日联合国大会一致同意通过了《关于侵略定义的决议》。《决议》第 1 条规定:"侵略是指一个国家使用武力侵犯另一个国家的主权、领土完整或政治独立,或以本《定义》所宣示的与联合国宪章不符的任何其他方式使用武力"。《侵略定义》的制定使安理会有了断定侵略行为的法律根据。但是,现实中出现的问题是错综复杂的,从侵略定义制定以来,仍然有大量的武装冲突行为未能被断定为合法或非法。

第二,集体安全措施的决策程序和保障力量仍有难以逾越的障碍。在以大国为核心的安理会中,五个常任理事国享有否决权,安理会在断定和平之破坏或侵略行为是否存在、确定具体制裁对象及制裁措施时,均需五大常任理事国一致通过。在以分权为基础并形成两极或多极的国际社会中,由于大国及各国家集团之间错综复杂的矛盾,安理会很难就某些重大问题作出决议。特别是当问题牵涉大国本身时,安理会几乎不可能作出有效的"断定",强制制裁几乎无法适用于任何常任理事国。此外,联合国本身还没有一支直接管辖的国际军队,对侵略者的制裁有时仍是极其软弱的。

三、集体安全体制对中立产生影响的根本原因

集体安全体制的两根支柱,触及了前述的中立基本矛盾,即公正不偏

---

❶ 见《联合国宪章》第 25 条及第七章各条。

与战争正义的矛盾,因而不可能不对中立产生重大影响。在个体安全体制下,对战争正义的评判,既无实体上的客观性,也无程序上的可信性,中立国难以适从。因而在逐步形成的中立规则中,无法形成对战争正义的评判规则,而只能越来越强化无差别的公正不偏规则。如果把公正不偏和战争正义分别看作中立基本矛盾这一天平的两端,那么至1907年海牙公约时,中立规则几乎完全滑到了公正不偏这一端。

集体安全体制在着手解决国际社会安全保障机制问题的同时,也给战争正义的评判问题找到了一种解决途径。在实体上,战争权的废弃、非法使用武力概念的确立为战争正义的评判提供了法律上的客观依据;在程序上,由国际组织,也就是由一个有组织的集体而不是由个别国家自己来断定非法使用武力、威胁和破坏和平或从事侵略行为,从而大大提高了评判战争正义的可信度。这样,在中立基本矛盾的天平上,战争正义一端的分量大大加重了,中立制度不能不发生重大变化。可以预见,如果集体安全体制越来越完善,那么战争正义这一端的分量无疑会越来越重,中立制度就越来越显现出集体安全体制下的那种样式,而越来越远离传统中立的样式。反之,如果集体安全体制衰退,那么中立制度又会在相当程度上返回到传统的公正不偏的样式上去。

第二节　集体安全体制对中立的限制

集体安全体制对中立的影响具体表现在对中立的限制上,这在《国际联盟盟约》下已经显现,在《联合国宪章》下表现得更为明显。

一、国际联盟盟约对中立的限制

国联盟约对中立的限制主要体现在盟约第16条,该条第1项规定:国联会员国从事非法战争(关于非法战争,盟约第12条、第13条和第15

条作了规定），应视为对于其他所有会员国从事了战争行为；其他会员国应"立即与之断绝各种商业上或财政上之关系，禁止其人民与破坏盟约国人民之各种往来并阻止其他任何一国，不论为联盟会员国或非联盟会员国之人民与该国之人民财政上、商业上或个人之往来。"这一规定使联盟会员国在盟约所规定的条件下负有与从事非法战争的国家断绝外交关系、经济往来和交通联系的义务。第16条第3项还规定：国联会员国对于任何正在进行合作以保护国联盟约的国联会员国的部队，应给予过境权。这些规定限制了会员国按海牙公约的规定维持中立的权利。也就是说，在会员国从事非法战争的情况下，其他会员国即使不与之宣战，也要对其进行经济制裁和断绝外交关系，并且给其他会员国用以维护盟约的军队提供便利，这些做法显然是同传统中立有区别的，这种区别正是国联盟约下的集体安全体制对中立的限制。

二、联合国宪章对中立的限制

联合国宪章对中立的限制比国联盟约明确得多，主要规定在宪章第2条第5项关于协助联合国行动的规定，以及第七章关于"执行行动"的规定中。按照这些规定，安理会在断定存在和平之威胁、和平之破坏或侵略行为后，为了维持或恢复国际和平及安全（第39条），有权决定采取断绝经济关系、交通往来和外交关系的办法（第41条），还有权采取军事行动（第42条）；各会员国对于安理会所采取的办法和行动，应尽力予以协助，而对安理会采取的办法和行动所针对的那个国家不得给予协助（第2条第5项）；安理会有权决定由所有会员国或者若干会员国来执行安理会决定采取的行动（第48条）；各会员国根据安理会的指令并依特别协定提供维持国际和平及安全所必需的军队、协助及便利，包括过境权（第43条第1款）。根据上述规定，如果安理会已经断定某一国家破坏了和平或犯有侵略行为，决定有关会员国对该国采取军事行动，那么，任何有关的会员国都无权采取绝对中立，只能采取集体安全体制下的有条件中立，或者不中立。如果一个会员国没有被安理会要求采取军事行动，而是按照安理会的决议,为执行安理会决议的部队提供协助、便利包括过境权,或者对破坏和平或犯有侵略行为的国家断绝经济关系、外交关系和交通联系,那么,它既不是交战国,也不符合海牙公约所规定的绝对中立,而是联合国集体安全体制下的有条件中立。

需要研究的是,与国联盟约下的集体安全体制不同,《联合国宪章》下的集体安全体制对中立的限制,不仅对联合国会员国具有约束力,而且似乎对非会员国也具有几乎同样的约束力。这样说的依据是《宪章》第2条第6项的规定。该项指出:"本组织在维持国际和平及安全之必要范围内,应保证非联合国会员国遵行上述原则。"所谓上述原则包括了第2条第5项的规定:"各会员国对于联合国依本宪章规定而采取之行动,应尽力予以协助,联合国对于任何国家正在采取防止或执行行动时,各会员国对该国不得给予协助。"由此可见,非会员国与会员国似乎同样被要求协助联合国依宪章所采取的行动,并且不得对违反《联合国宪章》的国家给予协助;甚至,永久中立国也没有被排除在外。

三、集体安全体制限制中立的两种情况

关于联合国集体安全体制对中立的限制问题,还有必要作进一步的分析。根据执行安理会决议的国家是否对有关国家实际使用武力,显然可以区分出两种情况,一是当安理会按照《联合国宪章》第42条的规定决定采取军事行动时,若干会员国执行这一决定,派遣军队对违反宪章的国家实际采取了武力行动。对于这样做的会员国,大体可以认为它们已经放弃了中立。二是不论安理会根据《联合国宪章》第41条决定采取武力以外的办法,还是根据第42条采取军事行动,会员国没有直接对违反宪章的国家实际采取武力行动,而只是与之断绝经济关系、外交关系、交通往来,或者为执行安理会决定的军队提供协助、便利和过境权。对于这样做的会员国,显然不能认为它们已经与违反宪章的国家交战,因而不能认为它们放弃了中立,但是也不能认为它们所维持的是传统的无差别的绝对中立。

对于上述两种情况应当再作进一步分析。

（一）上述第一种情况不能被认为等同于传统的交战。《联合国宪章》改变了传统战争法对合法战争和非法战争不作区别的状况，安理会所采取的武力行动是针对从事非法战争的交战国的，根据"不法行为不产生权利"的普遍法律原则，应不再给予非法交战国以传统国际法赋予交战国的一切权利，因此，安理会所采取的武力行动，无论达到多大规模，也不应视为等同于传统意义的战争状态。❶ 在这样的前提下，下面两种情况还有一定的区别：

一是，有的国家既以执行安理会决议的名义，也以主权国家的名义，同违反宪章的国家交战；或者违反宪章的国家向积极执行安理会决议的国家宣战。把这样的情况看做如同传统的交战不是没有理由的，因为这样的情况除了安理会授权这一点以外，其他方面同传统的交战看不出有什么区别。交战双方，不论是依安理会授权的一方，还是违反宪章的一方，本质上都对战争后果负"无限责任"而不是"有限责任"，只是在性质上一方是合法的，一方是非法的。对于这样的国家，我们认为它放弃了中立，看来是没有问题的。在海湾战争中，我们看到的可能就是这种情况。因为在海湾战争中同伊拉克作战的多国部队是安理会"授权同科威特政府合作的会员国"（安理会第 678 号决议）的部队，而不是宪章第 43 条所规定的"联合国军"。

二是，如果是宪章第 43 条所规定的"联合国军"，那么，向联合国军提供了部队的国家是否应当被视为交战国，放弃了中立呢？这是一个尚难定论的问题。向联合国军提供部队的国家不是针对特定国家而提供部队的，不是以自己的名义同违反宪章的国家交战的，不对战争后果负"无限责任"，而只是在已经提供的部队的范围内依宪章第 43 条所规定的特别协定负"有限责任"。因此，把提供部队的国家视为交战国恐怕并无充

---

❶　关于参见〔英〕劳特派特修订：《奥本海国际法》，王铁崖、陈体强译，商务印书馆 1973 年版，下卷第 2 分册第 144 页注 2，以及下卷第 1 分册第 158—161 页。

分的理由。如果是这样的话,那么这样的国家仍然是中立的。

甚至还应当考虑这样的情况:如果安理会动用联合国军对一个违反宪章的国家采取了大规模的敌对行动,这样的敌对行为恐怕同传统意义的战争状态也是有区别的。因为这样的敌对行动是集体安全体制下的制裁行动,而不是主权国家间的力量较量。❶

(二)上述第二种情况是有条件中立。如果安理会只是根据宪章第41条决定采取武力以外的办法,或者虽然安理会根据第42条采取军事行动,但是会员国只是采取武力以外的行动,比如只是为执行安理会决定的军队提供协助、便利和过境权等。对于这样做的会员国,认为它们所维持的是有条件中立,或称有限制中立或者有差别中立,应当是比较适宜的。看待这个问题,显然要同"中立"一词的含义联系起来。如果中立的含义是指绝对的公正不偏的态度和对任何交战国都不作任何种类的差别待遇,这就回到了一战之前由海牙公约确立的中立概念。但是,在集体安全体制建立之后,不能无条件返回公正不偏的中立概念。现实是历史发展的结果,同样也可以得到逻辑上的论证。集体安全体制是建立在否定绝对战争权和个体国家判断战争正义的基础之上的,如果集体安全体制尚不能完全排除中立,那它就必然要为有条件中立敞开大门,从而尽量把各国保留在非交战国的范围内,否则就违背了维持国际和平与安全的基本目的。另外,把执行武力外行动视为有条件中立,也有利于各国积极执行安理会决定的武力以外的行动。对于这个问题,甚至从被制裁的那个国家的角度来考虑也是一样。从力量对比的眼光看,被制裁的国家通常不会愿意树敌过多。如果把这个问题交给被制裁的国家来回答,"执行武力外行动的国家是交战国还是中立国?"那无疑是给它出了一个十分痛苦的难题,而在它考虑再三之后,最后的回答可能还是"非交战国",也就是中立国。

---

❶ 参见[英]劳特派特修订:《奥本海国际法》下卷第2分册,王铁崖、陈体强译,商务印书馆1973年版,第144页注2。

应当看到,集体安全体制为有条件中立创造了条件。这种有条件中立并不等同于传统意义上的有条件中立,与传统意义相比,它对作为前提条件的战争正义的判断发生重大变化,大大提高了判断的可信度,因而是一种新的有条件中立。尤其应当指出的是,在集体安全体制建立之后,有条件中立只能在集体安全体制下存在。集体安全体制外的"有条件中立",要么违反宪章赋予的义务,要么违反《海牙公约》所确立的中立规则,因而都是非法的。

四、集体安全体制给中立留下的余地

集体安全体制虽然对中立发生了重大影响,但是就目前《联合国宪章》所建立的集体安全体制而言,并没有废除国家的中立权利,甚至可以说给中立留下了很大的余地。而在组建联合国的旧金山会议期间,许多代表却以为宪章确立的集体安全体制下不会再有中立,并且据此认为永久中立同联合国会员国资格是相抵触的。这种观点被写进了关于瑞士不能成为联合国会员国的小组委员会的报告中。

实际上,只有在集体安全体制完全发挥作用的典型情况下,中立才会被完全排除。这种典型情况是:每当发生国际性武装冲突,安理会很快就按照宪章第39条断定出武装冲突中的哪一方威胁或破坏了和平或者从事了侵略行为,同时,按照第42条决定采取武力行动,以制止违法一方违反宪章的行为,维持或恢复国际和平与安全,并且决定所有的国家都有义务参与此项军事行动,或者授权所有国家可以为维持和恢复国际和平与安全之目的,对违反宪章的国家采取军事行动,而所有国家事实上都采取了军事行动或宣布了战争状态。在这样的情况下,中立确实不存在了。

但是,上述典型情况目前还只是法理上的分析,现实生活中尚未发生,二战以来,还没有出现过一次上述情况。所以,现实的集体安全体制并没有完全排除中立。具体来说,在下面的各种情况下,国家维持中立在法律上都是被允许的。

（一）国际性武装冲突发生后，安理会没有断定某一交战国破坏和平或者从事了侵略行为。在这样的情况下，联合国所有的会员国都无从承担宪章所规定的义务，也就不能要求会员国放弃维持中立的权利。会员国既可以行使宪章第 51 条所规定的单独或集体自卫的权利❶，也可以维持中立。不过，在这种情况下，会员国应当根据海牙公约维持绝对中立，还是也可以采取有条件中立，则是应该讨论的。有一种观点认为，如果会员国根据国际法认为交战国一方非法使用武力，也可以对该交战国给予差别待遇，也就是采取有条件中立❷。笔者认为，这种观点是值得怀疑的。因为，在这种情况下，这个国家采取有条件中立的基础只是这个国家自己对战争正义的判断，没有经过国际社会根据法律程序表示同意或不同意，因而不知道这个国家的判断究竟是正确的还是错误的。或许有人认为：在一战以前，国际法上对于战争正义的判断既无程序规定，也无实体规定，那时，个别国家对于战争正义的判断是不可置信的；而在今天，国际法对于战争正义的判断既有程序规定，也有实体规定，个别国家的判断虽然不是按照联合国宪章规定的程序作出的，但毕竟是按照国际法上的实体规定作出的，在一定程度上是可以置信的，因而未尝不可以根据这样的判断采取有条件中立。这种把现代国际法上关于战争正义判断的程序与实体分离开来的说法恐怕是站不住的。首先，未根据程序规定而仅根据实体规定作出的判断是否具有国际法上的效力，尚无现行国际法的依据可以遵循。一个国家是否破坏和平或犯有侵略行为，如果不按宪章第 39 条的规定由安理会作出断定，而由个别国家自行断定，尽管断定的后果只是引起有条件中立，那也是令人不能接受的。其次，上述说法给个别国家自行判断他国行为提供了方便，弱化了从程序方面加强集体安全体制的动力，这对集体安全体制的完善是起反作用的。因此，笔者倾向于认

---

❶ 《联合国宪章》第 51 条规定："联合国任何会员国受武力攻击时，在授权理事会采取必要办法，以维持国际和平及安全以前，本宪章不得认为禁止行使单独或集体自卫之自然权利。"

❷ 参见［英］劳特派特修订：《奥本海国际法》下卷第 2 分册，王铁崖、陈体强译，商务印书馆 1993 年版，第 145—146 页。

为个别国家的判断不足以作为采取有条件中立的依据。在安理会没有作出断定的情况下，其他国家对于发生武装冲突的国家，只应按《海牙公约》的规则采取绝对中立。

（二）在国际性武装冲突发生后，安理会根据宪章第 39 条断定一个国家破坏了和平或者从事了侵略行为，但是没有进一步对执行行动作出决议。在这样的情况下，会员国也没有放弃中立权利的义务。不过，既然安理会已经作出决议，那么其他国家对于发生武装冲突的国家只能按照决议采取有条件中立，而不能采取绝对中立。因为，安理会的决议根据宪章具有确定的国际法上的效力。

（三）在国际性武装冲突发生后，安理会根据宪章第 39 条断定一个国家破坏了和平或者从事了侵略行为，并进而按照第 41 条决定采取武力外行动，但是没有进一步按第 42 条采取武力行动。在这样的情况下，会员国仍然没有放弃中立权利的义务。其他国家对于发生武装冲突的国家只能按照决议采取有条件中立，而不能采取绝对中立。

（四）在安理会断定某一交战国破坏和平或者从事了侵略行为，并进一步依照《联合国宪章》第 42 条的规定采取武力行动的情况下，依照宪章第 48 条●，安全理事会所要求的行动可以由所有联合国会员国来执行，也可以由若干会员国来执行。只要安理会没有要求所有会员国都参加武力执行行动，那么未参加武力执行行动的国家就仍然是中立的。即使参加武力行动的会员国，也只有在事实上采取安理会所要求的行动，或者根据安理会决议宣布处于战争状态时，才能被认为终止了中立。在此之前，都不能认为它已经放弃了中立。

以上四种情况表明，联合国宪章并不完全排除中立，在《联合国宪章》所形成的集体安全体制下，中立制度是完全有理由存在的。

● 《联合国宪章》第 48 条第 1 项规定："执行安全理事会为维持国际和平及安全之决议所必要之行动，应由联合国全体会员国或由若干会员国担任之，一依安全理事会之决定。"

第三节　集体安全体制下中立的特征

如前所述,当国际性武装冲突发生时,如果安理会没有作出关于破坏和平或者从事侵略行为的断定,那么各国所维持的中立依然是传统的绝对中立;如果安理会已经作出断定,那么,不论安理会是否决定采取军事行动,也不论各国是否在一定程度上参与军事行动,它们所采取的中立都是集体安全体制下的中立。这样的中立具有以下特征:

一、集体安全体制下中立的有限性

集体安全体制下的中立应当受到一定的限制,应当是有差别的中立,而不能是传统的绝对中立,这一特征可称为集体安全体制下中立的有限性。

现行由联合国宪章所建立的集体安全体制下的中立,要受到联合国宪章和其他国际法规范的限制,这是由宪章的若干规定决定的。宪章第2条第5项规定:"各会员国对于联合国依本宪章规定而采取之行动,应尽力予以协助,联合国对于任何国家正在采取防止或执行行动时,各会员国对该国不得给予协助。"宪章第25条进一步规定:"联合国会员国同意依宪章之规定接受并履行安全理事会之决议。"宪章的规定与中立有关的还有第39条(关于安理会对威胁和破坏和平、侵略行为的断定)、第41条(关于安理会采取武力以外的行动)、第42条(关于安理会决定采取武力行动)。这些规定从两个方面限制了中立,一是要求中立国协助联合国依宪章所采取的行动;二是要求中立国对执行行动所针对的国家不得给予协助。这就从正反两个方面确定了各国所采取的只能是有差别的中立。

对于宪章第2条第5项所称的"行动",究竟应当理解为仅包括宪章

第41条所称的"武力以外之办法",以及第42条所称的"空海陆军行动",还是也包括第39条所称的安理会的"断定"？这是一个涉及"断定"本身是否应当被联合国会员国遵守的问题。从字面上看,会员国协助联合国所采取的行动,似乎不能包括安理会的"断定",因为宪章中的"行动"(action)一词,在各相关条文前后是一致的,并不包括"断定"❶。但是,安理会的断定既然是按照宪章规定作出的,就有法律拘束力,任何国家在与该"断定"所针对的国家交往时,都不得违背该"断定"。所以,各国在与被安理会作出威胁和平、破坏和平和侵略行为的断定的国家交往时,即使安理会没有决定采取什么行动,各国所采取的中立也应当顾及安理会作出的"断定",不得与"断定"相抵触,这就意味着这种中立是有差别、有条件的中立。

具体来说,联合国宪章所建立的集体安全体制对中立有下面两项限制:

(一)限制了差别中立的"方向"。一旦安理会按照宪章第39条对威胁和平、破坏和平或者侵略行为作出了肯定性断定,那么各国所采取的有差别中立只能针对安理会的断定所针对的那个国家,而不能相反。

(二)限制了差别中立的内容。在安理会按照宪章第39条对威胁和平、破坏和平或者侵略行为作出了肯定断定,而没有按第41条和第42条决定采取行动的情况下,各国酌情采取差别中立的态度,但至少不得给予"断定"所针对的国家以协助。如果安理会按照宪章第41条和第42条的规定决定采取行动,那么差别中立的内容就要依决定的内容来执行,其中

---

❶ 宪章第2条第5项中会员应予协助的是"行动":"All Members shall give the United Nations every assistance in any action it takes in accordance with the present Charter, and shall refrain from giving assistance to any State against which the United Nations is taking preventive or enforcement action." 这同第42条中的"空海陆军行动"是吻合的:"it may take such action by air, sea, or land forces as may be necessary to maintain or restore international peace and security." 而第39条中安理会作出的是"判断"(determine the existence of any threat to the peace, breach of the peace, or act of aggression),第41条中安理会所采取的是"措施"(The Security Council may decide what measures not involving the use of armed force are to be employed to give effect to its decisions)。

可能包括断绝经济关系、交通往来和其他联系❶,根据安理会的指令并依特别协定提供维持国际和平及安全所必需的军队,给予协助和便利,包括过境权等。❷

集体安全体制下的有条件中立不等于传统意义上的有条件中立。与传统意义上的有条件中立相比,集体安全体制下有条件中立的前提(即对战争正义的判断)发生了重大变化。这种变化具体表现在两个方面:一是对战争正义的判断标准仅限于联合国宪章及有关的决议;二是对战争正义的判断程序是安理会的决定机制,这使判断的可信度大大提高。所以,集体安全体制下的有条件中立是一种新的有条件中立。尤其应当指出的是,在集体安全体制建立后,有条件中立只能在集体安全体制下存在,而不能在集体安全体制外存在。集体安全体制外的"有条件中立",要么违反宪章赋予的义务,要么违反海牙公约所确立的中立规则,因而都是非法的。

在集体安全体制下采取有条件中立的理论根据是什么? 也许可以用"预先放弃"论来解释。一个国家可以通过条约声明,在它将来所进行的一切或若干战争中放弃要求中立国给予公正不偏待遇的权利。也就是说,它可以授权中立国在集体安全体制下采取有条件中立,在条约所规定的范围内对它实行差别待遇。例如,国联会员国可以被认为在盟约第16条中已经同意这样一种不成文的规则,即:如果它们违反盟约义务而诉诸战争,其他国联会员国就有权对它们实行这样的差别待遇,即实施该条所列举的经济制裁,给予经济制裁以合作,给予国联会员国的军队以过境权等;当会员国这样做时,受到不利影响的国家不能认为这样做的国家破坏了中立。这种"预先放弃"论在法理上完全是说得通的。

二、集体安全体制下中立的优先性

非交战国与交战国的关系必须首先适用集体安全体制下的有条件中

---

❶ 《联合国宪章》第41条。
❷ 《联合国宪章》第43条第1款。

立,只有在集体安全体制没有发生法律效力的情况下,才能适用集体安全体制外的绝对中立,这一特征可称为集体安全体制下中立的优先性。

这一特征是根据普遍国际法对一般国际法和特殊国际法的优先性而存在的。目前的集体安全体制是依据联合国宪章建立的。190 多个联合国会员国几乎包括了世界上所有的国家,联合国宪章是世界上批准和加入国最为普遍的国际公约,因而联合国宪章所确立的制度和规则几乎具有普遍的效力。而且联合国宪章第 2 条第 6 项规定:"本组织在维持国际和平及安全之必要范围内,应保证非联合国会员国遵行上述原则。"这一规定使该第 2 条第 5 项规定,也就是宪章确立的集体安全体制,对非联合国会员国也具有一定效力。相比之下,确立绝对中立规则的海牙公约不具有这样的普遍性。《巴黎宣言》的批准和加入国 45 个,《中立国和人民在陆战中的权利和义务公约》(1907 年海牙第 5 公约)的批准和加入国 31 个,《关于中立国在海战中的权利和义务公约》(1907 年海牙第 13 公约)的批准和加入国仅为 27 个。因此,以海牙公约的规定来对抗具有更加普遍效力的联合国宪章的规定,在国际法上是不可能的。《联合国宪章》"除了是一项包含该组织的组织法的条约外,已经成了国际社会的基本法律文件。""在国家依据宪章所承担的义务和它依据任何其他国际协定所承担的义务发生冲突时,前者占优势。"❶这是联合国集体安全体制下的有条件中立优先于一般中立的基本法理依据。

但是,仍有一个重要问题需要探讨一下:学者普遍认为,海牙公约所确立的绝对中立规则大多数已经具有习惯法效力。那么,习惯国际法与联合国宪章,究竟哪个效力更高呢? 这就引起了习惯法与条约法的关系问题。对这个问题,要用国际法的适用顺序来回答。学者普遍认为,《国际法院规约》第 38 条确定了条约与习惯适用的顺序,在它们之间,首先适用"不论普通或特别国际协约,确立诉讼当事国明白承认之规条者",尔

---

❶　[英]詹宁斯、瓦茨修订:《奥本海国际法》,王铁崖等译,中国大百科全书出版社 1995 年版,第 19 页。

后适用"国际习惯,作为通例之证明而经接受为法律者"。也就是说,在条约和习惯均有相关规定的情况下,条约的适用居于优先地位。

这里应当提及约旦和伊朗在海湾危机期间实行的中立的合法性问题。据报道:这两个国家在海湾战争期间均声明中立。但是,约旦在海湾战争期间继续从伊拉克进口石油,并让运油车辆同伊拉克的军用车辆混杂在一起,影响多国部队的军事行动;伊朗在海湾战争中允许伊拉克在伊朗躲避轰炸的一部分运输机返回伊拉克,并扣留被击落的多国部队飞机和飞行员,而且多次抗议多国部队飞机和导弹进入其领空❶。这两国的中立与联合国安理会从 661 号到 678 号对伊拉克采取经济制裁乃至"一切措施"的决议是背道而驰的。虽然这两国的做法有其政治、经济、外交方面的理由,但从现代国际法来看,它们违背了联合国集体安全体制下的有条件中立。

三、集体安全体制下中立的免责性

中立国采取集体安全体制下的有条件中立而违反了绝对中立的规则,不承担破坏中立的责任,这一特征可称为集体安全体制下中立的免责性。

被安理会断定为威胁和平、破坏和平或者从事侵略行为的国家,不得以海牙公约为依据要求中立国采取绝对中立。这就是说,如果中立国根据安理会的断定或者决定,采取有条件中立而出现不利于被断定或者被制裁国的情况,该国不得指责中立国破坏中立,或者要求该中立国承担破坏中立的责任。因为在这样的情况下,中立国的行为是符合国际法的,而"合法者无责任"。

---

❶ 参见张召忠编著:《海战法概论》,解放军出版社 1995 年版,第 329—331 页。

第 八 章

中立地位的确立

一个国家在国际法上取得了中立地位才能享有中立的权利并承担中立的义务,因而中立地位的确立是中立国与交战国之间形成权利义务关系的前提。根据中立的概念,非交战国就是中立国,一个国家只要没有参与交战,它在国际法上的地位就是中立的❶,这样看来,中立地位的确立似乎并不复杂,但是实际情况却不那么简单。

第一节　国际性武装冲突中
中立地位的确立

一个国家在其他国家的战争或者武装冲突实际发生时确立的中立地

---

❶　参见本书第一章第一节"中立的基本性质"中表达的第五个观点中关于"中立"与"非交战"之间关系的内容。

位是战时中立地位。这样的战争或者武装冲突可以分为两类,一类是国家与国家之间的国际性战争或者武装冲突;另一类是国家内部政府与反政府武装之间的非国际性战争或者武装冲突。

在国际性武装冲突中,中立地位确立的主要问题,是有关国家对战争或者武装冲突的主观意思表示与武装冲突的客观存在之间的关系问题。也就是说,中立地位的确立,是以交战国和非交战国的主观意思表示为根据,还是以武装冲突的客观情况为依据? 对这个问题的回答涉及以下四个问题:

一、如何看待宣战

战时中立地位确立的前提是战争或者武装冲突实际发生,因此,战时中立总是伴随着一个交战关系而存在,并且战时中立地位的确立总是发生在与之相关的交战关系之后,而不可能在此之前。所以,《奥本海国际法》指出:"中立所产生的权利和义务在战争爆发之前不管战争是怎样迫在目前,是不存在的。即使是一个所谓中立化的国家,如瑞士,在平时也没有关于中立的义务,虽然它作为一个中立化的国家在平时就有某些义务。这些义务不是关于中立的义务,而是对于中立化的国家作为其中立化的条件而设定的义务。这些义务包括为保障中立化的国家不被卷入战争而设定的限制。"❶那么,交战关系如何算作存在,就成为一个首要问题。1907 年《关于战争开始的公约》❷第 1 条规定:"缔约各国承认,除非有预先的和明确无误的警告,彼此间不应开始敌对行动。警告的形式应是说明理由的宣战声明或是有条件宣战的最后通牒。"这一规定为战争行为设定了宣战的义务,未经宣战而发动战争,是违反国际法的行为。❸

---

❶ [英]劳特派特修订:《奥本海国际法》下卷第 2 分册,王铁崖、陈体强译,商务印书馆1973 年版,第 149 页。

❷ 也称海牙第 3 公约。

❸ 这一规定在《巴黎非战公约》废弃战争权和《联合国宪章》禁止使用武力和以武力相威胁之后,已经丧失其现实意义,因为非法战争即使宣战也不能获得合法性;而合法的自卫战争即使不宣战也是合法的。依联合国宪章第七章规定所进行的武力制裁行动不需要宣战,或者说安理会的决议已经具有"宣战"的意义。

根据这一规定,战争的开始可以以宣战为标志,交战关系的确立也可以以宣战为标志,那么非交战国战时中立地位的确立是否也可以以宣战为标志呢? 答案应当是肯定的。不过,由此引起了以下三种情况:

第一,"宣而不战"的情况。历史上宣而不战的情况时有发生,在这样的情况下,非交战国战时中立地位的确立是完全可能的。在已经宣战的情况下,即使武力冲突尚未实际发生,非交战国也可以开始享有中立权利并承担中立义务。比如不得允许交战国军队过境,不得为交战国提供援助等。

第二,"不宣而战"的情况。在 1907 年海牙第 3 公约以前,不宣而战并不违反国际法;即使在海牙第 3 公约之后,不宣而战的情况仍然时而发生。在这样的情况下,非交战国的战时中立地位并不因为没有宣战而不能成立。

第三,战争权被废弃的情况。1928 年《巴黎非战公约》之后,国家的战争权被废弃,《联合国宪章》则进一步规定禁止使用武力或以武力相威胁。由此,国际法上有关宣战的规定也随之被废弃了。因而在国际法上只有客观存在并且有待判断其在国际法上合法性的战争,而没有因宣战取得其合法性的战争。这种情况同 1907 年至 1928 年之间所发生的不宣而战的情况有所不同。它们的区别在于,《巴黎非战公约》前的不宣而战是非法战争,而在此之后的不宣而战则是其合法性或不合法性尚未确定的战争。但是,对于中立来说,战争权被废弃的情况同在此以前"不宣而战"的情况是一样的。不论战争或者武装冲突是合法的、非法的还是不确定的,只要战争或者国际性武装冲突实际发生了,那么根据有关的国际公约,非交战国就开始享有中立权利并承担中立义务。一个国家即使从事非法战争,它也要对非交战国承担中立方面的义务。

从以上三种情况可以看出,宣战对于中立地位的确立具有肯定意义,但不具有否定意义。就是说,宣战可以作为非交战国中立地位确立的前提或标志,但是,不宣战不等于非交战国的中立地位不能确立。

二、如何看待非交战国对战争爆发的知悉

既然中立是非交战国所采取的一种态度,它就不可能在非交战国知悉战争爆发之前开始。只有在知悉战争爆发之后,非交战国才能决定是否愿意维持中立。非交战国一旦决定采取公正不偏的态度之后,立即就要承担中立义务。这一结论不仅是逻辑上的推论,而且是法律上的规定。1907年海牙第3公约第2条规定:"战争状态的存在必须毫不延迟地通知各中立国,并且只有在中立国接到通知之后,对它们才发生效力。通知可采取电报方式。但如事实足资证明中立国确实知道战争状态的存在,则它们不得以未得到通知作为借口。"这一条款规定了两层意思,一是非交战国对战争的知悉以接到交战国的通知为准;二是在未接到通知的情况下,"足资证明非交战国知道战争状态存在的事实"也可以表明非交战国对战争的知悉。这是一种"通知与事实相结合"的认定方式。

1907年海牙第3公约第2条的规定还包含了这样一层含义:非交战国对于知悉战争爆发之前所作的行为不负国际法上的任何责任。比如说,在这样的情况下非交战国允许敌国军队过境,交战国并不能认为该非交战国违反国际法。

从历史情况看,在1907年海牙第3公约以前,将战争的爆发通知第三国,一直是交战国的通常做法,以便第三国能够作出交战或中立的决定,但这种通知当时还不是法律上的义务。1907年之后,这种通知成为法律上的一项义务,尽管这项义务仍然不是十分严格的。不管怎么说,交战国向非交战国发出战争的通知是解决非交战国对战争知悉问题的有效措施,这样就消除了对于战争爆发是否知悉的疑问和争执。

在没有通知的情况下根据事实来判断非交战国对战争爆发是否知悉时,一些学者主张作有利于非交战国的判断,认为"除非毫无疑问地证明中立国在事实上已经知悉战争的爆发",否则应判断中立国不知悉战争爆发。

不过,海牙第3公约的上述规定在《巴黎非战公约》和《联合国宪章》

之后的实际价值恐怕已经十分微弱了。由于在国际法上废弃战争权、禁止使用武力,因而主动交战的国家通常不会"毫不延迟"地向各国发出关于战争爆发的通知,而行使自卫权的被动交战国如欲把战争爆发的通知告知各国时,战争状态通常已经"足资证明中立国知悉战争的爆发"了。

三、怎样看待非交战国的中立宣告

在国际法上,从未要求采取中立的国家承担宣告的义务。当战争爆发时,任何国家只要不作交战的宣告或者采取交战的行动,它在国际法上的地位就是中立的。从法律上讲,中立国不需要特别说明维持中立的意思,所以,中立地位的确立也就不能以中立国自己的宣告作为标志。

但是,在实践中,中立国常常发出中立宣告。❶ 这些中立宣告分为三种情况,一是以国内法上的法令形式,向本国国民表明政府的中立态度,要求其本国国民承担有关的中立义务;二是以国际法上的通告形式,向交战国及其他国家宣称本国将维持中立;三是以国际法上的声明形式,仅在交战国侵犯或者可能侵犯其中立权利时,向交战国明确其中立态度及应有的权利。显然,上述三种情况在性质上是不同的,第一种只具有国内法的性质,后两种则具有国际法上的性质。所以,从国际法上看,后两种在确立一个国家的中立地位时,具有更多的参考价值。但是,总的来说,任何形式的中立宣告都没有中立法上的意义,也就是说,它不是中立法所赋予的权利或者加给的义务。

四、怎样看待交战国对中立的承认

学者们普遍认为中立地位的确立需要得到交战国的承认。对于这个问题要从两个方面来理解:

第一,所谓交战国对中立的承认,是指交战国不作对该国中立地位的否认,因而这种承认常常是默示的,而不是明示的。一个交战国只要对一

---

❶ 二战之前,北欧5国、拉美21国都明示宣告中立。

个非交战国的中立不予否认,那就是承认了那个国家的中立地位。交战国可以用两种方式否认一个国家的中立地位,一是明示宣告那个国家为交战中的敌国,二是向那个国家开战。在《巴黎非战公约》以前,一个国家以上述两种方式中的任何一种否认另一个国家的中立地位,并不违反国际法;但是在此之后这样做,除非出于自卫或者执行集体制裁行动,否则就违反了国际法。

第二,所谓交战国对中立的承认,是逻辑上的推论,而不是国际法的明文规定。由于中立是中立国与交战国之间的权利义务关系,因而中立国一方的态度不能构成其中立地位确立的充分条件,交战国一旦将其宣布为敌国或者与之开战,则其中立地位即不能存在,因此,认为中立地位的确立需要得到交战国的承认,在逻辑上是合理的。不过,在迄今为止有关中立的公约中,没有明文规定中立地位的确立需要得到交战国明示或者默示的承认。

综上所述,在国际性武装冲突中,中立地位的确立主要以中立国未参与交战的客观事实为基础,不妨称之为"客观说"。当然,交战国或者中立国的主观宣告在一定情况下也有重要意义,比如在确定中立地位确立的时间上,当客观事实尚不明显时,主观宣告对于消除争议具有有效的作用。

第二节　内战条件下中立地位的确立

一、内战在国际法上的地位

内战是指主权国家内部的战争,在《联合国宪章》之后,内战可以定义为"非国际性武装冲突"❶。内战通常表现为代表政府一方的武装力量

---

❶　对此还可以参阅 1977 年《关于在非国际性武装冲突中保护战争受难者的日内瓦四公约第二附加议定书》中对"非国际性武装冲突"的规定。

同代表反政府一方的武装力量之间的武力冲突,有时也会在非政府的各方相互之间展开。内战的原因主要是反政府一方力图夺取政权、分裂国家或要求自治,而政府一方则不允许发生那样的结果。

人们比较容易在内战与骚乱、暴乱、叛乱的区别上发生困难。骚乱区别于内战,在于骚乱者没有组织化,也不使用专门的武器;暴乱者虽然使用专门的武器,但仍无足够完备的组织;叛乱者具有完备的组织、明确的目标和有效的整体行动,并且以武力作为实现其目标的工具,但还没有控制一定的区域。当叛乱者控制一定的区域,并在那里进行取代政府的社会管理时,他们与政府之间的武装冲突就成为内战。1945 年以来,内战明显多于国际性战争,而且许多国际性战争都起源于内战。❶

民族解放战争是内战的一种特殊情况,它是处于殖民统治下的人民为行使自决权而进行的战争。所以,这样的战争既不是严格意义上的国际性战争,也不是严格意义上的内战。联合国大会的决议承认了民族解放战争的合法性。1965 年 12 月 20 日,联合国大会以 74 票赞成,6 票反对,27 票弃权通过的 2105 号(ＸＸ)决议第 10 款规定:"承认在殖民统治下的人民为行使自决权而进行的战争的合法性,并且邀请所有的国家向在殖民地的民族解放运动提供物质和道义上的援助。"❷

《联合国宪章》第 2 条第 4 款禁止在国际关系中使用武力,但没有对国内战争作出规定;相反,宪章规定任何国家没有权利干涉别国的内政,这一规定一般应当理解为包括不得干涉内战。但是,内战中涉及与别国关系的问题则不能不受国际法的调整。由于经济、政治等各方面的广泛原因,内战国与外国不可避免地要进行交往,特别是经济交往,如何进行这种交往,就成为国际法调整的范围。在内战时,外国与内战各方中哪一方可以交往,怎样交往,尤其是能不能给予援助,是受国际法调整的。所以,在国际

---

❶ M.B.Akehurst:《内战》,载于[德]马克斯·普朗克比较公法及国际法研究所主编:《使用武力、战争、中立、和约》,中山大学法学研究所国际法研究室译,中山大学出版社 1992 年版,第 346 页。

❷ 《联合国年鉴》(1965 年)第 554—555 期。

法上,涉及内战的主要是调整外国与内战各方交往中的关系问题。

二、对内战中叛乱方的承认

国际法调整外国与内战各方关系的前提是承认叛乱方具有一定的国际法上的地位。如果叛乱方没有得到承认,那么,外国与叛乱方的援助性交往是不合国际法的。1970年10月24日联合国大会表决通过的《关于各国依联合国宪章建立友好关系及合作之国际法原则之宣言》宣布:"任何国家均不得组织、协助、煽动、资助、鼓动或容许目的在于以暴力推翻另一国政权之颠覆、恐怖或武装活动,或干预另一国之内争。"那么,能不能援助内战国政府呢? 各国的主张和实践差别很大。有的国家主张援助政府是合法的,理由是:政府是国家的代表,除非它被彻底推翻,否则有权邀请外国给予各种形式的援助。有的国家则持相反的观点,认为:"如果一国爆发内战而叛乱者并未得到外来的援助或支持,那么,即使得到了执政者的邀请,外国为帮助其维持法律和秩序而进行干涉也是非法的。"❶对于这个问题的讨论已经超出了中立的范围,因而这里不再细考。

显然,对于交战团体的承认是容易产生争议的,通常发生的情况就是外国承认叛乱方为交战团体而内战国政府却并不同意这样承认,❷而极少出现另一种情况:合法政府承认叛乱方为交战团体而外国却不予承认。当然,叛乱方总是乐于被承认为交战团体。

为了避免外国与内战国政府在承认问题上的争议,一些著作指出了承认的一些实体要件,即:(1)叛乱方与政府存在武装敌对状态;(2)叛乱方占领一部分领土并进行管理;(3)叛乱方遵守战争法;(4)叛乱方与外国进行实际交往。如果叛乱不符合这些要件而外国对叛乱方予以承认,内战国政府显然有权提出非议。而且,国际实践同时又表明,即使叛乱方

---

❶ M.B.Akehurst:《内战》,载于[德]马克斯·普朗克比较公法及国际法研究所主编:《国际公法百科全书·第三专辑·使用武力、战争、中立、和约》,中山大学法学研究所国际法研究室译,中山大学出版社1992年版,第346页。

❷ 例如1861年英国发布中立公告,承认美国南方叛乱各州为交战团体。

符合这些要件,并不当然享有被承认的权利,也就是说外国并不因此负有承认的义务。这样,从实体要件上去解决对承认的争议,仍然不能完全解决问题。

为了进一步解决对叛乱方承认的争议,有些著作就从承认的方式着手,把对叛乱方的承认区分为"明示"和"默认"两种情况。叛乱方被明示承认的,称为"交战团体";被默认的,称为"叛乱团体"。❶ 因而承认为交战团体是对叛乱方在内战中所处地位的明示的承认。❷ 根据这样划分,交战团体就应当是明示承认的并且是不发生争议的;而叛乱团体则是因交战国政府和外国的客观行为而被国际社会认为是默示承认的。两者在国际法上的地位并无区别。这样,问题就集中在默认上:交战国政府和外国的哪些行为可以被认为默认了叛乱方的地位。

根据对等的原理,下列两种情况应当构成对叛乱方的默认:一是,如果政府宣布在公海上对外国船舶进行禁运、封锁和临检、搜查,那么就被外国视为该国政府对叛乱者默示承认。1861 年,美国宣布对南部各州进行封锁,英国就认为美国政府默示承认南部叛乱者获得了交战者地位。❸ 二是,如果内战国政府不能对外国在叛乱方控制区域内的国民和商业交往给予有效的保护,那么外国对叛乱方按中立规则行事以获得叛乱方对其国民和商业利益的保护就不能受到非议。这说明,内战国政府的不作为也被视为对叛乱方的默认。因此,对叛乱方的承认,说到底,还是以内战国政府的行为为转移的。

三、中立规则在内战中适用的两种特殊情况

如果交战国政府和外国都承认叛乱方为交战团体,无疑只要按照中

❶ [英]劳特派特修订:《奥本梅国际法》上卷第 1 分册,王铁崖、陈体强译,商务印书馆 1973 年版,第 112 页。

❷ [英]劳特派特修订:《奥本梅国际法》下卷第 1 分册,王铁崖、陈体强译,商务印书馆 1973 年版,第 182 页。

❸ [德]马克斯·普朗克比较公法及国际法研究所主编:《国际公法百科全书·第三专辑·使用武力、战争、中立、和约》,中山大学法学研究所国际法研究室译,中山大学出版社 1992 年版,第 353 页。

立规则行事即可。如果只是内战国政府或外国承认,那就有两种特殊的情况:(一)内战国政府承认叛乱方而外国政府却不予承认。在这样的情况下,内战国政府与外国之间构成中立关系,互相具有中立的权利和义务;内战国政府的军舰可以对外国商船进行临检和搜查;内战国政府宣布的封锁对外国有拘束力。但是,对于叛乱者而言,外国并不具有中立的权利和义务;叛乱者宣布的封锁对外国无拘束力,叛乱者的军舰不得对外国商船进行临检和搜查。(二)叛乱者为外国所承认而未为内战国政府所承认。在这样的情况下,该外国与叛乱者之间存在中立的权利义务关系,但对于内战国政府而言,没有中立的权利义务关系。

第三节　平时中立地位的确立

一个国家在没有发生战争或武装冲突的条件下所确立的中立地位是平时中立地位。由于平时中立是在没有战争或武装冲突的状态下确立的,因而它不可能以客观事实为标志,而只能以有关国家的主观意思表示为标志。

一、国内法对于确立平时中立地位的意义

历史上许多国家都曾以国内法的形式确立本国的平时中立地位,如美国、瑞典、冰岛、柬埔寨等。这样的国内中立法只对其本国国民有拘束力,而不具有国际法上的拘束力。也就是说,一国不能以其国内中立法为依据对其他国家享有中立权利或要求其他国家对其承担中立义务;同样,任何外国也不能以这个国家的国内中立法为依据要求该国承担中立义务或对其享有中立权利。因此,国内中立法的制定不能表示该国在国际法上平时中立地位的确立。但是,这并不是完全否定国内中立法的意义。国内中立法在国际生活中具有政治意义,它主动地表明了该国在中立方

面的立场、态度、观点,并且在操作技术方面常常具有可行性、稳定性,因而为其他国家与该国发生国际法上的关系时提供了重要的参照价值。

二、国际条约对于确立平时中立地位的意义

通过签订国际条约来确立平时中立地位,是平时中立地位确立的唯一方式。实践表明,任何国家平时中立地位不可能不以条约的形式来确立。

平时中立条约可以根据平时中立的形式,划分为协议中立条约、永久中立条约和非军事化条约三种类型。

协议中立条约通常是双边条约。历史上无数的条约特别是和平友好条约、军事合作条约或者其他与军事相关的条约中都包含着平时中立的条款。如果缔约国在战时违背此类条约中的中立条款,其行为即是违反条约的行为,将引起条约所规定的责任,或者进一步引起国际法上一般的违反条约的责任。但是,这种违约是否引起战时中立关系的完全破坏,还须根据战时中立规则另行判定。所以,这类条约或条款只是设定缔约国相互保持中立立场的条约义务,并不对战时中立规则另作新的设定。

迄今为止,永久中立国都是通过多边条约来确立其地位的。这种现象也许可以用永久中立法律关系的"对世性"来解释,为了使永久中立国得到国际社会的有效承认,个别国家与永久中立国签订条约显然是薄弱的,应当有尽可能多的国家以多边条约的方式来确立。但是,需要多少国家或哪些国家?至今仍然是模糊的。从已有的永久中立条约看,这类条约有的是在大战之后的和平会议上签订的,成为和平会议文件的组成部分或延伸部分,比如瑞士依据1815年维也纳公会的最后文件成为永久中立国;有的是在专门的和平谈判国际会议上签订的,比如老挝的中立地位是在1961年5月至1962年7月召开的扩大的日内瓦会议上签订的;还有的是由大国之间通过协商协调签订的,比如奥地利的永久中立是由苏联、美国、英国和法国经过一系列的协调之后,以"重建奥地利国家条约"的形式形成的。永久中立地位的确立往往以大国的签约和担保作为重要

因素,这反映了现代国际格局基本上以大国为重心的特征,也反映了永久中立地位饱含着国际政治意味。但是,不能认为大国或签约国的担保是必要条件。奥地利国家条约中,四大国都没有对奥地利的独立和领土完整作出保证。另外,也不能否认永久中立条约的多样性,被认为确立奥地利永久中立地位的条约是《重建民主独立的奥地利的国家条约》,其中根本没有提到奥地利的中立,但是由于其内容规定禁止奥地利与其他国家结盟,并且在缔约谈判时苏联提出奥地利应当建立瑞士模式的中立,而其他国家都知道奥地利意图宣告永久中立❶,奥地利的永久中立得到国际社会的广泛承认。所以,国际社会的广泛承认,包括明示和默示,也许才是永久中立地位确立的一个更为重要的因素和条件。

非军事化条约与永久中立条约有"异曲同工之妙"。早期的非军事化条约通常是双边条约,仅仅确定两国相关区域的非军事化❷。对国际区域的非军事化同样由于其"对世性"而通常以多边条约的形式确立❸。国际区域的非军事化同样有国际社会广泛承认(包括明示和默示)的因素,当国际河流或海峡、天体或极地、洋底或大洋海域因某一多边条约而实现非军事化以后,并不因条约缔约国的有限性而不具有"对世性"。也就是说,关于非军事化的多边国际条约的缔约国也许只有几个或者十几个国家,但这样的非军事化仍然构成"对世性",而不只是对这几个或十几个国家。这种"对世性"是由该条约所表达的缔约国的承诺所决定的,而这种承诺的法律效力又可以用国际法的"禁止反言"和"条约必须信守"的基本法则予以论证。

---

❶ Gerald Stourzh:《奥地利国家条约(1955)》,载于[德]马克斯·普朗克比较公法及国际法研究所主编:《国际公法百科全书·第三专辑·使用武力、战争、中立、和约》,中山大学法学研究所国际法研究室译,中山大学出版社1992年版,第4页。

❷ 例如1544年《法国和西班牙友好同盟条约》关于销毁战略性防御工事的规定。

❸ 例如1856年《巴黎和约》关于黑海非军事化;1878年《柏林条约》关于多瑙河非军事化等。

第 九 章

中 立 规 则

第一节　中立规则的渊源和体系

一、中立规则的渊源

有的国际法学者认为,国际法的渊源可以区分为实质渊源和形式渊源两类。前者是指在国际法规则产生过程中影响这种规则的内容的一些因素,如法律意识、正义观念、连带关系、国际互赖、社会舆论、阶级矛盾等;后者是指国际法规则由以产生或者出现的一些外部形式或程序,如条约、国际习惯、一般法律原则、司法判例、学说等❶。中立规则的渊源同样可以区分为上述两类,但本章注重研究后一类,即中立规则的形式渊源。

---

❶ 李浩培:《国际法的概念和渊源》,贵州人民出版社 1994 年版,第 52 页。

中立是国际法上历史最为悠久的制度之一,因而中立规则的渊源是多样的。在 19 世纪中期以前,中立规则的渊源主要是国际习惯,同时,国际法学者的学说作为中立规则的"补助资料"发挥了重要作用。❶ 1856年《巴黎会议关于海上若干原则的宣言》对中立规则的渊源产生了重大影响,此后,条约逐步成为中立规则的主要渊源。1899 年和 1907 年两次海牙和平会议,对于中立规则的渊源产生了更大的影响,这两次海牙会议形成了编纂中立法的高潮,产生了至少 5 个以中立规则为主要内容的公约,而且会议形成的其他公约中还有与中立相关的条款❷。海牙会议之后,中立规则的渊源出现了三种情况:一是有关中立规则的海牙诸公约以及与中立有关的日内瓦诸公约得到国际社会的普遍承认和遵循,成为中立规则的主要渊源;二是《联合国宪章》、《联合国海洋法公约》、《南极条约》、《外空条约》等与中立有关的国际公约,以及关于永久中立的多边条约,在《海牙公约》的基础上,促进了有条件中立、平时中立、永久中立等规则的发展,成为中立规则新的组成部分❸;三是《伦敦宣言》、《圣雷莫手册》等得到国际社会广泛认可的中立规则编纂文件,在一定程度上已经成为新的关于中立规则的国际习惯。

二、中立规则的体系

上述国际公约、条约以及其他国际法文件中有关中立规则的内容,大体构成了中立规则较为完整的体系。这个体系主要可以分为三个方面:一是由海牙诸公约、日内瓦诸公约和《伦敦宣言》、《圣雷莫手册》等国际

---

❶ 参见本书第二章第二节。

❷ 这里所说的 5 个以中立规则为主要内容的公约,是指 1907 年海牙第 3 公约(关于战争开始的公约)、第 5 公约(中立国和人民在陆战中的权利和义务公约)、第 11 公约(关于海战中限制行使捕获权公约)、第 12 公约(关于建立国际捕获法院公约)、第 13 公约(关于中立国在海战中的权利和义务公约),参见本章第二节。这里所说的有与中立相关条款的其他公约,是指1899 年海牙第 2 公约(陆战法规和惯例公约)、第 3 公约(关于 1864 年 8 月 22 日日内瓦公约的原则适用于海战的公约),以及 1907 年海牙第 8 公约(关于敷设自动触发水雷公约)、第 10 公约(关于 1906 年 7 月 6 日日内瓦公约原则适用于海战的公约),参见本章第三节。

❸ 参见本书第二章第四节。

法文件所组成的关于战时中立的规则；二是以《联合国宪章》为主体，结合海牙诸公约等构成的关于有条件中立的规则；三是由《南极条约》、《外空条约》、关于永久中立的多边条约等构成的关于平时中立的规则。从这个体系来看，我们现在是绝对中立与有条件中立并存，战时中立与平时中立并存。因此，除非在现行集体安全体制下执行联合国安理会的决议（这种情况称为集体安全体制下的有条件中立），否则，中立国与交战国必须按照集体安全体制外的中立规则处理相互之间的关系。同时，平时中立也越来越多样化和规则化。

在中立规则体系内部，海牙诸公约和日内瓦诸公约规定的战时中立规则，仍然是中立规则的基础和主体。从数量上看，海牙和日内瓦诸公约确立的中立规则占了中立规则体系中的绝大多数。从地位上看，海牙和日内瓦诸公约的中立规则是有条件中立和平时中立的基础。其一，本书第七章已经谈到，当今国际社会的集体安全体制对中立的影响还很有限，在现实生活中，适用集体安全体制外中立规则的可能性更大。在集体安全体制之外，中立规则基本上还是 1907 年海牙公约那个时候的样子，因而人们总是习惯于把集体安全体制外的中立称为"传统中立"。其二，本书第一章第二节已经谈到，战时中立是平时中立的基础，因此，战时中立规则也是平时中立规则的基础。从本源意义上说，平时中立就是把战时中立规则适用于平时。当然，由于平时中立没有具体的交战国，因而有些规则就发生了转化，比如"不得给予交战国军事援助"的规则就转化为"不得与任何国家缔结军事同盟"的规则。正是由于平时中立没有具体的交战国，平时中立规则的适用是由有关国家以战时中立规则为基础互相约定的。因此，平时中立规则的基本内容仍然植根于战时中立规则。

虽然海牙公约和日内瓦公约的有关内容是中立规则的基础和主体，但是，如果把中立规则仅仅理解为海牙公约和日内瓦公约所规定的内容，那就错了，因为，在海牙公约和日内瓦公约之外，中立规则毕竟有了很大的发展。

鉴于战时中立规则的基础性、具体性,因而必须对它进行更为深入的研究。

从形式来看,战时中立规则主要是由 1899 年和 1907 年海牙诸公约所规定的,此外还包括:(1)海牙诸公约之前和之后不久形成的与之直接相关的其他一些国际公约和习惯法所规定的战时中立规则,如:1856 年的《巴黎宣言》,以及被视为习惯法的《伦敦宣言》等所规定的中立规则;(2)在海牙诸公约之后形成的主要归入国际人道法体系的战时中立规则,如:1949 年日内瓦四公约及其 1977 年附加议定书等所规定的人道中立规则;(3)在二战后形成的主要归入国际海洋法体系的战时中立规则,如 1982 年《联合国海洋法公约》中所规定的用于国际航行海峡的中立规则。

从内容来看,战时中立规则分为两部分:一是与中立国通商交往权和公正不偏义务相关的规则,这部分内容主要在海牙公约中规定,还包括《巴黎宣言》、《伦敦宣言》、《联合国海洋法公约》等;二是与国际法上的人道主义原则有关的规则,这部分内容在海牙公约中虽然有规定,但在日内瓦诸公约中规定得更为深入和具体。有关人道主义的中立规则是中立制度中十分独特的部分,它既不同于集体安全体制下的中立,因为它同国际社会的集体制裁权尚无关系;它也不同于传统中立规则的主体部分,因为它不是基于中立国的通商自由权和交战国对中立国公正不偏的要求,而这两条恰恰是传统中立的两根支柱。但是,有关人道主义的中立规则却具有十分的重要性和强大的生命力,它所体现的人道主义原则是能够解决传统中立长期无法解决的禁运品问题的有效途径,是传统中立能够从"个体"措施向"集体"措施发展的主要推动力,是国际组织中立原则的重要基础。下面两节,在具体研究战时中立规则时,将把与通商交往和公正不偏有关的中立规则称为"一般中立规则",把与人道主义有关的中立规则称为"人道主义中立规则"。

第二节　一般中立规则

从 1856 年《巴黎会议关于海上若干原则的宣言》(以下简称《巴黎宣言》)到 1909 年在伦敦草签的《海战法宣言》(以下简称《伦敦宣言》),国际社会掀起了一股编纂中立法的热潮。《巴黎宣言》是历史上第一部中立公约,有的学者认为它也是第一部"真正的多边条约"。❶

继《巴黎宣言》之后,出现了海牙诸公约。海牙诸公约是 1899 年和 1907 年两次海牙和平会议所形成的各公约的总称❷。仅 1907 年,海牙诸公约中至少有 5 个公约以规定大量的中立规则为其主要内容❸。这些公约至今已一个多世纪,但岁月流转并不必然影响其法律效力。这些中立规则至今仍然是有效的,除了集体安全体制的若干限制之外,在集体安全体制外,中立活动仍然受这些规则的调整。海牙诸公约对中立的调整范围是战时中立,在内容上对 18、19 世纪的中立实践进行了总结和发展。

---

❶ [韩]柳炳华:《国际法》,朴国哲、朴永姬译,中国政法大学出版社 1997 年版,上卷第 98 页。

❷ 第一次海牙和平会议由俄国倡议,于 1899 年 5 月 18 日到 7 月 29 日在海牙的荷兰王宫举行,参加会议的共有欧亚美洲的 26 个国家,即:德国、奥匈、比利时、中国、丹麦、西班牙、美国、墨西哥、法国、希腊、意大利、日本、卢森堡、门的内哥罗、荷兰、波斯、葡萄牙、罗马尼亚、俄国、塞尔维亚、暹罗、瑞典—挪威、瑞士、保加利亚、英国、土耳其。第二次海牙和平会议由美国、俄国倡议,于 1907 年 6 月 15 日至 10 月 18 日在荷兰海牙举行,参加会议的共有 44 个国家,即:德国、美国、阿根廷、奥匈、比利时、玻利维亚、巴西、保加利亚、智利、中国、哥伦比亚、古巴、丹麦、多米尼加、厄瓜多尔、西班牙、法国、英国、希腊、危地马拉、海地、意大利、日本、卢森堡、墨西哥、门的内哥罗、尼加拉瓜、挪威、巴拿马、巴拉圭、荷兰、秘鲁、波斯、葡萄牙、罗马尼亚、俄国、萨尔瓦多、塞尔维亚、暹罗、瑞典、瑞士、土耳其、乌拉圭、委内瑞拉。

❸ 有一种说法认为 1907 年海牙 13 个公约中有 6 个涉及中立,见《中华法学大辞典》,中国检察出版社 1996 年 5 月第 1 版,第 680 页。但本书认为其中涉及中立的应该是 7 个公约,即第 3、5、8、10、11、12、13 公约,而《中华法学大辞典》中提到的《关于商船改装为军舰公约》(第 7 公约)不应列在其中。这 7 个公约中,第 8 公约和第 10 公约涉及的是人道中立规则,参见本章第三节;其余 5 个涉及的是一般中立规则,参见本章第二节。

当然,也有一些实践没有被海牙公约所吸收,如英国的"1756年规则"。❶

在海牙诸公约之后紧接着形成的1909年《伦敦宣言》,可以说是中立规则的集大成。这个未生效的宣言可以看做是海牙诸公约的组成部分,因为它不但与海牙诸公约的形成时间十分接近,签署国家基本相同,而且是为实施海牙第12公约(《关于建立国际捕获法院公约》)而制定的。这个宣言同海牙第12公约一样,由于没有得到各国的批准而未能生效。但是,《伦敦宣言》同海牙第12公约不同之处在于,它在一战初期和二战前夕被不少国家宣布或者要求作为习惯法予以适用。❷

《巴黎宣言》、海牙诸公约和《伦敦宣言》所规定的中立规则,主要是以通商交往和公正不偏为内容的一般中立规则,也有以人道保护为内容的人道中立规则。本节具体阐述各公约和宣言所规定的一般中立规则的主要内容,下一节具体阐述人道中立规则的主要内容。

一、《巴黎宣言》

全称为《关于海上若干原则的巴黎宣言》,签署于1856年4月16日,批准和加入国45个,其中大国有法国、德国、日本,西欧和南美加入的国家占多数,中国没有加入。这个《宣言》规定了四项内容:(1)取缔私掠船制;(2)除了战时禁运品外,中立国船上的敌国货物不受拿捕;(3)除了战时禁运品外,敌国船上的中立国货物不受拿捕;(4)只有有效封锁才具有拘束力,有效封锁是指由一支足以真正阻止进入敌国海岸的武力所维持的封锁。

"取缔私掠船制"的规定是该宣言所特有的,这一规则以后在所有公

---

❶ 英国在1756年英法战争中发现法国把对殖民地贸易开放给当时维持中立的荷兰商船,遂认为这样的荷兰商船已经参加了法国的商船队,因而取得了"敌性",于是命令其舰队拿捕这样的荷兰商船。这种扩大"敌性"范围的做法后来被《伦敦宣言》所否定。

❷ 《伦敦宣言》签署之后,在1911年意大利和土耳其战争中,双方都遵守该宣言,而且土耳其不是该宣言的签署国。一战初期,美国立即邀请交战双方采取该宣言,德国和奥匈帝国表示同意,但以敌国也同意为条件,英、法、俄在对宣言作若干修改后予以适用,这个情况维持到1916年。

约中未再出现,并被世界各国的实践普遍接受。

二、1907 年海牙第 3 公约

正式名称为《关于战争开始的公约》❶,公约第 2 条规定:"战争状态的存在必须毫不延迟地通知各中立国,并且只有在中立国接到通知之后,对它们才发生效力。通知可采用电报方式。但如事实足资证明中立国确实知道战争状态的存在,则它们不得以未得到通知作为借口。"由于战争或使用武力已被《联合国宪章》所禁止,因而发动战争的国家不会主动通知别国,而行使自卫权的国家又不可能"毫不延迟"地通知别国,所以这一规定实际上已经丧失存在的意义。

三、1907 年海牙第 5 公约

正式名称为《中立国和人民在陆战中的权利和义务公约》,签署于 1907 年 10 月 18 日,批准或加入国 31 个,其中大国有法国、德国、日本、俄国、美国,中国也已加入,但中华人民共和国尚未明示承认。这个公约比较全面地规定了传统中立的若干规则。公约共五章,除第五章"最后条款"规定公约本身的生效、批准、退出等问题以外,前面四章均为实质性内容。

(一)公约第一章关于"中立国的权利和义务"规定:(1)中立国的领土不得侵犯;(2)禁止交战国的部队、装载军火或军需品的运输队通过中立国领土;(3)禁止交战国在中立国领土上设立无线电台或与交战国陆、海军联系的任何通讯装置;禁止交战国利用其战前在中立国领土上设立的纯为军事目的、并且还没有公开为公众通讯服务的通讯装置;(4)不得在中立国领土内组织援助交战国的部队和为交战国开设征兵事务所;(5)除非违反中立的行为发生在中立国领土内,否则中立国没有义务对这种行为进行惩处;(6)中立国对某些个人独自越境为交战国一方效力

---

❶　签署于 1907 年 10 月 18 日,签署及批准、加入国不详,中国于 1910 年 1 月 15 日加入。

的事实不负责任;(7)中立国没有义务阻止为交战国一方或另一方输送或运输武器弹药或军用物品;(8)中立国没有义务禁止或限制交战国使用属于交战国或其公司及私人所有的电报或电话电缆以及无线电报器材;(9)中立国对第7、第8两条的限制或禁止措施应对交战双方公正不偏地予以适用;(10)中立国用武力抵抗侵害其中立的行为不得被认为是敌对行为。

（二)公约第二章关于"在中立国领土内拘留交战者和治疗伤者"规定:(1)中立国在其领土内收容交战国的部队,应尽可能在与战场有一定距离的地方予以拘禁;(2)中立国通常应向被拘禁者提供食物、衣着及人道主义救助,由此引起的费用在交战国媾和时予以偿还;(3)中立国应给其所收容的脱逃战俘以自由;(4)中立国可准许各交战国军队的伤病员通过其领土,但输送伤病员的火车不得运载战斗人员和军用物资;(5)交战国一方在上面第4条情况下带进中立国的敌国伤病员应由中立国予以看管,并使他们不得重新参加作战行动,中立国对委托给它的交战国军队的伤病员也负有同样义务;(6)日内瓦公约适用于拘留在中立国领土内的伤病员。

（三)公约第三章关于"中立人民"规定:(1)中立人民是指一个不参加战争的国家的国民;(2)中立人民丧失其中立的情况是:1.对交战一方采取敌对行为;2.采取有利于一方的行为,特别是自愿加入交战一方的武装力量。但下列情况不属于有利于交战一方的行为:一是向交战一方提供物资或贷款时,供应者或贷款人并不居住于另一方的领土或其所占领的领土,并且物资也不来自上述领土;二是在警察或民政方面提供服务。

（四)公约第四章关于"铁路材料"规定:(1)交战国对于来自中立国领土的铁路材料,不论属于国家还是私人,除非绝对必要,不得予以征用或利用,而应尽速送回原地;(2)中立国必要时得在同样范围内,扣留和使用来自交战国领土的铁路材料;(3)使用材料的任何一方均应依照所使用的材料和期限长短,按比例支付赔偿。

四、1907 年海牙第 11 公约

正式名称为《关于海战中限制行使捕获权公约》,签署于 1907 年 10 月 18 日,批准或加入国 31 个,其中大国有法国、德国、英国、日本、美国,中国也已加入,但中华人民共和国尚未明示承认。公约共四章,除第四章"最后条款"规定公约本身的生效、批准、退出等问题以外,前面三章均为实质性内容。

(一)公约第一章关于"邮政通信"规定:(1)在海上的中立国或交战国船舶中发现的中立国或敌国的邮件,不论属于官方还是私人,都是不可侵犯的;如果船舶遭扣留,捕获者应尽速将邮件寄送出去;但在发生破坏封锁时,对发自或寄往被封锁港口的邮件不适用该规定;(2)邮政通信的不可侵犯性并不使中立国邮船对一般中立国商船应遵守的海战法规和惯例享有豁免,但该船除在绝对必要的情况下不得予以搜查,在搜查时应尽可能谨慎迅速。

(二)公约第二章关于"某些船舶免受拿捕"规定:(1)专为在沿岸捕鱼的船只或从事地方商业活动的小船,包括其用具、绳索、船具和货物在内均免受拿捕;如果此类船只参加敌对行动,此项豁免即停止适用;(2)负有宗教、科学或慈善使命的船舶不受拿捕。

(三)公约第三章"关于交战国捕获的敌国商船船员的规定"规定了如下内容:(1)当敌国商船被交战一方捕获时,船员中属于中立国国民者不能作为战俘;属于中立国国民的船长和高级船员如书面正式保证不在战争持续期间在敌国船舶上服务,也同样不能作为战俘;(2)属于敌国国民的船长、高级船员和船员如作出正式书面保证,不在战争持续期间进行任何与作战有关的服务时,不能作为战俘;(3)上述作出正式保证的人员的姓名应由执行捕获的交战一方通知交战另一方,后者不得在知情的情况下雇用上述人员;(4)上述规定不适用于参加敌对行动的船舶。

五、1907年海牙第12公约

正式名称为《关于建立国际捕获法院公约》,签署于1907年10月18日。该公约由于没有获得第52条第一款所规定的批准❶,因而没有生效。为此,本书不述其具体内容。

六、1907年海牙第13公约

正式名称为《关于中立国在海战中的权利和义务公约》,签署于1907年10月18日,批准或加入国27个,其中大国有法国、德国、日本、美国,中国也已加入,但中华人民共和国尚未明示承认。公约详细规定了海战中的中立规则:(1)交战国必须尊重中立国的主权,并避免在中立国领土或领水内,从事任何可能构成违反中立的行为,即使任何国家有意允许这些行为。(2)交战国军舰在中立国领水内的任何敌对行为,包括捕获和行使搜查权在内,均属侵犯中立,应严加禁止。(3)船只在中立国领水内被捕获的,如果该船仍在该中立国管辖范围内,该中立国应使用它所掌握的一切手段释放被捕获船只及全体船员,并拘留捕获者派在船上的人员。如果被捕获的船只不在中立国管辖范围内,在中立国的要求下,捕获国政府必须释放捕获的船只及其全体船员。(4)交战国不得在中立国领土内或在中立国领水内的船舶上设立捕获法庭。(5)禁止交战国将中立国港口和领水作为海军作战基地,尤其是设置无线电台或其他供交战国陆上或海上部队进行通讯的设备。(6)禁止中立国以任何方式将军舰、弹药或任何作战物资,直接或间接供给交战国。(7)中立国没有义务阻止交战国任何一方使用的武器、弹药以及一般为陆、海军所需的物资出口或过境。(8)中立国政府应尽其力阻止任何船只在它的管辖范围内得到装备和武装,如果它有理由相信这些船只用于巡航或参加与它和平相处国家

---

❶ 该款规定:"本公约须经批准,批准书应于第15条和附表所列各国均予批准后交存于海牙。"

的敌对行动的话。对于在其管辖范围内进行全部或部分改装,并用于巡航或进行敌对行动的任何船只,中立国政府应尽力阻止其驶离它的管辖范围。(9)对交战国军舰或捕获船只进入其港口、锚地或领水方面所制订的条件、限制或禁令,中立国应公平地适用于交战双方。对于不遵守它所发布的命令和规章,或侵犯其中立的交战国军舰,中立国可禁止该舰进入其港口或锚地。(10)一个国家的中立地位不能仅仅因为交战国军舰和交战国捕获船只通过其领水而受影响。(11)中立国可以允许交战国军舰雇用其经注册的引航员。(12)如中立国的法律没有其他相反的特别规定,交战国军舰在该中立国港口和锚地或领水内停留时间不得超过24小时,但本公约另有规定者除外。(13)已获知战争开始的国家,如果得知交战国军舰正在它的港口、锚地或领水内,应立即通知该舰,务必在24小时内或在当地法律所规定的期限内驶离。(14)交战国军舰如果不是因为损坏或恶劣气候的原因,不得在中立国港口延长其法定的停泊时间。延迟驶离的原因一经消失,该军舰应立即离开。限制在中立国港口、锚地和领水内停留时间的规则不适用于以宗教、科学或慈善活动为目的的军舰。(15)如果中立国法律没有其他相反的特别规定,则同时停泊在中立国一个港口或锚地的交战一方的军舰最多不得超过3艘。(16)当交战双方的军舰同时停泊在同一中立国港口或锚地时,双方军舰的驶离时间至少应相隔24小时。驶离的先后次序应按照到达的先后次序决定,除非首先到达的军舰已被准许延长停留的时间。交战一方的军舰不得在悬挂敌国国旗的商船驶离不到24小时内离开中立国港口或锚地。(17)在中立国港口和锚地的交战国军舰,只能在航行安全绝对必要的限度内进行修理,不得以任何方式增加其战斗力。中立国的地方当局应核定修理项目,并令其尽快完工。(18)交战国军舰不得利用中立国港口、锚地和领水补给或增加武器、军需品或船员。(19)交战国军舰在中立国港口或锚地只能按平时标准进行正常补给。补给的燃料以足够到达其本国最近的港口为度。此外,如中立国有供应燃料至装满煤仓的限制规定,则可以此为度。如果按照中立国法律,船舶只能在到达24小时后方能补给,则其法定停留时间可以顺延24小时。(20)曾在一个中立国港口补给燃料的交战国军舰,3个月以内不得在同一中立国的港口补充燃料。(21)除非由于失去航行能力、气候恶劣或缺乏燃料与粮食等原因,捕获船只不得被带进中立国港口。(22)不符合上条规定的条件而被带入中立国港口的被捕获船只,中立国应予以释放。(23)如果被捕获船只是为了等待捕获法庭的判决,不论有无交战国军舰押送,中立国应允许该船进入其港口或锚地,也可允许该船驶往其应达的其他港口。如果被捕获船只有军舰押送,则该船船员可乘护送的军舰前往。如果被捕获船只没有军舰押送,该船船员可自由离去。(24)如果中立国当局已发出通知,但交战国军舰仍拒绝从无权停泊的港口离开,中立国有权采取它认为必要的措施,设法阻止该舰在战争期间出海,舰长应遵照执行。如交战国军舰被中立国扣留,则船上军官和船员也一并被拘留。被拘留的军官和船员可留在船上、移往他船或岸上,但应服从对他们所加的必要的限制措施。不过,应留下必要的人员以便照料船上事务。船上军官在作出未经许可决不离开中立国领土的保证后,可自由离开。(25)中立国应以自己所拥有的手段执行监督,防止在其港口、锚地或领水内发生任何违反上述规定的行为。(26)中立国可行使本公约规定的权利,但任何情况下都不能从事被接受上述有关条款的任一交战方视为不友好的行为。

七、《伦敦宣言》

正式名称为《海战法规宣言》,于1909年2月26日在伦敦签署,由于签署国没有批准而未能生效。但该宣言影响很大,在两次世界大战之前均被不少国家明示作为习惯法予以适用。宣言除"最后条款"外,共规定了九章,分别是:(1)战时封锁;(2)战时禁运品;(3)非中立业务;(4)中立国船只被捕获后的摧毁;(5)改悬中立国旗帜;(6)敌性;(7)护航;(8)拒绝搜查;(9)赔偿。

上述7个公约,除了1907年海牙第3公约(《关于战争开始的公约》)基本丧失现实意义以外,其余至今均有重要现实意义。其中《巴黎宣言》、海牙第 11 公约和《伦敦宣言》主要是关于中立国的通商交往权与交战国的交战权之间的协调与平衡;海牙第 5 公约和海牙第 13 公约主要是关于中立国公正不偏的规定。应予注意的是,《联合国海洋法公约》虽然没有专门规定中立问题的条款,但对中立有很大影响,将在本书第十章中具体阐述。另有未经签署的草案,如《空战规则草案》❶,规定了许多中立规则,但毕竟未经国际社会正式讨论和形成初步结论,不宜阐述。不过,《空战规则草案》中有关中立的规则基本上可以通过执行已经生效的其他公约中的有关条款产生相近的效果。此外,关于海上中立的《哈瓦那公约》❷,也是一个影响较大的中立法公约,但其加入国具有明显的区域性,并且内容与海牙第 13 公约基本相同,在后文有关之处述介。1938年 5 月 27 日《中立规则宣言》(斯德哥尔摩宣言)虽然只有 5 个签约国,并且只是针对丹麦的中立,但至少是关于中立的一个重要个案。至于1994 年 7 月国际人道法学会组织 24 个国家的海战法专家在意大利利窝那拟定的《适用于海上武装冲突的国际法》(也称"圣雷莫海战法手册"),规定了大量中立规则,虽然在性质上纯属学者对中立规则的编纂,没有国际法上的效力,但是由于其法律引据可靠,因而具有重要的参考价值。

第三节　人道中立规则

　　有关人道保护的中立规则主要由日内瓦公约规定。在两次海牙会议前后,日内瓦公约中的有关规则并未明文规定适用于中立国,而是通过海牙公约来明确其适用于中立国。同时,海牙公约本身也规定了一些人道

---

❶ 1922 年 12 月至 1923 年 2 月,由法学家委员会起草。
❷ 1928 年 2 月 28 日签署,于 1931 年 1 月 12 日生效,加入国 21 个,均为美洲国家。

保护的中立规则。现一并列举如下：

一、1899 年海牙第 2 公约

正式名称为《陆战法规和惯例公约》，签署于 1899 年 7 月 29 日，批准或加入国 48 个，大国中批准或加入的有法国、德国、英国、日本、俄国、美国，中国也已加入，但中华人民共和国没有明示承认。这个公约的主体内容为其附件：《关于陆战法规和惯例的章程》，其中第四编规定了"在中立国拘留交战者和护理伤病员"，内容有四条：(1)中立国在其领土上收容交战国军队的部队，应尽可能在与战场有一定距离的地方予以拘禁；(2)中立国通常应向被拘禁者提供食物、衣着及人道主义救助，由此引起的费用在交战国媾和时予以偿还；(3)中立国可准许各交战国军队的伤病员通过其领土，但以输送伤病员的火车不得运载战斗人员和军用物资为条件；(4)1864 年 8 月 22 日在日内瓦签署的《改善战地武装部队伤者境遇的公约》适用于在中立国领土内被拘禁的伤病员。以上四条中后三条为人道主义中立规则。这些内容后来全部被 1907 年海牙第 5 公约第二章所覆盖。

二、1899 年海牙第 3 公约

正式名称为《关于 1864 年 8 月 22 日日内瓦公约的原则适用于海战的公约》，签署于 1899 年 7 月 29 日，批准或加入国 48 个，其中大国有法国、德国、英国、意大利、日本、俄国、美国，中国也已加入，但中华人民共和国没有明示承认。这个公约规定了两项有关中立的内容：(1)中立国船只运载或收容交战国的伤者、病者和遇船难者，不受拿捕，但有违背中立行为的除外；(2)在中立国港口上岸的交战国的伤者、病者和遇难者，由中立国看管，以使他们不能重新参加作战。上述内容后来全部被 1907 年海牙第 10 公约所覆盖。

三、1907 年海牙第 8 公约

正式名称为《关于敷设自动触发水雷公约》，签署于 1907 年 10 月 18

日,批准或加入国 27 个,其中大国有法国、德国、英国、日本、美国,中国也已加入,但中华人民共和国尚未明示承认。公约规定:中立国如在其海岸外敷设自动触发水雷,必须遵守与交战国同样的规则,即:不得敷设无锚的自动触发水雷,但在敷设者失去控制后至多 1 小时即为无害的水雷除外;不得敷设脱锚后不立即成为无害的有锚自动触发水雷;不得使用在未击中目标后仍不成为无害的鱼雷;禁止以截断商业航运为唯一目的而敷设自动触发水雷;在使用有锚的自动触发水雷时,应对和平航运的安全采取一切可能的预防措施;敷设自动触发水雷时,应在事前将敷设区域通知各船主,并立即通过外交途径通知各有关政府。

四、1907 年海牙第 10 公约

正式名称为《关于 1906 年 7 月 6 日日内瓦公约原则适用于海战的公约》,签署于 1907 年 10 月 18 日,批准或加入国 32 个,其中大国有法国、德国、意大利、日本、俄国、美国,中国签署并批准了该公约,但中华人民共和国尚未明示承认。公约规定:(1)全部或部分由中立国私人或官方承认的团体出资装备的医院船应受尊重并免受拿捕,但须在本国政府的事先同意和交战国一方的准许下为该交战国所控制,并在敌对行为开始或进行中,总之在使用之前已将其船名通知敌方。(2)收容伤者、病者和遇船难者的中立国船只,应享受特别保护和某些豁免权,不得由于载有这些人员而遭受拿捕,除非它们违犯中立。(3)中立国军舰收容交战国的伤者、病者或遇船难者后,应采取一切防范措施,务使他们不致重新参加作战。(4)经地方当局同意后在中立国港口上岸的交战国伤者、病者或遇船难者,除非中立国与交战国另有协议,应由中立国看管,以使他们不能重新参加作战。医疗和扣留方面的费用由他们所属的交战国负担。

五、《关于改善战地武装部队伤者病者境遇的日内瓦公约》

签署于 1929 年 7 月 27 日,批准或加入国 59 个,各大国均参加,中国于 1935 年 11 月 19 日交存批准书。该公约是 1864 年和 1906 年同名公约

的修订,后又被修订为 1949 年日内瓦第一公约,中华人民共和国已无承认的必要。公约涉及中立的规定主要有:(1)凡中立国认可的团体,必须经其本国政府的事先同意和有关交战国的核准,始得以其医疗人员及医疗队协助该交战国。接受此项协助的交战国在利用此项协助之前须通知敌方。(第 11 条)(2)上述人员落于敌方之手时,不得予以扣留。除另有相反协定外,一旦归路可通及军情许可,应将其送回其所属之交战国。上述人员在等候遣返期间,应在敌方领导下继续执行其任务,尤以担任照顾所属交战国的伤者、病者为宜。他们出发时,应携带其所有行李、工具、武器和运输工具。(第 12 条)(3)交战各方对于在其权力下的上述人员,应予以与本国武装部队相等人员同样的食物、居所、津贴及薪给。(第 13 条)(4)属于中立国的医疗队经获准为交战国提供服务的,除悬挂本公约的旗帜外,应加悬所服务的交战国的国旗,同时也有权悬挂本国国旗。(第 23 条)上述内容后来均被日内瓦第一公约所覆盖。

六、《关于战俘待遇的日内瓦公约》

签署于 1929 年 7 月 27 日,批准或加入国 52 个,其中大国有法国、德国、英国、意大利、美国,中国于 1935 年 11 月 19 日交存批准书。该《公约》后来被修订为日内瓦第 3 公约,中华人民共和国已无承认的必要。《公约》涉及中立的规定主要有:(1)各交战国应将经过治疗后适于旅行的重伤和重病的战俘,不论等级和数目,遣返其本国。为此,交战国之间应迅速缔结协定,规定何种伤病情况应予直接遣返以及何种情况可能归中立国予以收容。(第 68 条)(2)战争开始时,各交战国应协议组成混合医务委员会,由三人组成,其中二人为中立国国民,其中一人须为医生,并任主席。另一人由拘留战俘的交战国指派。(第 69 条)(3)交战国可以从中立国国民中选定代表对公约的适用情况进行监察。被选定的代表有权前往战俘被拘禁的一切地方,并可以单独或通过译员与战俘会面,通常无须证人在场。(第 86 条)上述内容后来被日内瓦第 3 公约所覆盖。

七、1949 年日内瓦四公约及 1977 年两个附加议定书

日内瓦四公约是指 1949 年 8 月 12 日在日内瓦签署的《改善战地武装部队伤者病者境遇的日内瓦公约》(第 1 公约)、《改善海上武装部队伤者病者及遇船难者境遇的日内瓦公约》(第 2 公约)、《关于战俘待遇的日内瓦公约》(第 3 公约)、《关于战时保护平民的日内瓦公约》(第 4 公约)。四公约的批准和加入国现已包括全世界所有国家。中国于 1956 年 12 月 28 日交存对四公约的批准书,同时分别作了保留。这些公约中都有关于中立规则的内容,中国所作的保留中也涉及中立问题。

日内瓦四公约的两个附加议定书是指 1977 年 6 月 8 日在日内瓦签署的《1949 年 8 月 12 日日内瓦四公约关于保护国际性武装冲突受难者的附加议定书》(第 1 议定书)和《1949 年 8 月 12 日日内瓦四公约关于保护非国际性武装冲突受难者的附加议定书》(第 2 议定书)。第 1 议定书的批准和加入国已达 174 个,第 2 议定书的批准和加入国达到 168 个。中国于 1983 年 9 月 5 日交存批准书,所作的保留未涉及中立问题。第 1 议定书涉及中立问题,而第 2 议定书没有涉及中立问题。

下面具体介绍上述四公约和第 1 议定书有关中立的规定,以及中国对其中有关中立规定的保留。

(一)日内瓦第 1 公约主要规定:(1)公正的人道主义团体,如红十字国际委员会,得向冲突各方提供服务。(第 3 条第 2 项)(2)中立国对于在其领土内所收容或拘禁的伤者、病者、医务人员、随军牧师及所发现的死者,应准用本公约的规定。(第 4 条)(3)公约的规定不妨碍红十字国际委员会或其他公正的人道主义组织,在有关冲突各方同意的条件下,从事保护与救济伤者、病者、医务人员及随军牧师的人道主义活动。(第 9 条)(4)任何中立国或任何组织经有关国家邀请或自愿提供服务而执行任务时,在行为上须对公约所保护人员所依附的冲突方具有责任感,并须充分保证能适当执行其所担负的任务,且能公允地执行。(第 10 条第 4 款)(5)凡中立国认可的团体,必须经其本国政府事先同意及有关冲突方

的核准,才能以其医疗人员及医疗队协助该冲突中的一方。此项人员及此等医疗队应受该冲突一方之管制。该中立国应将此项同意通知接受协助国家的敌方。接受此项协助的冲突一方在利用之前,必须通知敌方。此种协助在任何情况下不得视为对冲突的干预。(第27条)(6)第27条所指的人员落入敌方之手时,不得拘留。(7)冲突各方的医务飞机,在本条第2款规定的拘束下,得在中立国领土上空飞行,必要时,得在该国领土降落,或用以为停留站。该飞机飞越上述领土,应预先通知有关中立国,并服从一切水陆降落的命令。仅在冲突各方与有关中立国特别约定的航线、高度及时间飞行时,才能免受攻击。中立国对于医疗飞机飞越其领土或在其领土降落,可以规定条件或限制。这种条件和限制对冲突各方应一律适用。除中立国与冲突各方另有协议外,凡经地方当局同意由医务飞机运至中立国领土的伤者、病者,如国际法有要求,应由中立国以适当方式予以拘留,使其不能再参加战斗。收容与拘禁的费用应由其所依附的国家负担。(第37条)(8)属于中立国的医疗队经获准依照第27条所规定的条件协助交战一方的,在该交战国打算利用第42条所给予的特许时,除悬挂本公约规定的旗帜外,应加悬该交战国的国旗。除受负责的军事当局相反的命令拘束外,该医疗队可以在一切情况下悬挂其本国国旗,即使落于敌方手中。(第43条)

中国对第1公约第10条的保留涉及中立:"拘留伤者、病者或医务人员及随军牧师的国家请求中立国或人道主义组织担任应由保护国执行的任务时,除非得到被保护人本国政府的同意,中华人民共和国将不承认此种请求为合法。"

(二)日内瓦第2公约主要规定:(1)第2公约的第1至4项主要内容与上面所说的第1公约的第1至4项主要内容相同,只是增加了适用于遇船难者。(2)如中立国与交战国之间无相反协定,经地方当局许可,在中立国港口登陆的伤者、病者或遇船难者,遇国际法有此要求时,应由中立国加以看守,务使他们不能再参加战争行动。(第17条)(3)冲突各方可以呼吁中立国商船、游艇或其他中立国船只之船长以慈善精神收容和照顾伤者、病者或遇船难者于其船上,并收集死者。响应这种呼吁的任何种类船只,以及自动收集伤者、病者或遇船难者的船只,均应享受特别保护以及为执行这种协助的便利。上述船只绝不能因从事这种运输而受拿捕;但上述船只若有违反中立的行为,除非作出有关的承诺,仍可予以拿捕。(第21条)(4)各中立国的红十字会及官方承认的救济团体或私人所使用的医院船,如受冲突一方的管辖,经其本国政府预先同意以及该冲突方认可,并已遵照第22条关于通知的规定,应享受与军用医院船同样的保护并免予拿捕。(第25条)(5)与上面所说的第1公约的第7项主要内容相同。(第40条)(6)一切医院船应悬挂本国国旗,如属于中立国的医院船,还应悬挂其所受指挥的冲突一方的国旗,以资识别。(第43条第2款)

中国对第2公约第10条的保留涉及中立:"拘留伤者、病者、遇船难者或医务人员及随军牧师的国家请求中立国或人道主义组织担任应由保护国执行的任务时,除非得到被保护人本国政府的同意,中华人民共和国将不承认此种请求为合法。"

(三)日内瓦第3公约主要规定:(1)同前面所说的第1公约的第1项主要规定。(2)同前面所说的第1公约的第3项主要规定。(3)各缔约国得随时同意将根据本公约应由保护国负担的任务,委托给具有公允与效能的一切保证的组织。当战俘,不管为何种原因,不能享受或已经停止享受保护国或本条第一款所规定组织活动的利益时,拘留国应当请一个中立国或这种组织担任依照本公约应由冲突各方指定的保护国所执行的任务。(第10条第1、第2款)(4)在战事期间,冲突各方应依托有关中立国的合作,努力商定办法使患病及受伤战俘收容于中立国。此外,有关冲突方和中立国可以缔结协定,将经过长期在俘的健康战俘直接遣返,或者拘禁于中立国。(第109条第2款)

中国对第3公约第10条的保留涉及中立:"战俘拘留国请求中立国或人道主义组织担任应由保护国执行的任务时,除非得到战俘本国政府的同意,中华人民共和国将不承认此种请求为合法。"

（四）日内瓦第4公约主要规定：（1）同前面所说的第1公约的第1项主要规定。（2）各缔约国可以随时同意将根据本公约应由保护国负担的任务，委托给具有公允与效能的一切保证的组织。当受本公约保护的人，不管为何原因，不能享受或已经停止享受保护国或本条第一款所规定组织活动的利益时，拘留国应当请一个中立国或这种组织担任依照本公约应由冲突各方指定的保护国所执行的任务。（第11条第1、第2款）（3）任何冲突中的一方，可以直接或通过一中立国或人道主义组织，向其敌方建议在作战区域内设立中立化地带，保护下列人员免受战争的影响，不加歧视：1.伤、病战斗员或非战斗员；2.不参加战事及虽居住在该地带内而不从事军事性工作的平民。（第15条第1款）（4）如果占领地内全部或者部分居民给养不足时，占领国应同意救济这些居民的计划，并对这种计划使用力所能及的一切方法予以便利。这种计划可以由国家或公正的人道主义组织如红十字国际委员会承担，在这种计划中，尤其应当包括食物、医疗品和衣服在内的装运物资的供给。各缔约国应当允许这种装运物资自由通过，并保证予以保护。但缔约国允许前述装运物资自由通过以运往冲突的敌方所占领的区域时，有权检查这种装运物资，规定其依指定时间与路线通过，并通过保护国查明这种装运物资是为救济待救的居民所用，而非为占领国的利益所用。（第59条）（5）占领国无论如何不得将救济的装运物资移作他用，但在紧急需要情形中为占领地居民的利益并征得保护国同意的，则为例外。（第60条）

中国对第4公约第11条的保留涉及中立："拘留被保护人的国家请求中立国或人道主义组织担任应由保护国执行的任务时，除非得到被保护人本国政府的同意，中华人民共和国将不承认此种请求为合法。"

（五）日内瓦四公约第1议定书主要规定：（1）"保护国"是指经冲突一方提名和敌方接受并同意行使各公约和本议定书赋予保护国的职务的中立国家或其他非冲突一方的国家。（第2条第3款）（2）冲突各方有义务自该冲突开始发生时起按照下列各款适用保护国制度，其中除其他事项外，包括保护国的指定和接受，以保证各公约和本议定书的监督和执行。保护国应负保障冲突各方利益的责任。自《联合国宪章》所指的武装冲突发生时起,冲突每一方应立即为了适用各公约和本议定书的目的而指定一个保护国,并立即为了同样目的而准许在敌方指定后予以接受的保护国进行活动。(第 5 条第 1、第 2 款)(3)中立国家和其他非冲突各方的国家应对在其领土内收留或拘禁的受本议定书规定保护的人,或对其所发现的冲突各方的任何死者,适用本议定书的有关规定。(第 19 条)(4)除有事先协议外,医务飞机不应在中立国家或其他非冲突一方的国家领土上空飞行,或在该领土内降落。但在有事先协议的情形下,医务飞机在其全部飞行中以及在该领土内任何停留期间,均应受到尊重。然而该医务飞机仍应服从着陆或在适当情况下降落水面的任何命令。(第 31 条第 1 款)(5)经冲突一方同意并在该方控制下在该方领土内执行民防任务的中立国家或非冲突各方的国家的平民民防组织的活动应尽速通知任何有关敌方。在任何情况下,这种活动均不应被视为对冲突的干涉。但进行这种活动应适当考虑有关冲突各方的安全利益。在被占领领土内,占领国只有在其能依靠自身人力物力或被占领领土的人力物力保证充分执行民防任务的条件下,才得拒绝或限制中立国家或非冲突各方的国家的平民民防组织的活动。(第 64 条第 1、第 3 款)(6)冲突各方应在其权力内给予红十字国际委员会一切便利,使该委员会有可能执行各公约和本议定书所赋予的人道主义职务,以便保证对冲突受难者的保护和援助;红十字国际委员会还可以进行任何有利于这类受难者的其他人道主义活动,但须得到有关冲突各方的同意。缔约各方和冲突各方应尽一切可能,使各公约和本议定书所指的经冲突各方正式核准并按照各公约和本议定书的规定进行人道主义活动的其他人道主义组织获得依红十字基本原则进行有利于武装冲突受难者的人道主义活动所需的便利。(第 81 条第 1、第 4 款)

八、1936 年伦敦议定书

1930 年 4 月 22 日《限制和裁减海军军备条约》(伦敦条约)的第 4 部

分,规定了潜艇对商船作战的两条重要规则,其中主要是与人道主义有关的规则。这个条约于1936年12月31日终止,但在1936年11月6日,50个国家签署了关于该条约第4部分的议定书——《1930年4月22日伦敦条约第4部分关于潜艇作战规则议定书》(伦敦议定书),使上述规则继续有效,并且不受时间限制。这两条规则是:(一)潜艇在对商船作战中,必须遵守水面舰艇所应遵守的国际法规则。(二)特别指出,除非接到正式通告仍拒绝停驶或主动抗拒临检和搜查,任何军舰无论是水面舰艇还是潜艇,在把乘客、船员和船舶文书安置于安全场所之前,不得将商船击沉或使其丧失航行能力。就此而言,船舶所载小艇不能算作安全场所,除非在当时海情和气候条件下,由于接近陆地,或者另一船舶同意上述人员登船而使乘客和船员的安全获得保障。

第 十 章

中立国允许交战国利用领土的限制

交战国出于战争或其他需要,有时要利用中立国的领土,大体有三种情况:一是通过中立国领土,二是受中立国领土庇护,三是在中立国领土上从事某种活动。根据中立规则,中立国允许交战国利用其领土,是要受到限制甚至禁止的。此类规则的基本依据是中立国领土主权的不可侵犯性,由此产生中立国与交战国之间的相应权利和义务。但是,中立国领土主权的不可侵犯性即使在平时也是存在的,如果战时与平时没有什么区别的话,那么此类规则就不能被认为是中立特有的规则。不过,情况并不是这样。在平时,中立国并不对任何国家负有不得允许交战国利用其领土的义务,中立国可以以条约或其他方式允许交战国(当然在平时就不能称它们为战时中立国和交战国了)利用其领土;而在战时,中立国即使在战前与交战国签有上述条约也不能这样做,否则就违反了中立国的义务,将对另一方交战国承担责任。以下对这三种情况进行分析。

第一节 领土通过

中立规则关于交战国通过中立国领土的问题确立了一项总的原则：
"禁止交战国的部队、装载军火或军需品的运输队通过中立国领土。"❶同
时又规定了两个例外，一是交战国伤病员可以通过中立国领土；二是交战
国军舰可以通过中立国领水甚至入港。当然，对于这两种例外都规定了
许多限制。

一、禁止军队以及军火和军需品运输队通过

格劳秀斯在《战争与和平法》中没有禁止交战国通过中立国领土，也
没有确立中立国阻止交战国通过其领土的义务，而是认为"假如中立国
没有正当理由拒绝交战国通行，交战国有权强行通过中立国领土。"❷到
19 世纪上半叶，情况仍然是这样。1813 年，奥地利军队不顾瑞士政府的抗
议，通过了瑞士领土。1815 年，由于拿破仑从厄尔巴岛逃回法国而战争再
度爆发时，瑞士曾允许同盟国军队通过其领土。1815 年 11 月 20 日在巴黎
签订的关于瑞士中立化的文件中明文宣布："不能也不应根据同盟国军队
通过瑞士邦联一部分的事实，而作出对瑞士的中立和不可侵犯性不利的推
论。"到 19 世纪下半叶，国际实践对这个问题发生了争执，中立国普遍不允
许交战国军队和军火、军需品运输队通过其领土。至海牙会议，上述规则
被确定下来。此后，这一规则得到国际社会的普遍承认和基本遵循。

这一规则有一个重要的"注解"，就是："中立国没有义务阻止为交战
国一方或另一方输出或运输武器、弹药以及一般对军队或舰队有用的任

---

❶ 海牙第 5 公约第 2 条。
❷ 转引自[法]夏尔·卢梭：《武装冲突法》，张凝等译，中国对外翻译出版公司 1987 年
版，第 303 页。

何物品。"❶学者对于这个规定的解释是："作为商品发送的、私人的弹药运送,根本不在禁止之列。"❷也就是说,交战国政府组成运输队通过中立国领土运送军火和军需品,中立国有义务予以阻止,但是由私人,比如公司或公民个人,来运送这些东西,中立国就没有义务阻止。❸ 这一规定显然暗含着中立国有禁止私人为交战国运送军火和军需品的权力。这样,《海牙公约》又进一步规定:如果中立国禁止私人为交战国运送军火和军需品,这种"限制或禁止措施应对交战双方公正不偏地予以适用。"❹1928年哈瓦那《海上中立公约》对此增加了一点内容:"如果两个美洲国家发生战争,当交战国之一是四面不靠海的国家因而没有其他取得供应的办法时,缔约国应当允许战争物资过境,但以这种过境不危及被请求通过的国家的重大利益为条件。"❺

二、伤病员通过的限制

出于人道主义的考虑,中立规则规定中立国可以准许交战国伤病员通过其领土,但有一些限制条件。即:"中立国可准许各交战国军队的伤病员通过其领土,但输送伤病员的火车不得运载战斗人员和军用物资。在此情况下,中立国须为此采取必要的安全和监督措施。"❻也就是说,中立国在允许交战国伤病员通过其领土时,不得允许交战国的战斗人员和战争物资随伤病员一起通过其领土。但是,这一规则在发挥人道主义作用的同时,也可能给交战国带来军事上的利益,即,交战国可能由于通过中立国运送伤病员,就可以利用本来不得不运送伤病员的交通线来运送

---

❶　海牙第 5 公约第 7 条。

❷　[奥]阿·菲德罗斯等:《国际法》,李浩培译,商务印书馆 1981 年版,第 574 页。

❸　二战期间,瑞典和德国于 1940 年 7 月 8 日缔结协定,瑞典允许德国军事物资经过其领土运往挪威,英国提出抗议。瑞典政府解释认为,海牙第 5 公约第 2 条所称"运输队"一词应作狭义解释,仅指政府的"运输队"。

❹　海牙第 5 公约第 9 条。

❺　《哈瓦那公约》第 22 条。见张召忠编著:《海战法概论》,解放军出版社 1995 年版,第533 页。

❻　海牙第 5 公约第 14 条。

军队和战争物资,从而带来间接的军事利益。为此,《海牙公约》没有把允许伤病员通过其领土作为中立国的义务,而是作为中立国自由决定的权利。1870 年,色当和梅斯战役之后,德国请求比利时和卢森堡允许德国伤员经该两国领土回国,当时法国提出了抗议,认为由此而使德国交通线减轻负担,是对德军军事行动的援助。比利时因此而没有允许德国伤员过境,而卢森堡则允许了。伴随这一规则产生了交战国伤病员在通过中立国领土时带进敌国伤病员的问题。中立规则规定:交战国在通过中立国领土运送伤病员时,"带进中立国的敌国伤病员应由中立国予以看管,并使他们不得重新参加作战行动,中立国对委托给它的交战国军队的伤病员也负有同样义务。"❶这一规则使中立国有义务扣留交战国带进其境内的敌国伤病员以及交战国委托给它的伤病员,由中立国政府加以看守,即使伤病痊愈后也必须阻止其回国参战。

三、军舰通过的条件

由于海洋具有国际通道的性质,因而中立规则规定中立国可以允许交战国军舰通过其领水和进入其港口,这是与陆地领土的通过不同的。《海牙公约》甚至为交战国军舰通过中立国领水和进入其港口提供了适当便利。如:"中立国得允许交战国军舰雇用其业经注册的引港员。"❷除了领水内的国际性水域以外,就像伤病员的通过一样,中立国对于是否允许交战国军舰通过其领水和进入其港口,拥有自由决定的权利。"中立国没有义务阻止交战国任何一方载运武器、弹药以及一般为陆、海军所需的物资出口或过境。"❸"一个国家的中立不因交战国军舰及其捕获品的单纯通过而受破坏。"❹

但是,交战国军舰通过中立国领水同样是有限制的,并且,只要中立国准许交战国军舰进入其领水或港口,就有义务实施这些限制。这些限

---

❶ 海牙第 5 公约第 14 条第 2 款。
❷ 海牙第 13 公约第 11 条。
❸ 海牙第 13 公约第 7 条。
❹ 海牙第 13 公约第 10 条。

制的总原则是:"禁止交战国将中立国港口和领水作为攻击敌国的海战基地"。❶"交战国军舰在中立国领水内的任何敌对行动,包括捕获和行使搜索权在内,均属侵犯中立,应严加禁止。"❷具体来说,如果交战国在中立国领水内作了被禁止的行为,中立国就应当采取自己所拥有的一切手段制止这些行为。比如,如果交战国在中立国领水内行使了捕获权,中立国应使用一切手段将被捕获船舶的船员释放,并拘留捕获船上的人员。❸为了防止交战国做上述违反中立的行为,中立国有义务采取一些预防性措施,这些措施的特点是使交战国军舰与敌国军舰和商船产生隔离,不使交战国军舰因利用中立国领水和港口而获得军事上的便利。这些措施包括:交战国军舰在中立国领水或港口内停留的时间一般不得超过 24 小时;同一交战国在中立国同一港口停泊的军舰不得超过 3 艘;敌对双方的军舰同时在中立国同一港口时,驶离时间至少应相隔 24 小时;交战国军舰在中立国港口只能进行对航行安全绝对必要限度内的修理,不得利用中立国领水和港口补充和增加船员、武器或军需品,增添燃料以能够到达其本国最近的港口为限度;曾在一个中立国港口装载燃料的交战国军舰,3 个月内不得在同一港口补充燃料;除非因失去航行能力、气候恶劣或缺乏燃料与粮食,不得将被捕获船只带进中立国港口;等等。

四、军舰对国际性水域的通过和海洋法公约关于中立的发展

根据海牙第 13 公约的规定,中立国没有义务阻止交战国军舰通过其领水,只有义务对交战各方公平地适用进入其领水、港口或锚地的条件、限制或禁令。❹但是,中立国也没有义务必须让交战国军舰通过其领水。然而,中立国对于其领水内的国际性水域,情况就不一样了。这个问题在《海牙公约》中没有明确,而是后来国际常设法院的有关判决和《联合国

---

❶　海牙第 13 公约第 5 条。
❷　海牙第 13 公约第 2 条。
❸　海牙第 13 公约第 3 条。
❹　海牙第 13 公约第 9 条和第 10 条。

海洋法公约》才最终加以明确的。在这一点上,联合国海洋法公约对中立法有重要的发展。❶

　　国际常设法院对"温勃登号案"的判决是对上述问题最具影响的国际判例。1919年《凡尔赛和约》第380条规定,德国的基尔运河应当向所有与德国保持和平状态的国家的商船和军舰开放。1921年3月,德国以其在俄波战争中中立为由,拒绝为波兰海军运送军需品(战时禁制品)的英国船"温勃登号"通过基尔运河。国际常设法院对"温勃登号案"的判决指出,德国的中立法只是德国的单方行为,其效力无论如何不能优于《凡尔赛和约》的规定。只有对与德国交战的国家的船舶,德国才有权拒绝其通过基尔运河。法院引证了苏伊士运河和巴拿马运河的先例,指出无论交战国军舰还是交战国或中立国运载战时禁制品的商船通过国际水道,都不能认为与沿岸国的中立地位不相容。法院指出:"当一个连接两面公海的人工水道已被永久供全世界之用时,这种水道就视同天然海峡,就是说,即使交战国的军舰通过,也不损及该水道所属的主权国家的中立地位。"❷这个判例表明,中立国领水中的水道如果被国际条约确立为国际水道,中立国在条约范围内就有义务允许交战国军舰和运载禁制品的其他船只通过。

　　但是,上述判决仍然没有解决,对于那些"两端连接公海"的"用于国际航行的海峡",中立国是否有义务让交战国军舰通过。❸ 受国际常设法

---

　　❶ 联合国新闻部指出:"《公约》虽然主要是为反映和平时期的海洋法而设计的,但已影响到海上战争法,特别是有关中立的规则。领海的确定以及应用于无害、过境和群岛海道通行的确切规则的制定,已为澄清中立国和交战部队的权利和责任作出了贡献。这些规则在最近的冲突、特别是海湾战争的背景中,已显示出一定程度的重要性。"《联合国纪事》1995年第1期,第12页。

　　❷ 赵建文:《联合国海洋法公约对中立法的发展》,《法学研究》第19卷第4期(总第111期),第119页。

　　❸ [英]詹宁斯、瓦茨修订:《奥本海国际法》(1955年第8版)下卷第2分册,王铁崖等译,商务印书馆1973年版,第182页:"关于交战国军舰通过由中立国领水构成的天然海峡的问题是有些疑问的。必须区别这个问题的两方面:(一)交战国是否有权要求让其军舰通过?对于这个问题,本书作者的答案似乎会是肯定的,如果海峡是连接两个公海而构成国际交通大道的一部分的话;对其他海峡,则是否定的。(二)中立的沿岸国能否准许一个交战国的军舰通过而不损及其中立地位?对这个问题的答案似乎是肯定的,如果海峡是连接两个公海的,而且对某一战争中的所有交战国一视同仁的话。"

院对"温勃登号案"判决的影响,1958 年《领海与毗连区公约》第 16 条第 4 款规定:"在用于公海一部分和另一部分或另一外国领海之间国际航行的海峡中,不应停止外国船舶的无害通过。"但这一规定对于军用船舶是否享有"不应停止"的无害通过权,各国的解释是有分歧的。

这一分歧在联合国海洋法会议上继续引起争论。在争论所涉及的世界上 116 个海峡中,大部分没有专门国际条约规定其通过制度,这些海峡在领海宽度扩展到 12 海里以后,中间不再有可以自由航行和飞越的公海水域。美、苏两个超级大国出于其战略利益,绝力主张这类海峡的自由航行,其他不少国家鉴于这类海峡重要的经济和社会意义也持相同主张;大部分海峡沿岸国出于自身的主权和安全考虑,主张这类海峡如同一般领海一样,适用无害通过制度。这样,"作为海峡国和其他国家之间利益均衡的产物,一种新的制度——过境通行制度应运而生了。"❶1974 年 7 月,英国为了调和美苏与海峡沿岸国的分歧,提出了"过境通行制"。以英国的提案为基础,《联合国海洋法公约》把 116 个连接公海或专属经济区的海峡分为两类,一类是"由海峡沿岸国的一个岛屿和该国大陆形成,而且该岛向海一面有在航行和水文特征方面同样方便的一条穿过公海,或穿过专属经济区的航道"的海峡,这类海峡仍适用无害通过制;❷另一类就是除上述海峡以外的海峡,这类海峡适用"过境通行制","过境通行不应受阻碍"。❸ 这类海峡共有 31 个,❹其中已经有现行有效的专门国际公约规定其通行制度的,不受海洋法公约的影响。❺ 特别要强调的是:过境通

---

❶　黄解放:《海洋法公约对海洋上空法律制度的影响》,《中国国际法年刊》(1985)第 143 页。

❷　《联合国海洋法公约》第 36 条。

❸　《联合国海洋法公约》第 38 条第 1 款。

❹　这 31 个海峡是:位于亚洲的朝鲜海峡、津轻海峡、马六甲海峡、新加坡海峡、苏里高海峡、圣贝纳迪诺海峡、巽他海峡、龙目海峡、保克海峡、霍尔木兹海峡、曼德海峡;位于非洲的桑给巴尔海峡;位于拉丁美洲的多米尼加海峡、圣卢西亚海峡、麦哲伦海峡;位于欧洲的多佛尔海峡、达达尼尔海峡、博斯普鲁斯海峡、直布罗陀海峡、梅诺卡海峡、北海海峡、博尼法乔海峡、墨西拿海峡、卡尔帕梭斯海峡、基西拉海峡、松德海峡、大贝尔特海峡、小贝尔特海峡;位于北美的胡安—德富卡海峡;位于大洋洲的库克海峡、福沃海峡。

❺　《联合国海洋法公约》第 35 条第 3 款。

行权不仅限于这类海峡的航行,而且扩展到群岛海道的航行,❶以及在上述海峡和群岛海道上空的飞行。不仅如此,在实行过境通行制度的领海内航行的外国潜水艇和其他潜水器,也不需要像在一般领海内那样在海面上航行并展示其旗帜,就是说,可以在水下航行。❷

上述"过境通行权"的实质是使重要的用于国际航行的海峡和群岛海道永久中立化,这种中立是与苏伊士运河、巴拿马运河的永久中立相似的。即使在战争或武装冲突期间,海峡沿岸国和群岛国也不得以中立为由,拒绝外国船舶和飞机(包括军用船舶和飞机)通过上述用于国际航行的海峡和群岛海道。❸ 这种中立化的深一层次的国际法的依据是什么?有的学者认为是"积极的国际地役"。❹ 但也有学者不赞成国际地役的概念。斯塔克认为:"如果说'地役权'一词是不适当的,或者说在法律上是不确切的,那么仍然应该有某种合适的措辞来概括近年来准许外国陆、海、空军进驻其军事基地的协议,以及建立卫星、空间飞行器与导弹等追踪站的权利。用'领土方便'一词来概括大概更贴切些。"❺过境通行权所形成的中立化已经在现代战争或武装冲突中产生了效果。在 1991 年海湾战争中,多国部队的 45 万人员、1420 辆坦克、181 艘舰艇(含 7 艘航空母舰)、1178 架战斗机,以及大批战争物资,通过霍尔木兹海峡进入海湾地区,伊朗和阿曼没有提出异议。因此,用于国际航行的海峡和群岛海道的中立化可能实际上避免了某些争端。但是,军舰通过用于国际航行的海峡和群岛海道并不是无条件的。《海洋法公约》第 39 条第 1 款规定:

---

❶ 《联合国海洋法公约》第 53、54 条。

❷ 魏敏:《海洋法》,法律出版社 1997 年版,第 110 页。

❸ 赵建文:《联合国海洋法公约对中立法的发展》,《法学研究》第 19 卷第 4 期(总第 111 期),第 125 页。

❹ [美]黑尔布鲁纳(Kay Haibronner):《空间自由与海洋法公约》(Freedom of the Air and the Convention of the Law of the Sea),《美国国际法年刊》1983 年第 3 期,第 499 页:"积极的国家地役权的实质是:一个国家可以在外国领土上实行少数领土权利,而负担必须予以容许。原则上,这样的权利只是基于条约而产生。只有和平通过外国领海权是基于一般国际法而存在的。"

❺ [英]斯塔克:《国际法导论》,朱奇武等译,法律出版社 1984 年版,第 196 页。

"船舶和飞机在行使过境通行权时应：(a)毫不迟延地通过或飞越海峡；(b)不对海峡沿岸国的主权、领土完整或政治独立进行任何武力威胁或使用武力，或以任何其他违反《联合国宪章》所体现的国际法原则的方式进行武力威胁或使用武力；(c)除因不可抗力或遇难而有必要外，不从事其继续不停和迅速过境的通常方式所附带发生的活动以外的任何活动；(d)遵守本部分的其他有关规定。"此外，在沿岸国主权、领土完整或政治独立受到武力威胁或攻击的情况下，沿岸国固有的自卫权当然不受过境通行权的影响。

第二节　领土庇护

庇护是中立国因其领土主权而对交战国的人和物所产生的保护作用。任何交战国无权对中立国给予敌国庇护本身提出异议，因为庇护是中立国的权利；同时，交战国对于中立国的庇护也没有要求的权利，因为庇护本身不是中立国的义务。但是，中立国的庇护必须公正不偏地给予交战国双方，并且不使这种庇护为敌国的军事利益服务，这则是中立国的义务。所以，对于庇护权，真正要分析的，不在于中立国是否享有这种权利，而在于中立国在行使这种权利时受什么样的限制，或者说承担什么样的义务。

庇护因发生在陆上和发生在海上而有所不同，因而分为陆上庇护和海上庇护。

一、陆上庇护

中立国的陆地领土对于在其上的交战国的任何人和物都有庇护的权利，同时，中立国给予交战国部队、军人、战俘和战争物资的庇护，也要受到一定的限制，也即承担一定的义务。

（一）交战国部队进入中立国陆地领土。交战国部队有时由于避免被俘等原因而进入中立国境内，中立国有权不准他们入境，但也有权允许其入境，从而给予庇护。中立国在给予这种庇护的同时，根据中立法需要承担一定的义务，那就是解除受庇护部队的武装，并加以看管，使这些部队在这次战争期间不再对敌国进行军事行动。❶ 这一规定中有一个颇为有趣的内容，即：受庇护部队的军官如果宣誓保证，在未经中立国批准的情况下不离开中立国，那么中立国可以给他行动自由。这一优惠政策并不给予士兵，除了给予军官高看一眼的尊重以外，似乎找不出别的什么理由。

中立国庇护交战国部队是要消耗金钱的，可能是为了鼓励中立国行使庇护权，以达到人道主义的目的，海牙第 5 公约作了比较周到的考虑，规定：因看管交战国部队而耗费的费用，在缔结和平时，予以偿还。❷ 但是这一规定并没有明确由谁来偿还，是由战败国、被庇护部队所属国、被庇护部队本身，还是由他们分摊？关于这个问题，有一些实践可以参照。1871 年 2 月，法德战争期间，瑞士给予法国一支 8 万多人、1 万匹马的部队以庇护，战争结束后，法国付给瑞士 1100 万法郎，偿还其庇护的费用。看来庇护费用是由被庇护部队所属国偿还，但略有所疑的是，当时法国也是一个战败国，如果它是一个战胜国的话，不知会如何处理。不过，也可以作这样的推论，如果是战胜国的话，它可以从战争赔款中支付；如果战争打了个平手，不大可能由交战双方平摊这一费用，所以还是应该由被庇护部队所属国偿还。根据这样的推论，可以得出这样的结论，庇护费用原则上应当由被庇护部队所属国偿还。

（二）交战国个别军人进入中立国陆地领土。对于交战国个别军人进入中立国，中立国承担什么义务，《海牙公约》没有具体规定。有些学者对此阐发了个人观点，认为应当区分为三种情况：一是对个别的避难军

---

❶ 海牙第 5 公约第 11 条。
❷ 海牙第 5 公约第 12 条第 2 款。

人,学者认为如果中立国发现了他们,那么就同组成部队的军人同样对待;如果没有发现,他们偷偷进入中立国领土,后来又偷偷返回他们的部队,中立国对此并不负责。二是对逃兵,学者认为,对于纯属逃跑的军人,即使他们形成团体进入中立国境内,中立国也没有义务看管他们。三是对叛变军人,学者认为,参照海牙第 5 公约关于"中立国对某些个人独自越境为交战国一方效力的事实不负责任"❶的规定,中立国对于交战国个别军人因叛变而进入中立国陆地领土的行为可以不管,但是对形成团体的叛变军人进入中立国陆地领土的行为不能不管,必须解除其武装,并加以看管。❷ 笔者认为,对于进入中立国的个别军人,究竟是避难、是脱逃,还是叛变,中立国并不容易辨别,实际上,要求中立国承担辨认的义务,既没有法律依据,也不合理。所以,中立国对于进入本国陆地领土的个别交战国军人,应当一视同仁,也就是一律按照海牙第 5 公约关于"中立国对某些个人独自越境为交战国一方效力的事实不负责任"的规定所体现的原则精神加以对待,一旦发现这些个别军人,只是解除他们的武装,而不限制他们的自由,他们可以选择离开中立国,也可以选择留在中立国;如果作后一种选择,中立国可将其作为难民对待。

（三）交战国战俘进入中立国陆地领土。海牙第 5 公约对于中立国对交战国战俘的庇护规定得比较确定。分为两种情况,一是,对于从交战国脱逃的战俘,以及对于随着避入中立国的交战国部队带进中立国的战俘,海牙第 5 公约第 13 条规定:"中立国应给其所收容的脱逃的战俘以自由。中立国如允许他们在其领土内,可以为他们指定居住的地点。在中立国领土内避难的部队所带来的战俘,适用于本规定。"二是,对于交战国通过中立国运送伤病员时带入的战俘,根据海牙第 5 公约第 14 条的规定,中立国有义务对这些战俘进行看管,使他们不再重新参加军事行动,直至战争或者武装冲突结束。

---

❶　海牙第 5 公约第 6 条。

❷　[英]劳特派特修订:《奥本海国际法》(1955 年第 8 版)下卷第 2 分册,王铁崖、陈体强译,商务印书馆 1973 年版,第 204 页。

（四）交战国战争物资进入中立国陆地。对于因各种原因进入中立国的交战国战争物资，学者普遍认为，中立国可以给予庇护，也可以不给予庇护；如果给予庇护，那就必须扣留到战争结束。

（五）交战国军用飞机进入中立国陆地及其上空。这里应当提及1922年《空战规则草案》，这个草案是由法学家委员会起草的，并没有通过为国际公约，但其中许多规则都得到交战国的普遍认可，因而应当引起注意。关于交战国飞机以及机上人员进入中立国领土，草案作了如下规定："禁止交战国军用航空器进入中立国的管辖区。""中立国政府必须采取一切方法防止交战国军事航空器进入其管辖区，如果该航空器已经进入，应强迫其降落。""中立国政府应采取一切方法拘留因任何原因在降落后仍在其管辖区内的交战国航空器，以及其机组人员和乘客（如果有的话）。""已丧失战斗力的交战国军事航空器上的人员，如被中立国军事航空器在中立国水域外援救和带入中立国管辖区内并在该区降落，应予以扣留。"❶根据这些规定，中立国有义务拒绝交战国军用飞机入境，如果交战国军用飞机已经入境，那就迫使其降落，并将飞机和机上人员扣留至战争结束；对于因其他原因被中立国飞机带入中立国境内的交战国军用飞机上的人员，同样对待。海湾战争期间，伊拉克军用飞机飞入伊朗境内避难，伊朗虽然声明中立，却允许这些飞机避难，而且还在战争尚未结束的情况下，允许这些飞机飞回伊拉克。这一做法显然是与该草案的规定相背离的。也许因为该草案不是国际公约，因而伊朗的做法没有遭到具有国际法效力的责难。

二、海上庇护

中立国的海上领土对交战国的人和物的庇护权利与陆上庇护基本相同，只是对交战国军舰的庇护有所不同。同陆上庇护一样，中立国可以给予交战国军舰以庇护，也可以不给予庇护，从国际实践来看，通常是给予

---

❶　1922年《空战规则草案》第40条、第42条、第43条。

庇护的。中立国给予交战国军舰庇护的特点在于，不能解除它们的武装，也不能把它们扣留到战争结束，反而应给它们提供必要的修理和补给等便利，这是与陆上庇护大不相同的。正因为这样，反过来，就要对于交战国军舰在中立国港口停留的时间和得到的修理、补给，以及在中立国领水内的行动，予以一定的限制，执行这些限制条件，成为中立国的义务。这些限制条件已在上面关于"军舰通过的条件"中提到，这里不再重复叙述。另外，同陆上庇护一样，不论中立国给予还是不给予海上庇护，它都要对交战双方同等对待。

由于对军舰庇护不同于陆上庇护的上述特点，因而军舰在中立国港口内受庇护时享有治外法权，这是一条普遍承认的国际法规则。这一规则可以从军舰平时在外国港口内享有治外法权得到解释。既然交战国军舰在中立国领水内得到短时间的庇护，那么它在平时所享有的治外法权就应该得到保留，否则就同陆上庇护没有区别了。军舰的治外法权是指把军舰作为一个整体来庇护，舰上所发生的一切中立国不予干涉。这样，交战国军舰在中立国领水内不受中立国登临、搜查、拿捕，军舰上的敌国战俘，只要他们没有被带到岸上，中立国就不能将他们释放。但是，交战国军舰在中立国领水内必须遵守中立国关于航行、停泊、修理、补给的各种法令，这些不属于治外法权的范围。如果交战国军舰在中立国要求它离开其港口时不肯离开，情况就将发生变化。根据海牙第13公约第24条规定，中立国有权采取必要措施，使该舰在战争期间不能出海，也就是将该军舰扣留。一旦这样做，那么军舰即被解除武装，失去了军舰的性质，它的治外法权也就丧失了。这样，船上的军官、船员、敌国战俘就将完全由中立国处理。处理的方法与陆上庇护相似：可以将他们扣留在船上，也可以扣留于别处，一直扣留到战争结束。不过，船上的军官如果保证在战争期间未经中立国许可决不离开中立国，他们可以获得自由，而士兵和其他船员以及战俘则没有这样的优惠待遇。

海上庇护的其他方面与陆上庇护基本相同，不过，还是有几个情况需要说明：

一是,中立国军舰如同领土一样拥有庇护权。海牙第 10 公约第 13 条规定:"如伤者、病者或遇船难者被中立国军舰所收容,则应采取一切防范措施,务使他们不致重新参加作战。"这一规定表明,中立国军舰有权庇护交战国的伤者、病者和遇船难者,但也像陆上庇护一样,有义务将他们扣留到战争结束。

二是,交战国军舰带到中立国港口的敌国伤病者、遇船难者,离开军舰上岸后,如同陆上交战国部队带入中立国的战俘一样,中立国应当加以看管,防止他们重新参战。中立国由此造成的费用由伤病者、遇船难者所属国负担。❶

三是,对于因其他原因进入中立国领土的交战国军队的伤者、病者和遇船难者,比如:中立国商船救起交战国的伤病者或遇船难者,尔后带回中立国,或者遇船难的交战国军人漂游到中立国海岸,由于海牙第 10 公约第 15 条仅指中立国军舰救起后带回的伤病者和遇船者应扣留到战争结束,因而对其他情况,中立国就没有义务将他们扣留到战争结束。这种情况与陆上庇护无可类比,也没有专门规定,因而应当作有利于中立国以及伤病者、遇船难者的推论。

四是,被敌国军舰在中立国领水内非法击沉的交战国军舰的人员,不论他们是怎样到达中立国海岸的,中立国都没有义务将他们扣留。因为,击沉该军舰的行为是非法的,不能使非法者获益。

五是,对潜艇不予庇护,似乎已经成为习惯规则,但对此尚未形成实定法规则。1916 年 8 月,协约国向各中立国提议,对于交战国的潜艇一律不予庇护。理由是:(一)潜艇可以在海底潜航和潜伏,因而可以逃避监管;(二)潜艇难以识别,无法确定它们是中立的还是交战的、战斗的还是非战斗的;(三)给潜艇提供休息和补充,就会增加潜艇的力量,使中立国领水事实上成了潜艇的作战基地。但是对协约国这项提议没有达成任何协议,中立国的做法各不相同。美国准许德国潜艇进入其港口;而挪威

---

❶ 海牙第 10 公约第 15 条。

却于 1916 年 10 月 13 日颁布命令,禁止一切交战国潜艇进入其领水,除非遇有不可抗力。瑞典、荷兰、西班牙都采取了与挪威类似的做法。二战前夕,中立国普遍采取了不准潜艇进入领水的做法。1939 年 11 月 4 日,美国总统发表公告,交战国潜艇除非因不可抗力并且遵守出入港口均在水面航行的条件外,进入美国港口或领水均为非法。

六是,交战国军舰运到中立国海岸避难的战争物资、被海水冲到中立国海岸的战争物资、由中立国军舰从海上捞救起来的战争物资,比照陆上庇护的做法,中立国有义务扣留至战争结束。但中立国商船从公海上捞救起来并带回中立国的战争物资,无从比照,应作有利于中立国的推论,也就是说,中立国没有义务将其扣留。

第三节　在中立国领土上的战争活动

现行中立规则确立了这样的原则:中立国不但依其领土主权有权禁止任何交战国利用其领土进行战争活动,而且有义务禁止这样的活动。具体来说,表现在以下方面:

第一,不得允许交战国占领中立国领土

交战国为了与敌国作战的需要而占领中立国的一部分或全部领土,哪怕根据战前订立的条约这样做,也是违反国际法的。如果交战一方占领了中立国领土,该中立国无力制止占领其领土的交战国的违法行为,那么,交战的另一方就有权在该中立国领土上采取军事行动。这一结论得到学者的肯定和国际实践的认可。不过,一旦交战一方占领中立国领土的情况消失,交战另一方就应撤离中立国领土,而不能继续在中立国领土上停留和活动。

第二,禁止交战国在中立国领土上设立征兵机构

海牙第 5 公约第 4 条规定:"不得在中立国领土内组织战斗部队和开

设征兵事务所,以援助交战国。"历史上,中立国对这个问题的做法不一致。瑞士一直奉行中立,但它向各交战国提供兵员的做法延续了几百年。当时认为只要不限制向某一方交战国提供军队,就不违反中立。而美国独立后奉行中立政策,则下令禁止在美国领土上为交战国招募军队。这一做法在 19 世纪逐渐得到各国的承认和仿效。

第三,禁止交战国在中立国领土上建立捕获法院

正如一个国家不能允许其他国家在其领土上设立普通法院一样,交战国在中立国领土上设立捕获法院完全没有国际法上的依据,即使双方订立协议这样做也是违反国际法的。因此,海牙第 13 公约第 4 条规定:"交战国不得在中立国领土内或在中立国领水内的船舶上设立任何捕获法庭。"这一规则同样起始于 1793 年美国的实践,并在 19 世纪得到中立国的普遍承认和仿效。

第四,禁止交战国在中立国领土上设立和使用通讯装置

海牙第 5 公约第 3 条规定:"禁止交战国:(一)在中立国领土上设立无线电台或与交战国陆、海军联系的任何通讯装置;(二)利用战前交战国在中立国领土上设立的纯为军事目的、并且还没有公开为公众通讯服务的任何此类设施。"根据这一规定,对于交战国在中立国领土上新设的,或形同新设的用于军事目的的通讯装置,中立国都有义务予以禁止。不过,从这一规定理解,如果不是新设的,而是战前已经设立的,并且已经用于民用的通讯装置,即使交战国利用于军事目的,中立国也没有禁止的义务。

第五,禁止交战国将捕获品带进中立国港口

海牙第 13 公约第 21 条和第 22 条规定:除非由于失去航行能力、气候恶劣或缺乏燃料和粮食,否则交战国不能把被捕获的船只带进中立国港口。即使没有军舰押解,而是由交战国的押解员在被捕获的船上押解,也是一样。如果交战国不顾这一规定,而将被捕获的船只带进中立国港口,中立国应当将被捕获的船只以及船上的人和货释放,并拘留交战国派在被捕获船上的押解人员。如果交战国由于被捕获船舶失去航行能力、

气候恶劣、缺乏燃料和粮食的原因而将被捕获船只带进中立国港口，一旦这些原因消失，被捕获船只就必须立即离开。如不离开，中立国应当下达要求其离开的命令，如果不遵守该命令，中立国应当将被捕获船只以及船上的人和货释放，并拘留交战国派在被捕获船上的押解员。

对于海牙第 13 公约第 23 条的规定，各国有不同看法。该条规定：如果被捕获船只进入中立国港口是为了等待捕获法院的判决，中立国应当允许该船进入其港口，以及移往别的港口。这一规定实际上使该公约第 21 条和第 22 条的规定形同虚设。因此，英国、日本、暹罗（今泰国）和美国都对这一条提出了保留。笔者认为，尽管从逻辑上推论，海牙第 13 公约第 23 条的规定确实存在削弱该公约第 21 条和第 22 条法律效果的问题，但是，对于接受这一规定的国家，这一规定仍然是有效的；对于通过保留的方式不接受这一规定的国家，这一规定不予适用。而在接受和不接受这一规定的国家之间，适用对等原则，也就是说，即使对于接受这一规定的国家，当他们面对不接受这一规定的国家时，将不适用这一规定。

第十一章

中立国对交战国援助的限制

在和平时期，一个国家对另一个国家的援助是无可厚非的。但是在战时，中立国对交战国的援助就将受到一定的限制或禁止。这种限制或禁止的原则是中立国政府的任何援助不得使交战国获得军事利益。海牙公约的有关规定正是按照这一原则展开的。

第一节　军备援助

中立国不得向交战国提供军队，这在现有的中立公约中没有直接的规定，但是从其他规定的综合效果来看，这一结论是完全可以肯定的。海牙第5公约第6条规定："中立国对某些个人独自越境为交战国一方效力的事实不负责任。"该公约第4条规定："不得在中立国领土内组织战斗部队和开设征兵事务所。"从这些规定可以得出这样的结论:中立国不得允许任何人在其境内组织为交战国服务的战斗部队,也不得开设为交战国征募兵员的机构;对于非个人的,也就是集体的越境为交战国一方效力的行为应当负责任。根据这些规定,中立国在战前派往交战国的军人恐怕应当召回;同时也不能以允许军人辞职后为交战国效力的方式变相向交战国提供军队。

中立国也不得向交战国提供军舰、武器弹药和战争物资,这是有明文规定的。海牙第 13 公约第 6 条规定:"禁止中立国以任何方式将军舰、弹药或任何作战物资,直接或间接供给交战国。"根据这一规定,不论交战国是有偿的还是无偿的,都不能提供;即使中立国在平时已与交战国订有提供这些东西的条约,也同样不能在战时予以提供。这一规定的精神在 1923 年法学家委员会草拟的《空战规则草案》中也有体现。该草案第 44 条规定:"禁止中立国政府以任何直接或间接的方式向交战国提供航空器、航空器部件或航空器所需要的物资、给养或军火。"

但是,上述规定与另一方面的规定之间却不太容易把握。海牙第 5 公约第 7 条规定:"中立国没有义务阻止为交战国一方或另一方输出或运输武器、弹药以及一般对军队或舰队有用的任何物品。"海牙第 13 公约第 7 条也规定:"中立国没有义务阻止交战国任何一方载运武器、弹药以及一般为陆、海军所需的物资出口或过境。"《空战规则草案》第 45 条的规定也与此相同。这样一来,中立国完全可能默许其私人,比如公司,向交战国输出武器和军用物资。事实上,在迄今为止的战争中,许多国家都在这样做着。

第二节　资金援助和财产被征用

一、资金援助

关于中立国政府向交战国提供资金援助是否违反中立法,现有的中立公约中没有直接的规定。但是,学者们在这个问题上的意见基本上是一致的,认为中立国政府不得向交战国提供资金,不管是有偿贷款还是无偿援助,都一样。

但是,中立国没有义务阻止其国民向交战国提供资金,正如没有义务阻止其国民向交战国提供武器和战争物资一样。不过,如果中立国要加以阻止的话,则必须对交战双方同样对待,这是中立的一般原则。

根据海牙第5公约的规定,中立国有没有义务阻止其国民做某种行为,同其国民做这种行为后是否产生敌性,不能混为一谈。中立国没有义务阻止其国民做某种行为,不等于做了这种行为的国民不产生敌性。按照海牙第5公约第17条的规定,中立国国民在两种情况下产生敌性,一是对交战一方采取敌对行为;二是采取有利于交战一方的行为,特别是自愿加入交战一方武装力量。对于这两种情况,中立国都没有阻止的义务。中立国国民一旦产生敌性,那么交战国如同对待敌国公民一样对待这些公民时,不违反中立法。

海牙第5公约第18条规定,在两种情况下,中立国国民的行为不产生敌性,一是向交战一方提供物资或贷款,但提供者或贷款人既不居住于另一方领土,也不居住于另一方所占领的领土,而且所供应的物资也不来自上述领土;二是在警察或者民政方面提供服务。由此产生一个问题:中立国能否允许交战国在其境内向其国民募集借款,比如发行债券? 现行中立公约对此没有规定,但是多数国家的实践是允许的。❶ 不过,如果中立国政府出面号召为交战国募捐,恐怕就是违反中立义务的,除非是为人道主义目的。

---

❶ 1854年,在克里米亚战争中,法国曾抗议俄国在阿姆斯特丹、柏林和汉堡募集借款。1870年,在法德战争中,法国曾在伦敦募集一笔借款。1877年,在俄土战争中,各中立国均未阻止其国民向俄国提供借款。1904年,在日俄战争中,日本曾在伦敦和柏林募集借款,俄国也在巴黎和柏林募集借款。1915年9月,英法在美国募集了一笔借款并且没有遭到反对。但是,1937年至1939年美国国内的中立法令禁止对交战国政府给予借款和商业信贷。

二、财产被征用

除了中立国或其国民主动向交战国提供军备、资金以外,在另外一种情况下可能中立国的财产在客观上给交战国带来军事利益,这就是中立国财产被交战国征用。对这个问题的探讨在很大程度上已经超出中立法的范围,但它与中立法的联系还是无法割断的。从中立法的眼光看,至少要提出这样一个问题:中立国有没有阻止交战国征用其财产的义务? 也就是说,交战国有没有权利征用中立财产,依据是什么? 或者说,中立财产在什么范围内可以被征用?

在中立法上存在着"中立财产征用权"这一概念,是指交战国有征用中立财产的权利,同时有给予补偿的义务;相应地,中立国有默许交战国征用其财产的义务,同时也有要求其给予补偿的权利。学者们对"中立财产征用权"的基础和合理性,有不同的看法,下文将作进一步的阐述和研究。

在 19 世纪以前,中立财产征用权是一个比较宽泛的概念,交战国不但征用中立国的财产,而且征用有关的中立国国民。比如,交战国征用中立国的商船及其船员,强迫这些船舶为中立国运输军队、军火和其他军需品。由于这样做使中立国国民被迫产生敌性,因而引起中立国的反对。因此,到 19 世纪,各国互相缔结条约,使中立财产征用权在实践中近乎被废弃。尽管中立财产被征用的情况时有发生,但是中立财产征用权的合法性没有根据。为此,海牙公约规定了铁路材料被征用和海底电缆被夺取的情况。海牙第 5 公约第 19 条规定:"交战国对于来自中立国领土的铁路材料,无论属于这些国家,抑或属于公司或私人所有,既经认明属实后,除非在绝对必要的情况下和必要的范围内,不得予以征用或利用。这些材料应尽速送回原地。中立国必要时得在同样范围内,扣留和使用来自交战国领土的铁路材料。这一方或另一方均应依照所使用的材料和期限长短,按比例支付赔偿。"这一规定原则上否定交战国对中立国铁路材料的征用权,但同时又承认了交战国在"绝对必要"的情况下可以征用,而且规定,征用必须给予赔偿,这一规定严格限制了征用的范围和条件。除了铁路材料的征用以外,其他中立财产的征用在中立法上没有依据。另外,征用的前提条件是"绝对必要",但是遗憾的是,什么是"绝对必要"并无严格的界定。再者,征用必须赔偿,这被确定为一条原则。海牙第4公约❶第54条规定了类似的内容:"占领地与中立领土相连接的海底电缆除在绝对必要的情况下,不得予以夺取或毁坏。同样,这些海底电缆必须于媾和时予以归还,并且给予补偿。"

尽管海牙公约这样规定,但是国际法学者却从另外一个角度看待这个问题。其原因是两次世界大战的实践中,中立财产被征用的情况大量发生,使人们不得不用新的眼光来分析这个问题。一战期间,1916年至1917年,英国征用了13艘芬兰船,1918年,英国征用了87艘荷兰船。二战前夕,美国国会于1939年通过一项法令,授权美国总统购买、征用、租用或占有任何停留在美国、菲律宾管辖的水域内以及在巴拿马运河区中的外国商船。

奥本海国际法认为,中立财产征用权不是从中立法产生出来的,而是从战争法产生出来的,认为战争法给予交战国以在某种情形下夺取、使用或破坏被占领的敌国领土内居民的私有财产的权利,并且在极端例外的情况下,也给予交战国以夺取、使用或破坏暂时在被占领的敌国领土内、它自己的领土内或公海上的中立国财产的权利。❷ 不过这种解释颇难令人信服。

法国学者夏尔·卢梭则从另一角度解释中立财产征用权存在的依据,他认为这种依据是国家的属地管辖权。❸ 从这一角度来解释中立财产征用权确实要比从现有中立公约中找依据更有说服力。笔者认为,只有以国家的属地管辖权为基础,交战国的"中立财产征用权"才是合理

---

❶ 该公约的名称为《陆战法规和惯例公约》。

❷ 〔英〕劳特派特修订:《奥本海国际法》(1955年第8版)下卷第2分册,王铁崖、陈体强译,商务印书馆1973年版,第239页。

❸ 〔法〕夏尔·卢梭:《武装冲突法》,张凝等译,中国对外翻译出版公司1987年版,第347页。

的。国家的属地管辖权是被国际法所确认的国家的基本权利之一,国家对其领土范围内的一切人、物和事享有完全的和排他的管辖权,除非国际法上另有不允许这样做的理由。从这一角度出发,可以表明中立国征用交战国财产也是合法的,当然也要给予补偿。

从国家属地管辖权出发来分析中立财产征用权,可以认为交战国行使这一权利的地域范围只能在其领土范围内。奥本海由于从"战争法"来解释中立财产征用权,因而得出交战国可以在公海上征用中立国船舶的不正确的结论。而夏尔·卢梭从国家属地管辖权解释,就能够正确地认为交战国只能在其领土范围内行使这一权利。显然,在公海上征用中立国船舶没有任何国际法上的依据,只能是破坏中立的行为。当然,如果这种征用是为人道主义目的,那就是另外一回事了。这里还涉及交战国能否在敌国领土上征用中立财产的问题。按照奥本海的观点,交战国同样可以在敌国领土上行使这一权利,夏尔·卢梭没有明确反对,但也没有给予明确回答。笔者认为,既然从国家属地管辖权来解释中立财产征用权,那么交战国在敌国领土上行使这一权利就没有根据,因为交战国的属地管辖权不能及于敌国。在敌国领土上,中立国除了行使捕获权以外,没有占有、使用中立财产的合法权利。❶

由于两次大战期间中立财产的征用主要是以中立国船舶为对象,因而学者们得出中立财产征用权的对象仅限于船舶的结论,从习惯法上看,这样得出结论未尝不可。如果有新的国际实践产生,再作新的结论也不迟。但从国家属地管辖权考虑,中立财产征用权的对象是有可能扩大到船舶以外的。同时,对征用对象的一项排除也可以从国际实践中确定下来的,那就是不能以中立国国民为征用对象。这一原则已被19世纪和20世纪的实践所证明,也被国际法学者普遍接受。

中立国在其财产被交战国征用后有权向交战国提出赔偿,这是有中立公约和国际实践为依据的。但是,提出赔偿是不是中立国的一项义务

---

❶ 参见本书第十二章有关内容。

呢？如果这项义务不存在，那么中立国完全可能以这种方式给交战国以援助。应该说，这项义务是存在的，尽管实定法的依据并不明确。如果中立财产被征用后，中立国不提出赔偿请求，反而继续允许其财产进入该交战国，那么，认定该中立国援助该交战国从而违反中立就不是没有理由的。

与此相关的还有中立国征用交战国财产的问题。海牙第 5 公约第 19 条规定了中立国可以在同样范围内征用交战国铁路材料。在两次大战中，中立国对交战国船舶的征用同样形成了可以引以为据的实践。因此，从国家属地管辖权出发，中立国同样有权行使"交战财产征用权"。严格说来，中立国征用交战国财产的问题更远地超出了中立法讨论的范围。但至少可以得出的结论是，按照现行中立规则，中立国行使这一权利并不违反中立义务。仅就这一点而言，中立国征用交战国财产，与中立法仍然存在联系。

第三节 服务性援助

中立国除了可能以物的方式对交战国进行援助以外，也可能以服务的方式进行援助。国际法著作通常把这种援助称为"役务"（Service）。在中立法上，中立国为交战国提供的有些役务是合法的，有些则是违反中立的，不合法的，被称为"非中立役务"（Unneutral service），或称"敌性援助"。

在有些情况下，中立国为交战国提供服务性援助是合法的，比如为交战国提供引水员。海牙第 13 公约第 11 条规定："中立国得允许交战国军舰雇用其业经注册的引水员"。这一规定表明中立国为交战国军舰提供引水员是合法的。从这一规定的上下文来看，中立国只能在交战国军舰合法地通过其领水，或合法地进入其领水或港口的情况下，为交战国军舰提供引水员。如果交战国为在公海上航行的交战国军舰提供引水员,那就不符合上述规定。

中立国为交战国进行生产和运输在大多数情况下都是违反中立的。由于中立国为交战国进行生产在生产过程中难以确认,而一旦将产品运往交战国则以"禁运"的方式来处理,因而对于生产问题不再纳入"非中立役务"的范围。另外,中立国为交战国进行陆上运输,通常涉及中立国领土通过问题,也不纳入"非中立役务"的范围。再者,在中立国为交战国提供海上运输时,凡运输对象为货物的,也以"禁运"方式处理,不纳入"非中立役务"范围。因此,"非中立役务"主要涉及中立国为交战国提供以人员和公文为对象的海上运输问题。非中立役务,既不同于运输禁运品,也不是发生在破坏封锁的情况下。

在海牙诸公约中,没有关于"非中立役务"的明文规定。但在实践中,由于交战国交战权的存在,因而交战国把为敌国运输人员和公文的中立国船舶作为敌性船舶看待,则是普遍的。

《伦敦宣言》则对"非中立役务"作了专门的规定。虽然这个宣言没有生效,但已被许多国家承认为习惯法,因而对其规定进行分析是有意义的。宣言第 45 条至第 47 条被列为第三章,标题是"非中立役务"。这部分内容除了包括为交战国运输人员以外,还包括中立国船舶直接参加敌对行动和为敌国传递情报。宣言把非中立役务分为六种情况,其中两种情况作为运载禁运品对待,另有四种情况作为敌国商船对待。

属于前者的两种情况是:(1)运载编入敌方军队的人员,或者运送属于敌方的情报文件;(2)在航行途中船上有一人或数人直接从事帮助敌人的活动。对于这两种情况的船只,交战国可作的处理是:船只没收,并且船主的所有货物同样没收。但是,对这类船舶规定了排除的情况:如果该船的船主、租船人或船长并不知道战争爆发,或者虽然知道战争爆发,但船长没有机会卸下具有敌性的乘客和文件,对于这样的情况,不被认为从事"非中立役务"。

属于后者的四种情况是:(1)直接参加敌对行动的;(2)受敌方政府

派至船上的人员指挥或者控制的;(3)受敌方政府专门雇佣的;(4)专门运送敌国军队或专门为敌国传递情报的。对于这类船只的处理是:船只没收,船主的所有货物也同样没收。

从上面的规定来看,需要作以下分析:

第一,上述前两种情况和后四种情况有轻重之分。前两种情况是从事非中立役务较轻的情况,处理相对温和一些,按照运载禁运品对待。其中所称运载的人员,通常是指编入军队的人员,而不是"军队",这些人员尚未形成有效的战斗力。后四种情况是从事非中立役务较重的情况,所运载的军队应是指形成有效战斗力的部队。对于后四种情况的处理就比较严厉,按照敌国商船也就是敌性船舶对待,不给予排除一定的客观因素的机会。至于前两种情况中的第一种所说的运送情报文件,与后四种情况中的第四种所说的"专为敌国传递情报",也应有轻重之分,但是具体怎样区分,《伦敦宣言》规定得并不明确,实际上给了拿捕国较大的酌定权。笔者认为,后四种情况中的第四种情况所说的"专为敌国传递情报",应该同时具备两个条件:1.该船负责人"明知"是在为交战一方运送情报文件;2.该船的主要目的或者多次为交战一方运送情报文件。而前两种情况中的第一种情况所说的"运送敌方情报文件",不具备这两个条件中的任何一个。

第二,在前两种情况下,认定中立国船舶为敌国从事非中立役务,需要一定的主观要件。仅仅在中立国船上运有敌国人员,并不证明该船是为敌国服务。只有在该船的负责人知道这些人的身份而仍然运载他们,或者该船直接被敌国租用以运载这些人员时,该船才构成非中立役务。如果某人怀有投效敌国军队的秘密意图,购票搭乘中立国船舶前往敌国港口,该船不能被认为是为敌国运载人员。而在后四种情况下,主观要件不需要具备。

第三,中立国船舶只有在所运载的敌国人员实际上已经是敌国军队人员时,才可以被认为从事非中立役务,除非所运载的人员在航程中直接为敌国作战。在前往敌国途中准备加入其武装部队的后备人员,不属于中立国船舶不得运载的敌国人员。关于这个问题,在伦敦宣言以前是不明确的。在伦敦会议上,对"编入敌方军队的人员"如何理解,也曾发生争论,最后占上风的意见是应理解为加入军队编制并服从军队法规和纪律的人员,即事实上已有效地加入其部队,而不是虽然应征但还未加入其部队的人员。❶

第四,虽然上述条款规定,中立国船舶为敌国传递情报构成非中立役务,但在遇到具体情况时,还必须结合中立公约的其他规定来看待。一是,运送往来敌国的邮件不构成非中立役务。海牙第 11 公约❷第 1 条规定:"在海上的中立国或交战国船舶中发现的中立国或敌国的邮件,不论属于官方还是私人,都是不可侵犯的。如船舶遭扣留,则捕获者应尽速将此项邮件寄送出去。"根据这一规定,运送来自或送往敌国的邮件就不能成为认定该船从事非中立役务的理由。二是,运送往来敌国的外交文书不构成非中立役务。中立国船舶携带敌国送致中立国政府和中立国送致敌国政府的公文,或者携带敌国政府发给其驻中立国的外交代表及领事的公文和敌国驻中立国的外交代表及领事发给敌国政府的公文,不构成非中立役务。三是,认定中立国为敌国传递情报,也需要一定的主观要件。中立国船上有敌国发出的和送致敌国的政府公文,并不能证明该船从事非中立役务。只有该船知道这些公文的性质而仍将它们带到船上,才可以被认为从事非中立役务。

第五,构成非中立役务时,仅由该船舶承担责任,该船舶所属的中立国并不承担责任。正如中立国没有义务阻止它的商船载运禁制品一样,它也没有义务阻止它们为交战国提供服务性援助。为交战国提供这种援助。中立国商船只能是自己甘冒危险,当其受到交战国的惩罚时,其所属的中立国对于这种行为不负任何责任。

第六,上述六种情况在处理上有一定的区别。对于前两种情况,给予

---

❶ [法]夏尔·卢梭:《武装冲突法》,张凝等译,中国对外翻译出版公司 1987 年版,第338 页。

❷ 《关于海战中限制行使捕获权公约》。

类似运载禁制品的处罚,这就是说,该船保持其中立性而不产生敌性。这样,船上的所有货物都可推定为中立国货物,除非有证据表明它们是敌国货物。对于后四种情况,给予类似敌国商船的处罚,也就是说,该船不再保持中立性而产生了敌性。这样,船上的一切货物都可推定为敌国货物,除非有证据证明它们是中立国货物。

最后,《伦敦宣言》第47条是一条应当引起注意的规定:"凡编入敌国军队的任何人,如发现藏在中立商船中,即使没有理由拿捕该船只,也可被捕为俘虏。"因此,如果中立船在其通常航路中运载了敌国武装部队的个别成员,或者该船不知战争爆发而运载了敌国的军事部队等,虽然该船本身由于不构成非中立役务而不得予以拿捕,但是,船上的敌国武装部队成员还是可以拿捕的。

第四节 情报援助

上面所述中立国船舶在海上为交战国传递情报,主要是指传递文书情报,此类活动构成非中立役务。除了文书情报以外,还有以电缆电报、无线电报、电话等为载体的情报。根据有关公约的规定以及中立国的普遍实践,中立国在防止向交战国提供情报援助方面还需要承担更多的义务,主要表现在以下几个方面:

一、不得允许交战国在中立国领土上设立情报装置和情报机构

海牙第5公约第3条规定:"禁止交战国:(一)在中立国领土上设立无线电台或与交战国陆、海军联系的任何通讯装置;(二)利用战前交战国在中立国领土上设立的纯为军事目的、并且还没有公开为公众通讯服务的任何此类设施。"该公约第5条规定,中立国不得允许第3条所指的行为在中立国领土上发生。海牙第13公约第5条也作了同样的规定:

"禁止交战国将中立国港口和领水作为攻击敌国的海战基地,特别是禁止在那里设置无线电台或其他供交战国陆上或海上部队进行通讯之用的设备。"显然,这些规定表明中立国有义务不允许交战国在其领土上设立情报装置以及使用这些装置的机构。

各国的实践对这一规定的执行达到了比较严格的程度。第一次世界大战期间,所有重要的沿海中立国为了履行它们所负担的义务,都阻止在它们港口内的交战国商船使用船上的无线电设备。例如,瑞典在一战爆发后不久,就通过了一项法律,禁止在瑞典港口内的船舶使用船上的无线电设备。1916 年 2 月,由于德国船舶梅克伦堡号违反了这一法律,瑞典将该船以及在瑞典港口内的其他德国船舶的无线电机全部加封。一战期间,美国在维持中立时,也曾对战前在美国设立的私人无线电台加以管制,阻止电台拍发密码电报。1939 年 9 月欧洲战争爆发后,几乎所有中立国都颁布条例,禁止交战国船舶在中立国领水内使用它们的无线电报机或无线电话机,除非遇船难。许多中立国都命令外国商船在进入中立国港口时将它们的无线电台封闭。有些中立国对本国船舶也规定了同样的限制。此外,许多中立国还颁布条例,控制陆地上的无线电台和飞机上的无线电机以及广播电台的活动,禁止收发密码电缆电报和密码无线电报。

二、中立国不得向交战国提供空中观察的情报

1923 年《空战规则草案》第 47 条规定:"中立国有义务尽可能采取一切步骤,足以防止在其管辖区内以通知交战国对方为目的对某一交战国的调动(指武装力量的调动)、活动或防御进行空中侦察。"这一规定要求中立国不得将其从空中观察到的交战国的军事情报提供给另一交战国;甚至要求中立国不得进行以向另一交战国提供情报为目的的空中观察,至于实际上是否提供在所不问。虽然这一草案并未生效,但该草案作为各国实践的总结,是具有重要参考价值的。

三、中立国有义务阻止其公职人员向交战国提供情报

中立国所承担的公正不偏的义务应该使其有义务阻止它的对外具有代表政府或国家身份的公职人员向交战国任何一方或双方提供情报。虽然海牙诸公约以及其他有关公约或草案并无明文规定,但学者通常都认为:根据这一原则,中立国应该阻止其外交使节、信使、军舰等各类代表国家或政府的组织或人员以任何形式向交战国提供与战争有关的情报。但是,对于中立国外交使节、信使、军舰向交战国提供情报的,交战国不应直接处置,因为他们是代表中立国国家或政府的,交战国只能以外交途径通过中立国政府予以处置。外交使节和信使的人身、住处、文件享有不可侵犯的权利,军舰不受登临、搜查和拿捕,这些权利,交战国必须尊重。至于中立国其他公职人员和私人向交战国提供情报,中立国就没有阻止的义务,只能由交战国根据不同的情形依其交战权进行处置。比如,对于在海上专门传递敌国情报的中立国船舶,交战国可以按从事非中立役务处置。

四、中立国有义务公正不偏地允许交战国使用其信息传送装置

海牙第5公约第8条规定:“中立国没有义务禁止或限制交战国使用属于中立国或中立国的公司及私人所有的电报或电话电缆以及无线电报器材。”同时,该公约在第9条中又规定,中立国对此“所采取的一切限制或禁止措施应对交战双方公正不偏地予以适用。”并且“应监督拥有电报或电话电缆或无线电报器材的公司或个人遵守同样的义务。”这些规定表明,中立国没有义务阻止其国民不论以何种形式向交战国提供情报。但是,如果中立国对此进行某种限制或禁止的话,那就应当对交战双方一视同仁。进一步说,中立国还负有义务要求它的国民对交战双方一视同仁。

第十二章

中立国经贸活动的限制

由于战争的胜败与经济有着密切的关系,因而交战国之间的经济战越来越成为战争中常见的作战样式,其作战手段和方法就是对敌国进行禁运、封锁,阻止非交战国向敌国运送货物。传统国际法在承认战争权的情况下,允许交战国阻止敌国从其他国家获得经济援助,也就是允许交战国采取禁运、封锁、临检、捕获等一系列密切相关的措施。这些措施本质上是针对敌国的,但又不可避免地涉及与中立国的关系,并且更重要的是在实施这些措施时与中立国之间关系的调整。因此,夏尔·卢梭精辟地指出:"海战史就是交战国与中立国之间不断斗争的历史:交战国力图切断对方与世界上其他国家之间所有的经济联系;而中立国则不管战事如何,仍要求得到能与一切国家——包括交战国在内——保持贸易关系的自由。"❶

---

❶ [法]夏尔·卢梭:《武装冲突法》,张凝等译,中国对外翻译出版公司 1987 年版,第 354 页。

调整交战国与中立国上述关系的中立规则表现为：交战国在一定范围内和一定方式下有权限制中立国与敌国的经济贸易往来，而中立国虽有与交战国任何一方从事经济贸易往来的权利，但同时也有容忍交战国按照中立规则限制中立国国民的经济贸易活动的义务。在现行集体安全体制下，如果安理会没有判定交战国破坏和平或从事侵略，或者没有决定采取制裁行动，上述权利义务关系就仍然是存在的。

下面阐述一下交战国在采取禁运、封锁、捕获等措施时与中立国之间关系的具体规则。

第一节　禁　运

一、禁运权

交战国实施禁运的根据是什么，应该是一个值得讨论的问题。1856年《巴黎会议关于海上若干原则的宣言》第 2 条和第 3 条规定：中立国旗帜掩护敌方货物，战时违禁品除外；在敌国旗帜下的中立国货物不受拿捕，战时违禁品除外。❶ 这一规定被认为是交战国有权实施禁运的国际法上的依据。实际上，即使说这个宣言作为禁运的依据，也只是暗含的。《伦敦宣言》第二章以"战时禁运品"为题，规定各交战国可以按照该章的规定实施禁运，如果该宣言生效，即成为禁运权的实定法依据。由于这个宣言并未生效，因而没有拘束力。但是，在实践中，从未有国家对交战国实施禁运的权利提出过怀疑，所以，可以认为，交战国实施禁运的权利来自习惯法。《伦敦宣言》正是作为习惯法的一个参考。

二、禁运品

被交战国禁止运入敌国的物品称为禁运品，也常译为"禁制品"。

---

❶ 王铁崖等编：《战争法文献集》，解放军出版社 1986 年版，第 1 页。

"禁运品"（Contraband）一词直接取自意大利文（Contrabbando），而意大利文的这个词又是从拉丁文来的,意思是"违反禁令"。

交战国将具体的物品认定为禁运品必须同时符合两个要素:一是必须具有用于战争的性质;二是必须运往敌性目的地。下面按这两个要素来阐述。

（一）禁运品的性质要素

格劳秀斯没有使用禁运品一词,但他论述了对于运往敌国的物品应当区分为三种,他说:"有些物品只在战争中使用,如军械;有些物品完全不在战争中使用,如娱乐用品;有些物品既在战争中使用,也在战争以外使用,如金钱、交通工具、船舶和一切船上设备。关于第三种物品,应当区别它们在战时的两种用处。"[1]关于哪些物品应当被定性为禁运品,在18和19世纪长期不能形成一致意见。1856年《巴黎宣言》使用了禁运品一词,但没有作定义或列举。直到《伦敦宣言》才形成了一个未经批准的协议。

《伦敦宣言》采用了格劳秀斯的观点,把运往敌国的物品分为三类,其中两类是禁运品,又分为绝对禁运品和有条件禁运品;第三类是非禁运品,称为自由物品。

1.绝对禁运品。《伦敦宣言》将下列专供战争用的物品称为绝对禁运品:"（1）各种武器（包括狩猎用武器）及其重要部件;（2）各种炮弹、炸药和子弹,及其重要部件;（3）专供战争使用的火药及炸药;（4）炮架、弹药车、曳引车、军用货车、战地冶炼装置及其重要配件;（5）具有明显军事性质的衣物和器材;（6）具有明显军事性质的各种马具;（7）可供战争用的马鞍、挽畜和驮畜;（8）扎营用物品及其重要的配件;（9）装甲板;（10）军舰（船只也包括在内）及舰艇上专用的重要配件;（11）专为制造军火、生产或修理武器或陆上、海上军需材料用的器具和器械。"

---

[1]　转引自[英]劳特派特修订:《奥本海国际法》下卷第2分册,王铁崖、陈体强译,商务印书馆1973版,第266页注。

2. 有条件禁运品。《伦敦宣言》将下列战时和平时均可使用的物品称为有条件禁运品:"(1)粮食;(2)喂牲口用的饲料和谷类;(3)军用衣物、衣料和鞋靴;(4)金币、银币;金条、银条;纸币;(5)军用车辆及其零部件;(6)各种船只,汽艇和小船;浮动船坞,船坞的部件及其组成部分;(7)铁路上的固定器材和车辆,以及电报、无线电报和电话器材;(8)气球、飞行器及其重要的部件,以及被认定为供气球、飞行器使用的附件和器材;(9)燃料和润滑油;(10)非专供战争使用的火药及炸药;(11)有刺铁丝以及装设或截断上述铁丝的工具;(12)马蹄铁及蹄铁材料;(13)马具及马鞍;(14)双筒望远镜、单筒望远镜、精密计时器及各种航海器具。"

3. 自由物品。《伦敦宣言》将下列物品列为自由物品:"(1)原棉、羊毛、丝、黄麻、亚麻、大麻和其他纺织业所用原料及纱线;(2)油籽和坚果及椰子仁干;(3)橡胶、松脂、树胶、虫胶及蛇麻草;(4)生牛皮、角骨及象牙;(5)天然和人造肥料,包括农业用的硝酸盐和磷酸盐;(6)矿石;(7)泥土、黏土、石灰、白垩和石,包括大理石、石板和砖瓦;(8)瓷器及玻璃;(9)纸及造纸材料;(10)肥皂、油漆、颜料(包括专供制造颜料用的物品)及清漆;(11)漂白粉、纯碱、苛性钠、芒硝、氨、硫酸铵及硫酸铜;(12)农业、矿业、纺织及印刷机械;(13)宝石、次等宝石、珍珠、珍珠母及珊瑚;(14)钟表(精密计时器除外);(15)时装式样及奢侈商品;(16)各种羽毛、毛发、鬃毛;(17)各种家具、装饰品、办公家具及附属物。"

《伦敦宣言》还规定另外两类物品不得被当作禁运品:一是专供救助病者、伤者之用的物品。但是,如果这类物品是运往敌国或敌国所占领的领土的,或是运给敌国武装部队的,拿捕国可以在紧急军事必要的情况下有偿征用。二是供运载该物品的船舶或船上船员和乘客在航行中使用的物品。因为这类物品并非运往敌性目的地。商船常携带一门炮和若干弹药以供发信号之用,有时在有海盗危险的海洋上航行时,还携带一定数量的军械和弹药,以用于自卫。

《伦敦宣言》在列举了上述物品分类的同时,又规定交战国有权增加或放弃禁运品的内容。这样,就使得上述分类具有相对性。不过,宣言确定了一定的原则:凡专供战争用的物品,可附加在绝对禁运品表中;在战时以及平时均可使用的物品,可附加在有条件禁运品表中;凡不供战争使用的物品,不得宣布为战时禁运品。尽管有这些原则,但此种分类的相对性客观上还是存在的。例如,原棉和橡胶被列为自由物品,但在一战之初就被两大交战集团列为禁运品。事实上,在战争中,交战国明显有着扩大禁运品范围的倾向,一是把禁运品的用语作广义解释,比如把水果、糖果和调味品也视为"粮食";二是把有条件禁运品列入绝对禁运品,或把自由物品列入有条件禁运品。由于这样的倾向,到一战后期,自由物品几乎只剩下时装、艺术品和儿童玩具了。二战期间,各国采取了一种与一战颇为不同的做法,即不再详细列举禁运品,而是使用含义很广的概括性用语,把对这些用语的解释权交给了捕获法院的法官,这样,禁运品的范围更广,界线更模糊了。盟国"所颁布的禁运品清单,涉及范围极广,除了医疗用品、某些制成品和烟草以外,几乎包括德国所有的进口货。"❶绝对禁运品和有条件禁运品的区别虽然在理论上保留着,但在实践中已经十分模糊。

禁运品的分类之所以有明显的相对性,一个重要原因就是具体确定禁运品的权利完全由交战国掌握。《伦敦宣言》反映了这样的实践。宣言规定,交战国只要通知各国,就可以增加或放弃绝对禁运品和有条件禁运品的内容。对于这种状况,苏联在1939年10月26日提出抗议,反对英国在1939年9月6日和11日的照会中提到的单方面确定禁运品的原则。虽然苏联的抗议不是没有道理的,但是却没有被各国的实践所接受。

(二)禁运品的目的地要素

禁运品光从物品的使用价值上判断是不够的,还必须从该物品运往的目的地来判断。但是,在对物品进行判断的时候,它毕竟还没有运到目的地,因此,只能根据一些情况来进行推定。由于推定权掌握在交战国手中,因而推定规则就显得格外重要。

---

❶　[英]阿诺德·托因比等编:《大战和中立国》,上海译文出版社1981年版,第11页。

　　绝对禁运品和有条件禁运品在目的地推定规则上有一个关键的区别,这也正是两类禁运品加以区别的意义之所在。对于绝对禁运品,只要推定为运往敌性目的地,即可被拿捕;而对于有条件禁运品,即使推定为运往敌性目的地,但如能证明非为敌国正在进行的战争使用,就不应被拿捕,但这种情况不包括硬通货和纸币,❶也就是说,硬通货和纸币虽然不是专门用于战争的物品,但实际上被列在绝对禁运品之中。另外,有一种观点认为,如果敌国进行战时进口管制,那么有条件禁运品只要运到敌性目的地就会被敌国军队或政府部门所用,在这样的情况下,相反的证明就不起作用,即使是有条件禁运品,也要作为绝对禁运品对待。

　　推定敌性目的地的规则主要是:

　　第一,直接推定。有直接证据表明禁运品被运往敌国领土、敌国所占领土或敌国军队。比如:货物文件载明运往敌性目的地;运送货物的船舶驶往敌性目的地;船舶在航行途中停泊敌港或与敌军相遇。❷

　　第二,间接推定。虽然没有直接证据表明禁运品被运往敌性目的地,但有些迹象十分可疑,也可以被推定运往敌性目的地。比如:将货物运往一个经常为敌国转运货物的中立港口;所运往的中立港口的进口数量异常增加;所运往的中立国经常为敌国提供战争物资;没有提单或提单上收货人身份不真实;拒绝查阅有关文件;离开船舶文件所规定的航程等。❸

------

❶　见《伦敦宣言》第33条:"凡有条件的战时禁运品经证明系运往供敌国军队或政府部门使用者,应予拿捕。但在此情况下,依当时环境,证明上述货物事实上并不能供正在进行的战争使用者,则不在此列。上述例外不适用于第24条第4项所指的交付货物。"

❷　参见《伦敦宣言》第30条:"凡绝对禁运品,经证明运往敌方所有或所占领土或运往敌方军队者,则不论其运往方式为直接或转运,或其后转为陆运,均可拿捕。"第31条:"在下列情况下,第30条所指的运往目的地的证明,已属完全:(1)凡货物文件载明在敌方港口卸下或运给敌方军队者;(2)船只到敌方港口,或船只的货物虽在文件中载明至中立港口,但在未到达之前将在敌方港口停泊或与敌方军队相遇者。"

❸　参见《伦敦宣言》第32条:"凡船只装载绝对禁运品,其所行航程应以船只所持文件为依据;但如果发现该船确已离开文件所规定的航程,且无充分理由辨明上述航程变更者,则不在此限。"第34条:"如货物系交付给敌国当局或在敌国的承包商,而众所周知,该承包商系向敌国专供这类货物者,则可推定第33条中所指的目的地是存在的。如果货物系交付给敌方的设防地或其他为敌军使用的基地,可作同样的推定。"

第三,间接运载推定。除了上面两种对直接运载的推定以外,在交战国实践中还存在着对间接运载的推定,被称为"连续航程主义"和"连续运载主义"。它们是指:如果该禁运品最终将运往敌性目的地,那么即使前面的航程表面上看起来是运往中立港的,也可以被拿捕。两者的区别仅在于:前者仅为海运与海运的连接,而后者则是海运与陆运的连接。所以有的学者将两种情况统称为"连续航程主义"。对于这种推定,有些中立国表示反对。《伦敦宣言》采取了折中办法:对于绝对禁运品,适用连续航程主义和连续运载主义,❶而对于有条件禁运品,除非敌国无海岸线,否则不适用连续航程主义和连续运载主义。❷ 但是,《伦敦宣言》的折中办法在两次大战中都未被各国所接受,对于有条件禁运品,同样适用连续航程主义和连续运载主义。

三、禁运品的处置

《伦敦宣言》第 39 条简单明了地表述了对禁运品处置的一般原则:"凡禁运品概应没收。"

但是,交战国在没收禁运品时,常常也没收与禁运品相关的其他货物和船舶,有的学者把这种情况称为"敌性传染"。显然,敌性传染应该是有限的,而不应该无限扩大。对此,形成了以下一些规则:

(一)禁运品过半,没收船舶。宣言第 40 条规定:"凡运载禁运品的船只,其禁运品不论按价值、重量、数量或运费计算,只要超过运载量的半数者,均可予以没收。"条文中规定的四个要素,只要有一个要素过半,该船即可予以没收。这一规定后来被普遍接受,即使后来宣告废弃《伦敦

---

❶ 《伦敦宣言》第 37 条:"运载可拿捕的绝对禁运品或有条件的禁运品的船只,在其整个航程中均可在公海或交战各方的领海内予以拿捕;即使该船只在到达敌方目的地之前将经过途中的港口者,亦同。"

❷ 《伦敦宣言》第 35 条:"凡有条件的战时禁运品,除发现装在驶向敌方所有或占领的领土或供应敌军的船中,且不在途中中立港卸货者外,不得予以拿捕。"第 36 条:"凡有条件的战时禁运品,尽管第 35 条作了规定,但如证明具有第 33 条所规定的目的地,且敌国又无海岸线者,仍可予以拿捕。"

宣言》的国家,都继续适用这一规定。

(二)与禁运品同船同主的货物,予以没收。《伦敦宣言》第 42 条规定:"凡属禁运品所有者的货物,并装在同一船上者,应予没收。"

(三)禁运品被拿捕的费用由船主承担。《伦敦宣言》第 41 条规定:"凡运载禁运品的船只被释放时,对捕获者向国家捕获法庭提出起诉的费用以及诉讼期间保管船只和货物的费用,应由该船负担。"

(四)不知者不究。《伦敦宣言》第 43 条规定:"凡船只在海上遭遇军舰且不知战事爆发,或不知有适用于其装载的禁运货物宣告者,则所载禁运品除付出赔偿外,不得没收。船只本身及其他货物,也不得没收,且不得令其负担第 41 条所规定的费用。如果该船船长在得知战事爆发及禁运品宣告之后,无机会卸去其禁运品者,也适用上述规定。"这一规定表明,如果运载禁运品的船舶是在战争爆发前开出的,不知道有对禁运品的宣告,或者在知道后没有机会卸下禁运品,那么,在没收禁运品时应当给予补偿。船舶本身和其他货物不得加以没收,也不能要求赔付有关的诉讼和保管费用。同时,该条规定了应当推定其知道禁运品宣告的情况:"凡船只当其驶离中立港时适在此港所属国家接到战事爆发及禁运品宣告的通知之后,且此通知发出已有相当时日者,此船只应视为已知道存在战争状态及禁运品宣告。凡在战事爆发后驶离敌国港口的船只,也视为已知道战争状态的存在。"也就是说,如果船舶是在战争爆发后离开敌国港口,或者在离开中立国港口前该港所属的国家已经收到战争爆发或禁运品宣告的通知,并且有足够的时间使该船能够知道,那么该船就应被推定为已经知道战争爆发或禁运品宣告。

(五)自愿交出禁运品者准予继续航行。《伦敦宣言》第 44 条规定:"凡船只因运载战时禁运品而被勒令停驶,但根据船上所装禁运品的比例还不足以没收该船者,如果船长自愿将其禁运品交给交战者的军舰,则应酌情准其继续航行。"

(六)既往不咎。《伦敦宣言》第 38 条规定:"对过去曾运载过战时禁运品,现在事实上已停止运载的船只,不得以此为由而加以拿捕。"根据这一规定,运载禁运品的船舶在返程时不得因其在前一航程中运载禁运品而受拿捕。

四、航运执照和出口管制

为了更加有效地防止禁运品进入敌国,两次大战都采用了一些新的方法,就是航运执照制度和出口管制制度。但是,对这两种制度的定义和合法性都存在着不同的看法。

对航运执照有两种不同的定义,一种认为:它是指由交战国机关在中立国颁发的证件,证明就该交战国机关所知,在颁发证件时,对证件中所提及货物的海运不存在任何异议。而另一种定义则认为:它是指货物装船地国家制定的证明书,证明根据发给该证明书时获得的情报,这些货物不是被运往敌性目的地的。

对出口管制也有两种不同的含义,一是指交战国与中立国达成的协议,要求中立国对敌国的出口受到某种限制;另指中立国本身对交战国的出口实施限制。

笔者认为,从中立法的角度看,航运执照应当是指由交战国机关发给中立船舶的证明,以表明该船没有运载禁运品,从而避免该船舶在航运中再受该交战国的临检和拿捕;而不是指中立国给自己的船舶颁发证明,这样的证明不能避免交战国的临检和拿捕。同样,从中立法的角度看,出口管制应当是指交战国与中立国达成的对敌国出口限制的协议。

对上述两种制度的合法性,有两种不同的看法。持肯定态度的看法认为:这两种制度都不是强制性的,而是中立国自愿接受的,因而是符合国际法的;中立国可以不予接受,但他们因此就不能避免交战国在海上对其船舶及货物的检查和拿捕;这些制度可以起到简化海上检查手续、便利中立国船舶的作用。持否定态度的看法认为:航运执照制度损害了中立国的领土完整,构成对平时国际法的违反;在中立领土上完成交战行为,构成对战争法的违反;并且也违反了捕获法;中立国船舶接受航运执照构成敌性援助。对出口管制也有类似的否定意见。

笔者认为,对这两种制度的合法性持肯定态度应当是可以接受的。交战国在中立国同意的情况下实行这两种措施,并不违反国际法,中立国有权允许交战国进行检查,交战国也有权接受这种允许;况且,这两种制度对中立国是有一定利益的,中立国从自己的利益出发,有权与交战国达成任何不违反国际法的协议。甚至可以认为,这两种制度可能是解决中立国与交战国之间在禁运问题上的矛盾的比较可取的办法。中立国在其中的义务仅在于,如果它同交战一方达成此类协议的话,那么它也应当同交战另一方达成此类协议,除非另一方无意这样做。

第二节　封　锁

封锁(Blockade)是海上战争特有的一种作战方式,它是指交战国用武力阻挡一切国家包括中立国的船舶或飞机进出敌国的港口和海岸,以切断敌国的海上对外联系。封锁并不是针对中立国的,但它却引起交战国与中立国的矛盾,需要通过国际法来调整它们之间由此引起的权利义务关系。由于封锁与中立问题关系密切,因而许多学者总是把封锁放在中立制度中研究。但是实际上,中立法并不研究封锁中的一切法律问题,它只是研究封锁中与中立有关的主要法律问题。

从中立法的角度看,封锁只是交战国限制中立国与敌国进行贸易往来的一种方式。从这个意义上讲,中立法对封锁的关注在于:什么样的封锁才能使交战国对中立国产生权利,或者说使中立国对交战国承担义务。其中包括这样几个问题:一是区域问题,即交战国在什么区域中才能进行合法的封锁;二是程序问题,即交战国通过何种程序实施封锁才产生合法性;三是方法问题,即交战国采取什么方法进行封锁才能享有合法的权利;四是手段问题,即交战国采取何种作战装备进行封锁才是合法的;五是效果问题,即中立国船舶的何种行为构成破坏封锁,应当承担什么责任。

一、封锁的区域

交战国在什么区域进行封锁同中立国利益是有关系的。从中立国的立场考虑,封锁的区域越受限制越好。《伦敦宣言》反映了这种立场,宣言第 1 条规定:"封锁不得扩展到敌方所有或占有的港口和海岸以外。"这一规定严格限制了封锁的区域,否定了"扩展到敌方所有或占有的港口和海岸以外"的封锁,这种封锁被称为"远距离封锁"。❶ 但是,伦敦宣言的规定没有被接受,在两次世界大战中,远距离封锁大量发生,并且被大多数国家默许,已经逐步成为惯例。❷ 1994 年 6 月国际人道法学会组织各国海战法专家草拟的《圣雷莫手册》❸也没有接受伦敦宣言的规定,等于接受了两次大战的实践。由于《圣雷莫手册》没有直接规定封锁的区域,鉴于封锁是海战的一种作战方法,因而关于封锁区域就需要根据该手册关于"作战区域"的规定来理解。该手册第 15 条规定:"禁止交战国军队在中立国水域(包括那些由国际海峡和群岛海道组成的中立水域)之内和上空遂行敌对行动。"其第 14 条规定:"中立国水域由其内水、领海和群岛水域组成。"根据这些规定,中立国的内水和领海、群岛水域、适用过境通行制的国际海峡和群岛海道不得成为封锁的区域。

除此以外,根据一般国际法,下列两类水域也不能成为封锁的区域:一是国际公约确立的国际化或中立化水域,如:苏伊士运河、巴拿马运河、基尔运河、些耳德河、莱茵河、多瑙河等。二是"疆界河流"和"多国河流",除非所有沿岸国都是交战国,否则不得封锁。除上述水域以外的其他水域,都可以成为封锁区域。当然,在封锁时也要根据《联合国海洋法公约》,尊重中立国的权利和利益。

---

❶ [英]劳特派特修订:《奥本海国际法》下卷第 2 分册,王铁崖、陈体强译,商务印书馆 1973 版,第 244 页。
❷ 李铁民等:《海上战争法》,军事谊文出版社 1995 年版,第 114 页。
❸ 全称为《适用于海上武装冲突的国际法》。

二、封锁的程序

封锁是"一种重大的主权行为"并对中立国贸易有重大影响,因而海军司令官没有权力未经政府授权而自行决定封锁。为此,《伦敦宣言》第9条规定"宣告封锁应由封锁国或由海军当局以封锁国的名义为之"。

按照《伦敦宣言》和《圣雷莫手册》的规定,实施封锁应向所有交战国和中立国宣告和通知;宣布封锁时,应详细说明封锁的开始时间、持续时间、位置、范围,以及允许中立国船只驶离被封锁海岸的期限。另外,停止、暂时解除、重新建立、扩大或改变封锁,必须按照实施封锁的程序做出宣告和通知。

但是,对于封锁是否需要宣告和通知,在理论和实践上有不同的看法和做法。主张必须通知的欧洲大陆国家及其学者认为:封锁并不因战争爆发而当然存在,即使交战国军舰对敌国海岸进路的实际阻塞本身也不一定就等于禁止中立国船舶出入,因为这可能只是为了禁止敌国船舶出入。英国、美国和日本政府以及学者则认为通知不是必要的,只要航路被阻塞,中立国船舶出入实际上被禁止,就足以表明封锁存在。本文认为,未经通知的"事实上的封锁"固然可以存在,但只能对敌国产生法律效果,而不应对中立国产生法律效果。因此,从中立法的角度看,封锁必须经过"宣告和通知"程序。根据这个程序性要求,如果能够证明或推定某一中立国船舶确实不知有封锁存在,这艘船舶就可以免除责任。❶

封锁的另一个程序性要求是必须采取"普遍"的形式。《伦敦宣言》第5条规定:"封锁必须公正不偏地适用于一切国家的船舶。"如果进行封锁只是针对一部分中立国,那么这样的封锁就是不合法的。但是,实践中也有一些国家在普遍封锁的情况下,对特定船舶发给出入封锁区域的许可证,或者允许中立国军舰出入封锁区域。此类做法属于封锁国的权利,现行国际法并无阻止其这样做的规定或实践。

---

❶ 参见《伦敦宣言》第14条至第16条。

三、封锁的方式

早在 18 世纪,建立武装中立联盟的国家就对封锁的方式提出了要求,主张实效封锁,反对"纸上封锁"。1856 年《巴黎宣言》以公约形式确认了这种主张,宣言第 4 条规定:"为了使封锁具有拘束力,必须是有效的封锁,即由一支足以真正阻止进入敌国海岸的武力所维持的封锁。"但是对于怎样才算是"一支足以真正阻止进入敌国海岸的武力",还是有不同的意见,一种意见认为"足够的武力"是指封锁国在封锁海域驻泊一连串军舰,这些军舰彼此十分接近,使得船舶不冒危险就不能通过。这是1780 年第一次武装中立所提出的主张。另一种意见认为,"足够武力"并非指驻泊一连串军舰,只要武力使过往船舶有被拿捕的严重危险即可,英国、美国、德国都持这种观点。《伦敦宣言》采取了后一种观点,规定:"封锁是否有效是一个事实问题。"《圣雷莫手册》仍然维持这一规定。这一规定对于中立的意义是很明显的,如果中立国船舶不能冲破封锁,被封锁国军舰拿捕,那么封锁就是有实效的,对该船舶的处置中立国应予容忍;如果中立国船舶冲破了封锁,那就表明封锁是没有实效的,封锁国不能事后追究该船舶。也就是说,中立国船舶穿越封锁区域而未被封锁国拿捕,不构成破坏封锁。当然,这样做常常要冒很大风险,这种风险也由中立国船舶自担。

四、封锁的手段

《伦敦宣言》和《圣雷莫手册》都没有明文规定封锁必须采用什么武器装备,但是,由于对进入封锁区域的船舶必须经过临检断定为破坏封锁才能予以拿捕,因而那些无法进行临检的武器装备就不能作为封锁的基本手段。几乎所有有关的著作都认为水面舰艇是封锁的基本手段。而飞机、导弹、鱼雷、水雷、潜艇等都只能作为封锁的辅助手段。

五、封锁的效果

封锁的法律效果是：那些明知或推定已知有合法的封锁存在而进入封锁区域并且驶向被封锁的港口或海岸的中立国船舶，属于"破坏封锁"，将被封锁国没收。在实践中可能出现这样的情况：中立国船舶虽然进入封锁区域，但其目的地却是驶向中立国港口或海岸，或者驶向未被封锁的交战国港口或海岸，在这样的情况下，封锁国不能以破坏封锁为理由将其拿捕。❶

另外，《伦敦宣言》对破坏封锁的船和货予以分别考虑。《伦敦宣言》第21条规定："凡被断定为违反封锁的船只，可予没收。对所载货物也可没收，但如证明发货人在装运货物时不知或无意违反封锁者，不在此列。"

因人道主义原因而出入封锁区域的中立国船舶不构成破坏封锁，将在本书第十三章中阐述。

第三节　临　检

临检，是指交战国军舰对中立国船舶进行登临和检查，以查明这些船舶是否构成破坏封锁、运载禁运品、从事非中立役务。它实际上不是一项独立的措施，而是禁运、封锁、禁止非中立役务的辅助措施，也是捕获的一个程序。但是，即使在临检后被临检的船舶不被拿捕，临检本身也已影响到中立国船舶的利益，因此，临检对于中立具有独立的法律意义。

交战国对中立国船舶的临检权在实践中久已得到公认。正如临检不是一项独立措施一样，临检权也不是一种独立的权利，它包含在交战国对

---

❶　参见《伦敦宣言》第18条和第19条。

破坏封锁、运载禁运品和从事非中立役务的中立国船舶可以加以惩处的权利之中。临检权只能由交战国军舰行使，交战国商船，以及在中立国船舶上押运捕获品的交战国军人，均无权对其他中立国船舶进行临检。这已成为惯例。

从中立法的角度，主要需要讨论两个问题：一是交战国的何种行为构成滥用临检权；二是中立国船舶的何种行为构成对临检的抗拒和欺诈。

一、临检权的滥用

交战国的以下行为构成对临检权的滥用：

（一）在没有战争或战争停止的情况下行使临检权

根据《联合国海洋法公约》第110条的规定，不论平时还是战时，军舰对于公海上没有完全豁免权的任何国家的船舶有权行使登临权❶。这样的登临不是中立法意义上的临检，因为其中不存在中立法律关系。与临检有关的法律关系是具体的交战国与中立国之间的法律关系，只有在战时才能形成；对于平时中立国，任何国家没有权利对其船舶进行中立意义上的临检，所以，临检权只有在战时才能行使。如果在战争结束后行使临检权，那是没有任何根据的。关于停战期间能否进行临检，要看停战协定的具体内容，如果是全面停战，临检权也不应当行使。

（二）在中立国领水行使临检权

交战国有权行使临检权的区域与有权进行封锁的区域是一样的。因此，如果交战国在中立国领水、群岛水域、国际海峡以及其他不得被封锁的区域行使临检权，那就构成滥用临检权。

（三）对军舰和公务船舶行使临检权

临检的对象应只限于私有船舶。国际社会在19世纪就已普遍承认

---

❶　《联合国海洋法公约》第95条和第96条对完全豁免权有规定。公约第95条"公海上军舰的豁免权"规定："军舰在公海上有不受船旗国以外任何其他国家管辖的完全豁免权。"第96条"专用于政府非商业性服务的船舶的豁免权"规定："由一国所有或经营并专用于政府非商业性服务的船舶，在公海上应有不受船旗国以外任何其他国家管辖的完全豁免权。"

中立国的军舰和公务船舶不属于临检的对象。但是海牙公约以及国际实践表明中立国的邮船可以被临检。❶

二、对临检的抗拒和欺诈

中立国船舶的以下行为构成对临检的抗拒和欺诈：

(一)护航军舰拒绝配合临检

早在1653年英荷战争中,瑞典就提出"护航权",要求在军舰护航下的商船免予临检。但是这一主张没有被普遍接受。1780年和1800年两次武装中立期间,许多中立国家坚决主张护航权,但仍有一些国家如英国,不愿承认。1909年《伦敦宣言》在肯定护航权的同时,也规定了护航军舰有配合临检的义务。《伦敦宣言》第61条规定:"凡中立船受本国护航队护送者,应免受搜查。关于该船及其货物的性质须经搜查方能得到的全部情况,在交战国军舰司令官的要求下,护航队司令官应以书面形式提供。"同时,第62条规定:"交战国军舰司令官,如有理由对护航队司令官的信用提出怀疑时,应将其怀疑通知对方。在此情况下应由护航队司令官单独进行调查。他应将调查结果写成书面报告,将其抄件送给交战国军舰司令官。如果护航队司令官认为,报告中列举的事实足以证明拿捕一艘或数艘船只是正当的,则应撤回对上述船只的保护。"宣言没有进一步规定如果护航军舰与交战国军舰仍然有不同看法怎么办,但可以看出宣言最终是维护"护航权"的。《圣雷莫手册》第120条对此作了较详尽一点的规定:"如果实施拦截的交战国军舰舰长或军用飞机机长要求,则由中立国军舰舰长提供进行临检、搜查所能获得的一切有关该商船性质及货物的情报。"这些规定均表明,护航军舰有配合临检的义务。如果护航军舰拒绝配合临检,那就构成对临检的抗拒。但是,在这样的情况下,交战国军舰没有任何理由对中立船舶及其护航军舰进行攻击,只能通过外交途径进行交涉,否则就

---

❶ 海牙第11公约第1条。

构成了武装冲突。

（二）中立国船舶拒绝配合临检

根据交战国军舰进行临检的要求，中立国船舶有义务停船，允许临检人员登船，提供航行资料和货物文件，打开货舱和货物包装，或者根据要求开往交战国指定地点接受搜查。如果中立国船舶不予配合，包括以武力拒绝临检，则构成抗拒临检，即可被拿捕。但是，如果经临检，该船舶没有被拿捕的理由，那么该船应予放行，并且因临检而受到的时间损失和其他损失，临检国应予赔偿。

如果中立国船舶采用逃跑的方式拒绝临检，一旦逃跑成功，则不构成抗拒临检；如果在逃跑中被击毁或击沉，则临检国不承担任何责任。

（三）中立国船舶以欺骗方式拒绝临检

被临检船舶的基本文书有：船舶登记证、航海护照、船员名册、航行日志、舱口单、提货单。如果这些文书缺失，或被毁灭、涂改、藏匿，或系伪造，或者存在两种以上不同的版本，或者船舶的航行实况、货物实况与文书不符，均构成对临检的欺诈，即可拿捕该船。

第四节　捕　获

捕获又称拿捕，是交战国对违反中立义务的中立国船舶或货物行使的一种权力或采取的一种措施。它包括在一定条件下将船舶及货物毁坏、直接没收、经捕获法院审判后将船舶或货物没收。

一、捕获的条件

根据对前述内容的综合分析，在下列情况，中立国船舶或货物可被拿捕：（1）禁运品；（2）正在从事非中立役务的船舶；（3）产生敌性的中立国船舶；（4）正在运载禁运品的中立国船舶；（5）正在运载的禁运品的价值、重量、体积或运费任一方面过半的中立国船上的其他货物;(6)被拿捕的禁运品货主在同一船上的其他货物;(7)抗拒临检的船舶;(8)对临检进行欺诈的船舶或货物;(9)正在突破封锁或企图突破封锁的中立国船舶或货物。

《圣雷莫手册》第150条概括了不应予以拿捕的"自由物品":(1)宗教物品;(2)专为治疗伤、病员或防止疾病用的物品;(3)为一般平民百姓,特别是妇女、儿童所用的衣物、被褥、必不可少的食品及掩护器材,只要没有重大理由相信这些物品会被转用于其他目的,或者相信这些物品可代替军用品使敌方获得明确的军事利益;(4)指定运给战俘的物品,包括个人包裹和食品、衣物、文教娱乐用品等集体救济物品;(5)按国际条约或交战国之间特殊协议、特别规定等免遭拿捕的其他物品。

二、对捕获品的毁坏

被拿捕的船舶和货物在一般情况下应被带往捕获法院接受审判。❶只有在特殊情况下才可以被毁坏。

《伦敦宣言》第49条对毁坏的条件作了规定:"凡因遵守第48条规定而危及交战者军舰的安全或妨碍其所进行的战斗行动的成功,则该军舰所捕获并应予没收的中立船只可视为例外而加以毁坏。"《圣雷莫手册》主张尽最大努力避免摧毁中立国船只,它规定只有在既不能驶往拿捕国港口,又不能改变航向,更不能放行的情况下才能下令摧毁中立国船舶。这一规定比较接近英国的主张。英国认为,如果拿捕国不能将被捕获船只带往捕获法院,则应放行。❷

《伦敦宣言》还规定了毁坏被捕获船舶的附加条件:

(一)在船只毁坏之前,应把船上的所有人员安置到安全地带。《圣雷莫手册》规定:"不得将船上小艇视为安全场所,除非附近有陆地或有另外船只能够接送乘客和船只上船,而且当时的海况和气象条件能够确

---

❶ 《伦敦宣言》第48条。
❷ [英]劳特派特修订:《奥本海国际法》下卷第2分册,王铁崖、陈体强译,商务印书馆1973年版,第318页。

保他们的生命安全。"这一规定来自 1936 年的《1930 年 4 月 22 日伦敦条约第 4 部分关于潜艇作战规则议定书》(伦敦议定书)。

（二）船上的所有文件及有关各方认为对于决定捕获有效与否至关重要的其他文件,应移置于军舰上。

（三）《圣雷莫手册》在《伦敦宣言》的基础上增加了一项:如有可能,保存好乘客与船员的个人财产。

为了防止滥用毁坏权,《伦敦宣言》规定了对于毁坏船舶的补救。《伦敦宣言》第 51 条规定:在对捕获是否有效作出决定之前,捕获者应证明它是因情况特殊而不得不采取毁坏措施的。如果不能作出这样的证明,捕获者应负责赔偿,而对于捕获有效与否则可不必查问。第 52 条进一步规定:凡不应没收的中立货物,因船只毁坏而遭到破坏时,该货物所有者有权获得赔偿。另外,《伦敦宣言》第 53 条还规定了一种变通办法:捕获者在不应没收的船内发现了应没收的货物,并有正当理由将该船毁坏的情况下,如果船长将货物交出并予以毁坏,捕获者应将货物交出并毁坏的情况载入航海日志,并应允许该船继续航行。

三、捕获审判

迄今为止,捕获法院仍然是各国自行建立的国内法院,其组成方式和审判程序都是由各国自行规定的,还没有有关的国际规则。因此,这样的审判从性质上说属于国内事项。但是,对被拿捕的中立国船舶和货物予以没收,一般应当经过捕获法院的审判,这一点则是国际惯例,并有《伦敦宣言》(第 64 条)、《圣雷莫手册》(第 146 条)等文献的证明。在审判过程中,被审判的船舶或货主有权按照审判国国内法享有诉权并获得各种救济。另外,即使在审判结束后,对于交战国违反国际法的临检、拿捕、没收、毁坏等行为,仍然有权通过外交途径进行交涉。

1907 年海牙会议上各国曾作过建立国际捕获法院的努力,产生了海牙第 12 公约❶和《伦敦宣言》，但由于各国未予批准而没有成功。从理论上讲，常设国际法院和国际法院在一定程度上可以代行国际捕获法院的职能，但是这两个法院迄今还没有一起关于捕获的判例。从表面上看，其原因在于各国不愿将对捕获问题的管辖权授予国际法院，但另有一个更为重要的原因，在于二战之后国际社会对中立普遍采取虚无主义态度，使建立国际捕获法院的进程推得遥遥无期。

---

❶ 《关于建立国际捕获法院公约》。

第十三章

人道主义活动与国际组织的中立

第一节　人道主义活动的中立

　　人道主义,即对人的生命权利的尊重和保护,是人类社会的基本法则。但是,人道主义的具体表现形态,则随着社会的进步而发展。自19世纪末以来,在国际生活中,人道主义活动得到较大发展,这种发展突出地反映到战争法上,形成了战争活动中的人道主义原则以及许多有关的规则,其中一部分与中立密切相关,在关于中立的国际公约中形成了许多有关人道主义的规定,同时,也在关于人道主义的国际公约中形成了许多有关中立的规定。这些规定从人道主义原则出发,使中立国和交战国双方互相享有一些权利并承担一些义务,形成了中立法上的人道主义规则。

　　中立法上的人道主义规则独立于公正不偏、尊重中立国主权和通商自由、容忍交战国军事需要等原则下的各种规则,形成独特的法律关系和规则系列。❶ 特别是二战后,中立法的发展主要是人道主义规则的发展。

中立法上的人道主义规则具体包含三个方面的内容:一是交战国对中立国领土的人道主义利用;二是中立国对交战国的人道主义援助;三是对交战国行使禁运、封锁、临检、拿捕权利的人道主义限制。

一、交战国对中立国领土的人道主义利用

虽然中立法以尊重中立国的领土主权为一般原则,中立国有权拒绝交战国军队和军人进入其领土。但是,在以人道主义为目的的情况下,交战国享有利用中立国领土的权利,中立国为此负有一定的义务。

一是中立国有权以其陆地领土为交战国运送伤病者提供便利。海牙第 5 公约规定,交战国任何一方可以要求中立国准许其伤病员通过其领土,只是运输这些伤病员的火车不能随车运输交战国的军事人员和军火,而随之带进中立国领土的敌国伤病员应当由中立国看管。❷ 同时,中立国对被拘留在其境内的交战国军人、伤病员、战俘等,应当给予人道主义待遇。❸

二是中立国有义务以其领水和港口为交战国遇船难威胁的军舰提供保护。人道主义规则在海上表现得更充分一些。虽然中立国通常有权拒绝交战国军舰进入其领水和港口,但是,如果交战国军舰遇难,或者面临遇难的危险,中立国就有义务允许交战国军舰进入其领水或港口避难。海牙第 13 公约规定,交战国军舰因损坏或气候恶劣而在中立国港口停泊的,停泊时间可以延长,不受 24 小时的限制;对于交战国用于宗教、科学或慈善目的的军舰,停泊时间也不受限制。❹ 由于失去航行能力、气候恶劣或缺乏燃料,交战国军舰可以将被其捕获的船舶带入中立国港口。❺

❶ 参见本书第九章。
❷ 海牙第 5 公约第 14 条。
❸ 海牙第 5 公约第 12 条。
❹ 海牙第 13 公约第 14 条。
❺ 海牙第 13 公约第 21 条。

三是中立国领水和领空应向交战国的医务船和医务飞机开放。日内瓦第 2 公约规定,交战国的军用医务船就其在中立国港口停泊而言,不列为军舰。❶ 也就是说,中立国即使拒绝交战国军舰驻泊其港口,也不能拒绝交战国军用医务船驻泊。日内瓦公约还规定,交战各方的医务飞机可以在中立国领空飞行,必要时可以降落或作为停留站,只是应当预先通知中立国,并服从中立国关于航线、高度、飞行时间以及降落等方面的规定。❷

二、中立国对交战国的人道主义援助

中立国通常不得给交战国以援助。但是,中立国对交战国的人道主义援助则不受上述限制。

一是中立国有权为交战国提供海上人道主义援助。海牙第 10 公约❸规定,不论是中立国政府承认的团体还是私人团体,都有权全部或部分出资装备医务船为交战国服务,这类医务船同样应受尊重并免受拿捕。不过,这类医务船必须得到中立国本国政府的事先同意,以及为之服务的交战国的准许,并且在该船使用之前,将船名通知敌国。❹ 交战国有权请求中立国任何船舶,包括商船、游艇、小船,收容交战国的伤病者和遇船难者并给予治疗,凡是救助伤病者和遇船难者的船舶应当享受特别保护,不得认为其违反中立而将其拿捕。❺ 中立国军舰也有权收容交战国伤病者和遇船难者,但不得使他们重新参加作战。❻ 中立国有权同意交战国的伤病者或遇船难者上岸,此举不构成违反中立,但是这些人员应当由中立国看管,以使他们不能重新参加作战。❼

---

❶　日内瓦第 2 公约第 32 条。
❷　日内瓦第 1 公约第 37 条,第 2 公约第 40 条。
❸　《关于 1906 年 7 月 6 日日内瓦公约原则适用于海战的公约》。
❹　海牙第 10 公约第 3 条。
❺　海牙第 10 公约第 9 条。
❻　海牙第 10 公约第 13 条。
❼　海牙第 10 公约第 15 条。

　　二是中立国有权为交战国提供陆上人道主义援助。日内瓦第 1 公约规定,中立国有权同意本国团体在经交战国准许的情况下组织医疗队或医疗人员为该交战国服务,但在服务期间应受该交战国管制,并应事先通知该交战国的敌国。这样的服务在任何情况下都不能被视为是对冲突的干预。❶ 这类提供医疗服务的人员如果落入敌国之手,敌国不得予以扣留,而应允许其返回本国。如果不可能返回本国,那么一旦归路可通及军情许可,应当允许他们返回所服务的交战国。在等候释放期间,他们应当在敌国指导下继续执行医疗任务,并且主要担任照顾他们所服务的交战国的伤病者。他们出发时,应当允许带上属于他们个人的行李、用品、贵重品、工具、武器,在可能的情况下,还包括交通工具。不管是他们服务的交战国还是敌国,在对待这些中立国医疗人员时,应当给予同本国武装部队中的医疗人员同样的食物、居所、津贴及薪金。❷

　　三是中立国可以以"保护国"的身份为交战国提供人道主义援助。日内瓦公约还规定,中立国可以应交战国的邀请派人参加交战国的混合医务委员会,负责检查交战国对战俘利益的保护情况。❸ 中立国还可以在交战国同意的情况下,协助交战国对给养不足的被占领地居民实施救济计划,负责向这些居民供应食物、衣服、医疗品等物资。❹ 特别是,日内瓦公约第 1 议定书还规定,中立国可以在交战国双方同意的情况下,担任"保护国",负责监督和执行对战争受难者进行保护的事项,❺而且这种保护国制度对于交战国来说是强制性的,一旦武装冲突发生,交战国有义务按照第一附加议定书的规定与敌国协商指定保护国。❻ 对于中立国以保护国地位提供的人道主义服务,不能被认为违反中立或构成对交战国的干涉。

---

❶ 日内瓦第 1 公约第 27 条。
❷ 日内瓦第 1 公约第 32 条。
❸ 日内瓦第 3 公约附件二。
❹ 日内瓦第 4 公约第 59 条。
❺ 日内瓦四公约第一附加议定书第 2 条第 3 项。
❻ 日内瓦四公约第一附加议定书第 5 条。

中国在加入日内瓦四公约时,对前三个公约的第 10 条和第 4 公约的第 11 条所涉及的保护国问题提出了相同内容的保留,即:拘留被保护人的国家请求中立国或人道主义组织担任应由保护国执行的任务时,除非得到被保护人本国政府的同意,中华人民共和国将不承认此种请求为合法。这一保留排除了有关国家未经被保护人本国政府同意而擅自改变保护人的做法的合法性。

三、对禁运、封锁、临检和拿捕的人道主义限制

交战国在战争期间固然享有禁运、封锁、临检和拿捕等权利,但要受到人道主义规则的限制。二战以前的若干公约中对此已经有所规定。1936 年伦敦议定书❶规定:潜艇在对商船采取行动时,必须像水面舰艇那样执行临检程序。除非商船在接到正式通告后仍然拒绝停船甚至主动抗拒临检,否则不能向商船开火。不管是潜艇还是水面舰艇,如因军事情况不得已而需要将商船击沉或使其丧失航行能力时,必须把乘客、船员和船舶文书安置到安全场所,在这样的情况下,不能把船上的救生小艇当作安全场所,除非当时接近陆地,并且海情和气候条件比较好,或者附近有另一船舶同意上述人员登船而使乘客和船员的安全能够得到保障。海牙第 11 公约❷规定,负有宗教、科学或慈善使命的船舶不受拿捕。❸

二战以后,此类规则得到进一步强化。《圣雷莫手册》规定:如果被封锁地区的平民得不到足够的食品和其他生活必需品,那么封锁国就必须允许装运食品和其他生活必需品的运输工具自由通行。当然封锁国对此也可以行使两项权利,一是可以对救济品进行检查;二是有权要求必须有保护国或国际人道主义组织对救济品的分发进行监督。❹ 该手册又规定,封锁国应当允许专供平民和武装部队伤病者使用的医疗物品通行,当

---

❶ 《1930 年 4 月 22 日伦敦条约第 4 部分关于潜艇作战规则议定书》。
❷ 《关于海战中限制行使捕获权公约》。
❸ 海牙第 11 公约第 4 条。
❹ 《圣雷莫手册》第 103 条。

然也有权进行检查。❶ 对于医院船、救生艇、运送伤病者和遇船难者的医务运输船、从事救济和救援行动的船只、运载平民生活必需品的船只以及其他从事人道主义使命的船只,免遭拿捕。❷

上面所阐述的人道主义规则,有的是二战后确立的,比如关于对禁运、封锁的人道主义限制;但大多数是在二战前已有类似规定的情况下,在二战后得到强化。强化人道主义规则的国际公约主要是 1949 年的日内瓦四公约、1977 年的两个附加议定书。然而,人道主义规则的发展,还远未达到取代以公正不偏为基本特征的中立规则的程度。许多人道主义规则的适用都受到相当的限制,比如:经有关交战国事先同意,预先向敌国通报,经交战国请求,经交战国协商一致等。所以,以国际人道法取代战争法和中立法的思潮并没有形成扎实的现实基础。

第二节 国际组织的中立

一、国际组织中立的含义

国际组织的中立是指具有国际法主体资格的国际组织与交战国之间的非武装冲突关系。

随着国际组织的产生与发展,国际法主体的范围扩大了,不仅包括主权国家,而且包括一部分在国际社会具有独立的权利能力和行为能力的国际组织。通常只有政府间国际组织才能具有国际法主体资格,这种资格及其范围由该组织的成员国以条约的形式赋予。❸ 但是,也有极少数非政府国际组织,如红十字国际委员会(the International Committee of Red

---

❶ 《圣雷莫手册》第 104 条。
❷ 《圣雷莫手册》第 136 条。
❸ 参见梁西:《国际组织法》(修订第 4 版),武汉大学出版社 1998 年版,第一章第一、二节。

Cross），例外地具有特殊的国际法主体资格。这类非政府国际组织的成员不是主权国家，因而它们的国际法主体资格不是由各国以条约方式赋予的，而是在长期的国际实践中被主权国家所认可的。也就是说，它们的主体资格不是来自条约，而是来自习惯。它们虽然像一般的民间组织那样在一个主权国家内登记成立，但它们在国际社会的主体资格得到各国的承认，其权利能力和行为能力并不通过其所登记的国家得以实现；它们在国际上独立地承担责任时，并不牵连其所登记的国家。这类国际组织今后是否会得到较大的发展，现在还很难判断，但目前这类国际组织确已客观存在。

不具有国际法主体资格的国际组织与交战国之间的关系，从属于它们所登记的主权国家与交战国之间的关系，不具有独立的法律地位。然而，具有国际法主体资格的国际组织与交战国之间的关系，则不能等同于该组织成员国与交战国的关系，也不能等同于其所登记的国家与交战国的关系，而是形成它们与交战国之间独立的关系。国际组织的中立问题就是由此产生的。

二、两类国际组织的不同情况

国际组织，按其基本性质和职能范围，可以分为两类，一类是以维护国际和平与安全为主要职能的政治性国际组织，如联合国、美洲国家组织、❶阿拉伯国家联盟❷等。另一类是以国家间的经济、社会、文化、科学

---

❶ 根据 1948 年 4 月 30 日美洲 21 国签订的《美洲国家组织宪章》（《波哥大公约》）正式确立其组织形式，《波哥大公约》第 4 条规定，该组织的宗旨是：加强美洲大陆的和平与安全；防止成员国间能引起困难的可能原因并保证成员国间可能发生的争端的和平解决；为遭受侵略的国家安排共同行动；寻求成员国间的政治、法律及经济问题的解决；并以合作行动来促进成员国经济、社会和文化的发展。

❷ 1945 年 3 月 22 日阿拉伯 7 国签订《阿拉伯国家联盟宪章》而成立，宪章第 2 条规定，该组织的宗旨是：使成员国间的关系更加密切；协调彼此间的政治活动，捍卫独立与主权；全面考虑阿拉伯国家的事务和利益；各成员国在经济和财政事项、交通和邮电、文化事务、国籍、社会福利事项和卫生等方面，彼此进行紧密合作。本注及上一注均转引自梁西：《国际组织法》第十二章，武汉大学出版社 1993 年版，第 222 页、226 页。

技术或交通通讯等方面的协调与合作为职能,而不具有维护国际和平与安全职能的非政治性国际组织,如国际劳工组织、国际货币基金组织、世界贸易组织、世界卫生组织、国际电信联盟等。

政治性国际组织在不违反本组织基本文件的情况下有可能与交战国之间形成武装的冲突关系。最具代表性的例子就是联合国。按照《联合国宪章》第 42 条规定,安理会"得采取必要之空海陆军行动,以维持或恢复国际和平及安全。此项行动得包括联合国会员国之空海陆军示威、封锁及其他军事举动"。而且宪章第 48 条第 2 款还规定:安理会决议"应由联合国会员国以其直接行动及经其加入为会员之有关国际机关之行动履行之"。根据这些规定,联合国对于交战国完全有可能采取非中立的态度,不管这种态度称为"战争"还是"武力制裁",至少不是中立的。在这样的情况下,要求联合国或联合国安理会授权下的武装部队按照中立规则行事,那是不可能的。但是,即使是政治性国际组织,在采取武力措施以外的情况下,仍负有中立的义务,以中立为其行动的一般原则。最典型的实践就是联合国维持和平行动,维和部队(特别是传统的维和部队)必须以中立为行动的基本原则。

非政治性国际组织则呈现另外一种状态。其基本性质和职能已经表明,它只能是中立的,也就是说,对于交战国的态度只能选择中立,其中包括按照安理会决议采取有条件中立,除此以外,别无选择。但是,从理论上讲,国际组织在依其组织文件办事还是依据中立规则办事的问题上,是有可能发生冲突和困难的。设想,如果一个国际组织在武装冲突发生前即已约定给予一个国家以资金、物资、技术、人员、通讯或交通方面的援助,一旦这个国家与另一个国家发生武装冲突,那个国家是否有权利要求这个国际组织停止这些援助?如果比照主权国家在此类情况下的行为规则,中立规则应当优于这种事先的约定,但是这种比照是否可以成立,还难以作出回答。目前,这种假设尚无现实生活的实例可供研究,也许有待于中立法的进一步发展。

三、国际组织中立的主要规则

国际组织不像主权国家那样拥有领土,因而不存在交战国对其领土的利用问题。在其他方面,如对交战国的援助、交战国对国际组织的尊重等方面,同主权国家的中立规则几乎是一致的。现行国际公约还对国际组织的中立作了一些专门的规定。

一是赋予国际组织享有向交战国提供人道主义服务的权利。日内瓦第 1 公约规定:公正的人道主义团体,如红十字国际委员会,可以向冲突各方提供服务。❶ 该公约的规定不妨碍红十字国际委员会或其他公正的人道主义组织,在有关冲突各方的同意下,从事保护和救济伤者、病者、医务人员及随军牧师的人道主义活动。❷ 但是,红十字国际委员会等国际组织在提供人道主义服务时,负有"公允"的义务。❸

二是赋予国际组织承担本来应由保护国承担的任务。日内瓦第 4 公约规定,在交战国同意的情况下,可以由国际组织来担负保护国的任务。❹ 在被占领土上全部或部分居民给养不足时,占领国应当同意对居民进行救济的计划,这样的计划可以由中立国或公正的人道主义组织如红十字国际委员会来实施,交战国应当尽最大努力给予便利,允许实施计划者装运物资的运输队能够自由通过,并保证予以保护。但交战国可以在救济物资运往其所占领区域时进行检查,并指定这些物资的运输时间和路线。交战的另一方则有权通过保护国,查明这些救济物资是否用于救济居民,而不是被占领国所用。❺

三是对红十字国际委员会给予特别的重视。这个委员会是 1863 年在瑞士成立的,原名为"伤兵救护国际委员会",1880 年改为现名。它一方面是在瑞士登记的一个非政府国际组织,另一方面又是一个被国际社

---

❶　日内瓦第 1 公约第 3 条第 2 项。
❷　日内瓦第 1 公约第 9 条。
❸　日内瓦第 1 公约第 10 条第 4 款。
❹　日内瓦第 4 公约第 11 条第 1 款。
❺　日内瓦第 4 公约第 59 条。

会广泛承认的具有独立法律人格的国际组织。其原因在于这个组织是一个以中立团体的身份对战争受难者进行保护和救济的专门国际组织并具有良好的声誉。

根据红十字国际委员会章程,该委员会由尊重红十字原则和具有处理国际问题广泛经验的瑞士知名人士组成,最多不超过 25 人。委员会每年召开约 8 次大会,大会为该组织的最高决策机构,负责制定活动原则和总政策,监督下属机构的所有活动。大会下设执行局,由 7 名成员组成,负责委员会的日常事务和监督行政管理工作。大会和执行局均由委员会主席主持,领导理事会的工作。理事会由 2 名成员组成,领导财务、行政、法律、新闻和人事及各地区部、查人局等部门。委员会还设有政治专家小组,邀请各国法律和国际问题专家,以个人身份对人道主义活动进行咨询和研究。红十字国际委员会在全世界设有 40 多个地区代表处,在 100 多个国家开展人道主义活动。红十字国际委员会是红十字运动创建组织,各国新建或改组的红十字会或红新月会都须经它正式承认才能成为国际红十字会的成员。中国红十字会于 1912 年 1 月 15 日正式得到红十字国际委员会的承认,1950 年初中国红十字会改组后,再次得到其承认。红十字国际委员会享有联合国经社理事会非政府组织特别咨商地位。为了进一步发挥红十字国际委员会在国际人道主义事务中的积极作用,考虑到 1949 年日内瓦公约赋予该组织的特殊性质和地位,联合国大会于1990 年决定给予红十字国际委员会以正式观察员地位。❶

日内瓦公约第 1 议定书规定,武装冲突各方应在其权力范围内给予红十字国际委员会一切便利,使该委员会能够执行各公约和该议定书所赋予的人道主义职务,以便保证对冲突受难者的保护和援助;红十字国际委员会还有权进行任何有利于这类受难者的其他人道主义活动,但必须得到冲突各方的同意。❷

---

❶ 参见王铁崖主编:《中华法学大辞典·国际法学卷》,中国检察出版社 1996 年版,第280 页。

❷ 日内瓦四公约第 1 附加议定书第 81 条。

尽管日内瓦四公约及其附加议定书对红十字国际委员会从事人道主义活动的自由度仍然是有所保留的,但它毕竟是迄今为止所有国际公约中给予国际组织在武装冲突中的中立地位和权利最为充分和具体的一个国际组织,并且得到国际实践的充分证实。除了红十字国际委员会以及与红十字有关的国际组织以外,其他国际组织还没有相应的实定法和习惯法上的依据,使之享有类似的地位和权利。

第十四章

破坏中立的国家责任

中立规则,包括有关中立的国际习惯、国际公约、多边和双边条约,在国际法上是有拘束力的。违反中立规则即构成破坏中立,将导致国家承担一定的责任。

第一节 破坏中立的构成

破坏中立是追究有关国家相应的法律责任的前提。因此,首先应当研究破坏中立的构成问题。

一、破坏中立的概念

"破坏中立"(Breach of Neutrality)一词常常被广泛地使用,比如:一个中立国如果放弃中立,与某一交战国交战,可能被指责为破坏中立;一个交战国如果不再维持与某一中立国的中立关系,而与之交战,也可能被称为破坏中立;一艘中立国商船企图突破某一交战国的封锁,或者为某一交战国运输军队、提供情报,也常被称为破坏中立。实际上,在这些情况下使用"破坏中立"这一概念是不严谨的。在中立法上,破坏中立应当是指国家违反中立义务的行为。对于这个概念,要从以下几个方面来理解:

第一,破坏中立不是仅指战时中立国违反中立义务的行为。战时中立国固然承担相当的中立义务,那就是在公正不偏原则下不作为的义务、阻止的义务和容忍的义务,以及人道主义方面的义务。但是,中立的义务主体不仅仅是战时中立国。交战国也要承担中立义务,那就是尊重中立国领土主权、不得滥用交战权,以及人道主义方面的义务。此外,永久中立国,以及永久中立国的保证国,都要承担中立条约所规定的义务。对于区域中立,如月球、南极、海洋法上的"区域"、用于国际航行的海峡和群岛海道以及其他中立区,所有国家都有维护其中立地位的义务。违反这些义务的行为都是破坏中立的行为。

第二,破坏中立不等于终止中立(Termination of Neutrality)。终止中立是指中立国改变中立态度,与交战国进入交战状态,或者指交战国不再与非交战国维持相互间的中立关系,而进入交战状态。虽然终止中立有时是由于对方破坏中立引起的,但是有时即使没有破坏中立的情况,终止中立也可能发生;而有时即使发生了破坏中立的情况,也并不导致终止中立。终止中立是一个国家对另一个国家政治态度和法律地位的选择,它并不以中立义务是否被违反为前提。在破坏中立而不终止中立的情况下,中立国与交战国仍然在中立规则的框架内解决问题,而不选择武装冲突。

第三,国民个人不遵守中立规则的行为不是中立法上的破坏中立。以战时中立为例,中立国国民个人或非政府团体可能为某一交战国作战、向其提供军火、为其提供非中立役务,或者破坏禁运、破坏封锁、抗拒临检和拿捕等;交战国国民可能在中立国为本国招募兵员、在中立国领土上设立情报机构,交战国个别军人可能擅自进入中立国境内,被中立国看管的交战国伤病员可能会脱逃回国重新参战等。人们常常把国民个人的这些行为称为"破坏中立",但其性质与中立法上的破坏中立是完全不同的。这就好比一个国家的国民非法越过边界进入另一个国家,不能被称为"破坏边界条约",只能称为"非法越境"或"非法入境";这个国民要受到那个国家的惩罚,承担法律责任,但这种责任不是破坏边界条约的国际责任,而是那个国家的国内法上的责任;这个国民所属国依照国际法承担着容忍的义务,如果它不予容忍,那就构成破坏边界条约了。因此,国民个人不遵守中立规则的行为,只是中立法上的"事件",而不是中立法上的"行为"。这样的"事件"不构成国家责任,因而不是中立法上的破坏中立。

二、平时中立的破坏

平时中立国并不面对具体的交战国,它的中立地位是由中立条约确立的,因而它违反中立条约即构成破坏中立。互相签订中立条约以共同遵守中立规则的国家,任何一方违反条约规定,即构成破坏中立。❶ 这种情况同样适用于有关国家对区域中立条约的破坏。

与永久中立国签订永久中立条约的"保证国"同样有破坏中立的可能性。保证国有维护永久中立国地位的义务,这种义务使之不得采取影响永久中立国地位的行动,不得与别国签订针对该永久中立国的军事合作条约,否则,即构成了破坏中立。

三、战时中立的破坏

(一)中立国与交战国破坏中立的区别

中立国破坏中立与交战国破坏中立有明显的不同:交战国破坏中立

---

❶ 参见《丹麦、挪威和瑞典关于三国通过类似中立准则的声明》,《国际条约集(1872—1916)》,世界知识出版社 1986 年版,第 495 页。

通常只能因"作为"而构成；而中立国破坏中立不但可以因"作为"而构成，也可以因"不作为"而构成。前者属于"不当为而为之"，后者属于"当为而不为"。

（二）中立国因作为而破坏中立

中立国因"作为"而破坏中立分两种情况：一是向交战国提供依照中立法在任何情况下都不得提供的便利或援助。这种援助即使公正不偏地给予交战双方，仍属破坏中立。比如：允许交战国军队通过其领土；给交战国军队以庇护后又在战争尚未结束时让这些军队回国参战；批准交战国在其境内建立情报设施和情报机构；批准交战国在其境内设立征兵机构；向交战国提供军队、军火、资金、情报等。此类行为，中立国一旦作出，即属破坏中立。二是没有公正不偏地向交战双方提供同样的便利或援助。例如：允许交战国伤病者通过其领土；给予交战国伤病者以庇护；允许交战国使用其国民私人的通讯设施；允许交战国军舰进入其领水或港口等。此类便利或援助，如果中立国只给予交战国一方，或者有差别地给予交战双方，则属破坏中立。

中立国因"作为"而破坏中立具有主动性，从其主观过错来看，是对中立比较严重的破坏。不过，这种类型的破坏中立比"不作为"破坏中立容易确认，实践中较少发生争议。

（三）中立国因不作为而破坏中立

交战国对于敌国或中立国破坏中立的行为予以容忍，本身并不违反中立，它有"容忍"的自由。但是，中立国却没有这样的自由。如果它对交战国破坏中立的行为采取容忍的态度，不采取阻止措施，就因不作为而构成破坏中立。因此，如果交战国的军队通过中立国领土，在中立国境内设立情报设施、情报机构和征兵机构，在中立国领海拿捕敌国船舶等，中立国有义务采用一切手段予以阻止，否则，中立国的不作为即构成破坏中立。例如：海牙第13公约第3条规定："凡遇船只在中立国领水内被捕获，如被捕获的船只仍在该国管辖的范围内，该中立国应使用它掌握的一切手段使该船连同全体职员和船员一并释放，并拘留捕获者派在船上的人员。如被捕获的船只不在中立国管辖范围内,则捕获国政府经中立国的要求,应将捕获的船只连同船上职员和船只予以释放。"这一条所设置的前提是交战国的某一船只已经违反了中立,在这样的情况下,如果中立国不对这一破坏中立的行为加以阻止,它就是偏袒一方而不利于另一方,结果它自己也就破坏了中立。

但是,中立国究竟在多大程度上负有阻止的义务,则是不容易确定的,因而在实践中比较容易引起争议。国际社会历来普遍认为,中立国并无义务一定要在客观上阻止交战国破坏中立的行为,只要其主观努力达到某种程度即可。1907 年海牙会议之前,美英两国为"阿拉巴玛号"案设立的国际仲裁法庭对该案的裁决,确立了中立国对交战国破坏中立的行为应当给予"相当注意"的原则。❶ 只要中立国给予"相当注意",那么即使破坏中立的结果发生了,中立国也没有责任。但是,对"相当注意"一词如何理解,却争论不休。美国提出,中立国的相当注意必须和受害国可能遭受的危险程度成比例。如果这种解释被普遍接受,中立国承担的义务是十分沉重的。但是这种解释并没有被普遍接受。海牙第 13 公约第 8 条和第 25 条采用了另外一种表述,即:中立国"应尽其力之所及","应以自己所拥有的手段"。即使是这样的表述,在实践中要加以认定,仍然会有较大的困难。

(四)交战国对中立的破坏

交战国侵犯中立国的领土主权,比如:其军队进入中立国领土,在中立国领土上设立情报机构、征兵机构或捕获法院,在中立国领土上对敌国进行攻击等;以及滥用禁运、封锁、临检、拿捕的权利,比如:未经宣布和通

---

❶ 参见"阿拉巴玛号案",中国政法大学国际法教研室编:《国际公法案例评析》,中国政法大学出版社 1995 年版,第 1 页。美国南北战争期间,南方叛乱团体以私人名义向英国私人造船厂订购了许多船舶,其中阿拉巴玛号于 1862 年 5 月下水。其离开英国后,得到英国私人船舶提供的武器装备和人员,成为南方叛乱团体的军舰,先后毁坏、劫持了 70 艘美国联邦政府的船舶,经常在英属殖民地港口得到庇护和补给,直到 1864 年 6 月被击沉。美英双方同意建立国际仲裁法庭,由争端双方当事国、意大利国王、瑞士联邦总统和巴西国王各指定一人,共 5 人组成。仲裁法庭以四票对一票作出裁决:英国未能以"相当注意"履行其中立义务,赔偿美国 1500 万美元。

告而实施封锁或禁运,没有合法理由或未经采取人道主义措施而毁坏中立国船舶等,则构成对中立的破坏。显然,交战国破坏中立的行为只能因作为而构成。

第二节　破坏中立的责任

一、破坏中立的责任主体

如前所述,破坏中立的行为主体是国家,因而破坏中立的责任主体也是国家。中立法属于国际法,根据国际法关于国家责任的原理,国际不法行为的法律责任应当归咎于从事该不法行为的国家,否则就不能令该国承担国家责任。❶ 在确定是否构成国家责任的问题上,关键是对国家行为和国民个人行为加以区别。国际法并不要求一个国家对其境内的所有人从事的一切活动所产生的后果都对外负责。国家只能对以国家或政府所从事的、由国家正式授权并控制的行为对外承担法律责任。因此,国家只能对其元首和政府首脑的行为、政府官员从事公务的行为、国家机关行使政府权力的行为对外承担国际法上的责任。这一原理同中立法上的国家责任是完全吻合的。

中立法体现了这样一个基本原则:国家不对国民个人违反中立的行为负责。海牙第5公约规定:"中立国对某些个人独自越境为交战国一方效力的事实不负责任。""中立国没有义务阻止为交战国一方或另一方输出或运输武器、弹药以及一般对军队或舰队有用的任何物品。"❷从中立法本身来看,确立这一原则主要有两个原因:一是中立或者对中立的承认,是国家的态度,而不是国民个人的态度。正如瑞士在表明其中立立场

---

❶　王铁崖主编:《国际法》,法律出版社1995年版,第141页。
❷　海牙第5公约第6条、第7条。

时一再强调的那样,国家的中立和一般的舆论或信念的中立完全是两回事,同经济活动也是两回事,在任何情况下都不能损害公民个人言论的自由,也不能损害公民经济活动的自由。❶ 这一点,是被国际社会普遍承认的。二是交战国对于中立国国民违反中立的行为已经享有直接采取禁运、封锁、临检、拿捕的权利,中立国对此负有容忍的义务,作为一种对等的关系,中立国不再承担对其国民行为的责任,这也是被国际社会普遍承认的。

但是,上述原则并不排除国家对其国民个人违反中立行为的阻止义务,以及对于中立国来说,还要对这种阻止承担对于交战双方公正不偏的义务。但是,从国际实践和实体法的规定来看,国家对其国民个人违反中立行为的阻止义务是有限的,并且不是很明确的。比如,从上面提到的海牙第5公约第6条的规定来看,国家只是对某些个人独自越境为交战国一方效力的事实不负责任,那么除此之外的其他情况还是要负责任的,比如:成群结队的甚至有组织的个人越境为交战国一方效力,海牙公约对此没有作出明文规定,国际实践也没有形成追究责任的惯例。西班牙内战期间,许多国家的几十万志愿者前往西班牙参战,并未引起有关国家责任的问题;朝鲜战争期间,中国180万志愿军前往参战,也没有发生此类性质的国家责任问题。

交战国军舰的行为归责于国家,这是符合国际习惯的。因此,交战国军舰在实施禁运、封锁、临检、拿捕等行为时,如有违反中立的行为,由该交战国承担责任。从国际实践来看,破坏中立的国家责任以交战国承担责任居多。当然,中立国承担责任的事例也时有发生,比如"阿拉巴玛号案"就是中立的英国给作为交战方的美国政府以赔偿。交战国承担赔偿责任居多大概是基于两个原因:一是平时中立被破坏后的国家责任在现行国际法上不明确。对于破坏平时中立的国家,其他国家可以采取各种

---

❶ 〔瑞士〕达尼埃尔·弗雷:《瑞士的外交政策》,刘文立译,华中师范大学出版社1987年版,第9页。

外交措施,比如抗议、断交、制裁等,但是如何使之承担诸如赔偿之类的责任,既无实定法,也无实践。二是战时中立被破坏时,交战国具有采取行动的"主动性",而中立国的"主动性"受到很大局限。比如,当中立国不能阻止某一交战国在其境内对另一交战国的攻击时,另一交战国则可以同样在该中立国境内对敌国进行攻击。在这样的情况下,该中立国不能从交战国那里得到赔偿。再比如,当中立国没有阻止其国民向某一交战国提供援助时,另一交战国可以对这些中立国国民进行拿捕、攻击,中立国只得容忍。相反,如果交战国破坏中立,中立国基本上只能在其境内采取措施加以制止,而不能在公海上或者交战国境内对破坏中立者进行拿捕、攻击,否则就很可能构成武装冲突。这种不对等性使得中立国需要得到补救,这就使中立国要求交战国给予赔偿的权利得以逐步发展起来。

二、破坏中立的责任形式

从理论上讲,破坏中立的责任形式可以有道歉、保证不再重犯、恢复原状、补偿、赔偿等。现有国际公约对此没有明文规定。国际实践表明破坏中立的责任形式主要是道歉、补偿和赔偿。有时破坏中立引起终止中立,但是,终止中立不是破坏中立的责任形式,而是有关国家政治态度和法律地位的改变。

着重需要研究的是补偿和赔偿问题。前者是指一个合法行为引起的金钱补救,如果不给予这种补救将构成破坏中立,比如交战国征用中立国财产,征用本身可能是合法的,但是给予补偿是其合法征用的要件,如果不给予补偿,那就构成破坏中立,接下来就应当给予赔偿。补偿和赔偿,其结果也许是一样的,但其性质上与不法行为引起的赔偿毕竟不同,因而称之为"补偿"。

(一)数额

国际实践基本表明,补偿和赔偿的数额按照实际直接损失计算。第二次世界大战期间,美国飞机给瑞士造成的实际直接损失为7000万瑞士法郎,美国政府于1949年10月21日向瑞士联邦政府支付了1600万美元的赔款,相当于 6200 万瑞士法郎,与实际损失基本相当。

(二)程序

赔偿通常由受损害的一方向造成损害的一方提出。但是中立法上却存在另外一种受害方不能直接向加害方提出赔偿请求的现象。比如,某一交战国在中立国领水内拿捕另一交战国的船舶,并且已经离开该中立国领水,按照海牙第 13 公约第 3 条第 2 款的规定,中立国有义务向拿捕国提出要求,拿捕国应当根据要求将该船舶释放,如果不予释放,拿捕国就破坏了中立,应当给予赔偿。在这样的情况下,实际受到损害的是被拿捕的交战国,但被拿捕国无权向拿捕国提出赔偿,它只有权在中立国不向拿捕国提出释放要求的情况下向该中立国提出赔偿;而中立国则可以向拿捕国提出赔偿。这一现象是由中立法律关系造成的。中立国与拿捕国和被拿捕国各自形成中立法律关系,而拿捕国与被拿捕国之间不构成中立法律关系。

迄今,破坏中立的求偿主要通过外交程序,即通过有关国家间的协商谈判得以解决。但也有个别司法程序的实践,这就是前面提到的"阿拉巴玛号案"。该案的当事者美英两国在经过长期协商不成的情况下,达成仲裁协议,由两国本身、意大利国王、瑞士联邦总统、巴西国王各指定一人组成仲裁法庭,从而使争议得到解决。总的来说,解决破坏中立争议的国际司法程序还远不成熟,有待中立法的进一步发展。

第十五章

中立法的最新发展及趋势

第一节　中立法的最新发展

似乎为了更加有力地证明中立法并没有消亡或者衰微,由北约总部召集的来自各国30多名专家,于2013年在爱沙尼亚首都塔林讨论通过的《网络战国际法塔林手册》,专设一章❶规定了网络战的中立规则,使之成为中立法的最新发展。

《塔林手册》不是像国际公约或双边、多边国际条约那样由各国派出外交代表制定的,在程序上也不会得到各国国内权力机关的批准,所以,《塔林手册》不具有实定国际法的约束力。《塔林手册》也不像本书前文

---

❶　该手册的最后一章(第七章)章名为"中立",专门提出了网络战应予遵循的中立规则。

一再提及的《伦敦宣言》那样,由于未能满足宣言中设定的生效条件而未能成为生效的国际公约,但在实践中已被许多国家同意适用,甚至被承认为习惯国际法。《塔林手册》的性质、地位和效力相当于本书前文多次提及的《圣雷莫手册》,在性质上属于专家编纂的学理性国际法规则,其地位和效力高于学者通过个人著述对国际法规则作出的学理解释。正如《圣雷莫手册》那样,《塔林手册》将来可能被越来越多的国家适用,乃至被承认为习惯国际法规则,并为制定相关的国际公约提供更好的条件。正是考虑到《塔林手册》的性质、地位和效力,编纂该手册的组织者和参与者明确表示本手册只是已有国际法规则的编纂,而没有创设新的国际法规则。但是,笔者认为,像《塔林手册》这样的学理编纂,实际上不可能完全没有创设,因为网络战是前所未有的新事物,对这样一个新事物适用已有的中立规则,不能不作适当的创设。

《塔林手册》第七章"中立"所作的规定,不仅集中反映了自《巴黎宣言》以来160多年形成的数量众多的中立规则,而且反映了当代关于中立规则的新思想、新主张。不管《塔林手册》对已有中立规则是完全承续还是有所创设,都具有重要意义。完全承续,意味着对已有中立规则的认可,以及在新的国际生活领域的适用;有所创设,意味着当已有中立规则在新的国际生活领域的适用中遇到需要解决的问题时,编纂者提出了解决问题的原则和方案。所以,承续或创设,皆有新意。下面,就从承续和创设两个方面,对《塔林手册》第七章规定的内容作具体分析。

一、《塔林手册》对已有中立规则的承续

《塔林手册》第七章"中立"由条文和评注❶两部分有机组成。条文

---

❶ 《塔林手册》的内容在形式上分为两部分,一部分是条文,另一部分是评注。评注又分两部分,一部分是对某一章的总评注,另一部分是对每一个条文的评注。条文加评注,是当今国际法专家集体进行学理编纂的通行做法。评注也是手册的组成部分,与条文具有同样的效力,因为评注也是由全体参加编纂的专家集体讨论通过的。但是,条文与评注有区别,条文是手册的主体内容,评注是条文理解和适用的辅助内容。也就是说,在法理逻辑上,条文主导评注,评注不得与条文相矛盾、相抵触。为了方便读者查阅,笔者将《塔林手册》第七章译为中文,列为本书的附录。

共有 5 条,序号为手册第 91 条至第 95 条;评注共有六个部分,第一部分是对全章的总评注,其余 5 个部分是对每个条文的专门评注。从条文和评注内容看,手册在以下方面鲜明地承续了已有的中立规则:

(一)强调已有中立法渊源的有效性和重要性。手册第七章在评注中表明,中立法的渊源是海牙第 5 公约、海牙第 13 公约以及习惯国际法(手册第七章总评注之一);评注还重申,"在现代武装冲突中,中立具有特殊的重要性"(手册第七章总评注之三)。这说明,参与编纂的专家们认为,海牙公约以及《伦敦宣言》(被认为属于习惯国际法)所确立的中立规则,并不因 100 多年的流逝而丧失其意义、价值和效力,相反,它们在当代仍然具有法律效力,并且具有特殊的重要性。

(二)坚持已有中立规则的基本概念和核心范畴。在已有中立规则中,中立国就是非交战国,中立国的权利范围主要是依其领土和国籍而定的,这是中立法的基本概念和核心范畴。手册在对网络战适用中立规则涉及的一些重要概念下定义时,明确坚持现行中立法的基本概念和核心范畴。例如,手册指出:"中立国"是指没有成为国际性武装冲突中冲突方的国家;"中立网络基础设施"是指位于中立领土内的公共和私人网络基础设施(包括属于冲突方或冲突方国民的民用网络基础设施)或者具有中立国国籍(并位于交战领土之外)的公共和私人网络基础设施;"中立领土"包括中立国的陆地领土,以及中立国领土主权范围内的水域(内水、领海、群岛水域)及其上空的空气空间(手册第七章总评注之二);手册还指出:"在物理上位于国际空气空间、外层空间或公海区域的中立网络基础设施,受国籍国主权的保护"(手册第 91 条评注之二)。这些定义,原原本本地坚持了现有中立法基本概念和核心范畴的本义。

(三)坚持海牙公约关于禁止交战国通过中立领土传送武器装备的规定,以及不禁止通过和利用中立领土上的公共通信装置的规定。手册指出,依据海牙第 5 公约第 2 条关于禁止用于战争的弹药和物资通过中立领土的规定,通过中立领土传送网络武器应予禁止,但是海牙第 5 公约第 8 条规定的情况属于例外(手册第 92 条评注之五)。这就是说,交战国的网络武器,不管是装在 U 盘里、刻在光盘上,还是采取其他物质形态,都不能通过中立国领土加以传送;但是,经过中立国领土内的公共、开放、国际性的网络如互联网加以传送,属于例外。由此可见,手册将公共、开放、国际性的网络(如互联网),视同公共的电话电报电缆或无线电报装置,中立国没有义务禁止交战国通过这样的装置传递情报,因而也没有义务禁止交战国通过这样的装置传送网络武器。手册还进一步根据海牙第5公约第8条关于"中立国当局不必禁止或限制交战方使用属于该国政府、公司或个人的电报电话电缆或无线电报装置"的规定,认为交战国为军事目的使用公共的、国际的、开放的网络,如互联网,即使这种网络或其部件在中立领土内,也不违反中立法(手册第92条评注之四)。

(四)坚持海牙公约关于中立国不得允许交战国在中立领土上建立和利用专门通信装置的规定。手册指出,海牙第5公约第5条规定,中立国当局不得允许交战方在中立领土上为军事目的建立通信装置,或者使用交战方于战前在中立领土上纯粹为军事目的而建造并且没有开放为公共信息服务的通信设施。根据这一规定,手册认为,中立国不得允许冲突方为军事目的使用其在中立领土上已经存在的网络基础设施,或者为该目的建造新的网络基础设施(手册第93条)。手册进一步强调,除了公共、开放和国际性的网络设施外,其他所有网络设施,中立国都不得允许交战国使用;即使对于公共、开放和国际性的网络设施,中立国也有权加以限制,一旦加以限制,这种限制必须公平地适用于交战双方(手册第93条评注之三)。

(五)坚持海牙公约关于当中立国未制止交战方在中立领土上违反中立的行为时,受害交战方可以在中立领土上采取反击措施的规定。手册指出:如果中立国未制止交战方在其领土上行使交战权,受害的冲突方可以采取包括网络行动在内的必要反击措施(手册第94条)。手册强调,本规则并非适用于所有违反中立的行为,而仅适用于受到不利影响的交战方,其他违反中立的行为只能由中立国处理。例如,冲突一方针对中立网络基础设施采取的拒绝服务行动,并不必然带来针对其敌方的军事利益,在这样的情况下,敌对方无权依据本规则制止该拒绝服务行动,只有中立国才能对此作出回应(手册第94条评注之二)。

(六)坚持现行国际法关于安理会决定的效力优于中立法的规定。手册规定,中立国不得依据中立法采取与安理会的决定相抵触的行动(手册第95条)。手册指出,这一规定以联合国宪章第25条、第103条关于要求会员国履行并且优先履行安理会决议的规定为依据(手册第95条评注之一)。手册还强调,各国遵守安理会的行为不构成对中立义务的违背(第95条评注之三)。

二、《塔林手册》对已有中立规则适用的创设

正如前文所言,由于网络战是新事物、新情况,因而《塔林手册》在编纂中,创设是难以回避的。笔者认为,下面是手册创设的一些新规则:

(一)手册认为,交战国在本国领土上发动网络攻击,如果在中立领土上造成后果,原则上不违反中立法。手册提出,如果交战国使用在本国或者敌国领土上的服务器,对敌方军事目标发动网络攻击行动,给中立领土上的网络设施设备以及相关社会生活造成损害,是否违反中立法,要作两个方面的分析:1.如果这种损害后果是网络攻击者不可预见的,那么攻击者不违反中立法;2.如果这种后果是网络攻击者可以预见的,那么攻击者是否违反中立法,要根据"有效实施军事行动的交战权"与"保持原则上不受冲突影响的中立权"之间是否平衡来加以分析。对此,手册还给出了理由:在实践中,国家不可能认为轻微后果可以阻止执行一项在其他方面合法的攻击(手册第91条评注之四)。这样看来,手册的编纂者实际上认为,网络攻击给中立国造成损害,通常不违反中立法,除非这种损害的严重性已经超出了"有效实施军事行动"的必要性。手册没有解释这一主张在现有中立法上的依据。笔者对手册的这一主张不予赞成。主要理由:一是对其严重性的判断缺乏实体标准;二是对其严重性的判断缺乏程序规则;三是对其严重性的控制缺乏制度设计。笔者主张:对于交战国在网络攻击行动中造成中立国损害,应当认定为违反中立法,并且应当

按照实际损失予以赔偿,犹如交战国的炮弹、飞机落在中立国领土上一样。这样,通过认定造成损害的违法性,可以确定求偿的合法性;通过确定求偿的合法性,可以制约交战国在网络战中不顾中立国利益的随意性,从而有利于控制交战国的网络攻击行动。

(二)手册认为,交战国可以对中立领土之外的中立网络设施进行攻击和拿捕。手册指出,对位于中立国领土之内的网络设施,应当受法律保护,中立国不得攻击;而对位于中立领土之外但具有中立国国籍的网络设施,例如海底电缆,如果其构成合法的军事目标,交战国可以攻击,也可以进行拿捕(手册第 91 条评注之五)。笔者对这一主张原则上同意,但不完全赞成。之所以原则上同意,是因为它坚持了现行中立法关于敌性判断以及禁运、拿捕的规则,一旦中立国领土之外的物品给敌对方带来军事利益,即具有敌性,可以攻击和拿捕。笔者之所以不完全赞成,是因为位于中立领土之外但具有中立国国籍的网络设施,如海底电缆,不像商船那样具有可移动性,难以回避被交战国所用。所以,如果像现行中立法对待商船那样对这些网络设施适用中立规则,对于保护中立国利益是不公平的。在网络战领域,简单地适用现行中立法,并不可取。笔者认为,对位于中立领土之外但具有中立国国籍的网络设施,交战国能否予以攻击和拿捕,最好由国际社会建立新的更加严格的标准。

(三)手册认为,应当禁止交战国对中立国领土上的网络设施进行远程控制并利用。手册明确指出,根据海牙第 5 公约第 2 至 3 条和海牙第 13 公约第 2 至 5 条,交战国不得利用位于中立国领土的网络设施开展网络战。这不仅包括禁止冲突方武装部队从中立国领土上实施网络行动,还包括禁止交战国为实施网络行动而远程控制并利用中立国的网络设施(手册第 92 条评注之二)。手册的这一主张是现行中立法在以往国际实践中所未有的,只有网络战才出现了"远程控制"的技术条件,因而是一种创设。对此,笔者表示赞同,交战国对中立国领土上的网络设施进行远程控制,可以视为是对中立国领土主权的一种侵犯。

（四）手册认为,应当禁止交战国为交战目的而使用位于中立国领土之外但具有中立国国籍的属于中立国政府非商业的网络设施。手册指出,为交战目的使用中立领土外(不在交战领土内)的中立非商业政府网络基础设施,也构成破坏中立。例如,通过设在中立国政府船舶或者国家飞行器上的网络系统构建军事通信,也应予以禁止,因为这些平台享有主权豁免(手册第92条评注之三)。笔者对这一主张表示赞同,理由同上。

（五）手册对交战方在中立领土上采取反击措施,提出了较多的创设性主张。手册提出,交战方在中立领土上采取反击行动,须符合两个条件:第一,敌对方对中立国领土的侵犯必须是"严重的",轻微的侵犯不能引发反击行动。只有当交战一方通过该侵犯获得了明显的军事利益,另一方才能采取反击行动。第二,冲突一方在中立领土上行使交战权,必须是对另一方的安全构成了直接威胁,受害方除了在中立领土上采取反击措施外没有其他可行的及时的选择。在这样的情形下,受害方才有权制止其敌方破坏中立的行为(手册第94条评注之三、之四)。手册还要求,采取反击措施应当预先通知,以给中立国留出合理时间来处置破坏中立的行为。只有当破坏中立的行为立即威胁到受害国安全,而受害国没有其他可行和及时的选择时,该受害国才能立即采取必要的武力制止破坏中立的行为(第94条评注之五)。为了防止"预防性反击",笔者对手册提出的进一步主张表示质疑。手册认为,如果交战方通过中立国领土内的服务器形成对敌方实施网络行动的路线,敌方向中立国提出抗议并要求中立国防止这样利用其网络基础设施,如果中立国没有及时制止这样利用其网络基础设施的行动,受害的交战方可以合法地发动网络行动破坏该服务器的功能(第94条评注之六)。笔者认为,这里所说的"实施网络行动的路线",应当是已经发生或者正在发生的,而不应是"有证据表明"的,这样才能避免"预防性反击"。

第二节　中立法的发展趋势

一、中立尚未趋向消亡

第二次世界大战后,由于《联合国宪章》完全废弃了国家除自卫和执行安理会决议以外从事战争的权利,以及建立了集体安全制度,因而中立几乎被国际社会搁置。半个多世纪以来,世界上没有出现过一个关于中立的公约;国际法院没有一个关于中立的判例;联合国国际法委员会也没有把中立法列入编纂与发展的工作项目。在这样的历史条件下,在较长时间里出现了中立制度已经过时的观点。

从表面看,中立制度过时的观点是有一定理由的。传统中立是在国际社会普遍认为"战争是国家的绝对权利"的基础上形成的。第一次世界大战之后,这个基础被动摇了。《国际联盟盟约》、《巴黎非战公约》等在限制国家的战争权、建立集体安全制度等方面进行了努力。第二次世界大战后,联合国宪章使传统中立制度所依赖的基础发生了根本变化:一是完全废弃战争权,除了自卫和宪章下的强制行动以外,在国际关系中使用武力是违反国际法的。这样,从理论上讲,国际武装冲突中必有一方是非法的,非交战国不能对交战双方同等对待。二是建立起有效的集体安全制度,联合国会员国负有履行安理会包括军事行动在内的强制行动决议的义务。一旦安理会作出采取强制办法的决议,会员国甚至非会员国都不能采取与之相违背的行为。因此,在这样的情况下,中立制度过时之说❶就并不使人感到奇怪了。

但是稍作观察就会看到,中立并没有趋于消亡。首先,传统中立制度

---

❶　在1945年制定和通过《联合国宪章》的旧金山会议期间,与会代表普遍认为在集体安全制度下会员国不应当再保持中立,"永久中立"是与联合国会员国资格相抵触的。关于瑞士加入联合国问题的小组委员会的报告因此而排除了瑞士的联合国会员国资格。

没有被废弃。第二次世界大战以来,国际社会没有任何一个条约、公约或其他的国家实践对中立法予以否定。从国际法的效力规则看,以海牙公约为主体的中立规则仍然是有效的。其次,中立的实践没有停止:瑞士的永久中立继续得到国际社会的承认;梵蒂冈仍然"决不参加其他国家之间的世俗斗争";❶瑞典和冰岛仍然坚持以国内法的方式奉行中立政策,尽管它们是联合国会员国;的里雅斯特自由区的中立化得到确认;❷奥地利的永久中立在战后得到美、苏、英、法的承认;❸柬埔寨通过国内立法宣布自己永久中立并得到1973年关于恢复越南和平的《巴黎协定》关于尊重其中立的承诺;❹老挝在1962年与13个国家签署了关于维持本国中立的国际协定;❺伊朗和约旦在海湾战争中宣布自己中立,❻显然是用中立来抵制安理会决议,对联合国宪章下的集体安全体制提出了挑战;世界上存在着许多中立区、非军事区;红十字国际委员会、联合国维和部队等国际组织或机构把中立作为其行动原则;红十字国际委员会组织各国海战法专家于1994年编纂的《圣雷莫手册》,大部分条款属于中立法范畴❼,是海上中立法的学理性集成;《网络战国际法塔林手册》运用现有中立规则,在全新的网络战领域构建了一套适用于网络战的中立规则。所有这一切,表明中立法仍然受到国际社会的重视。

　　所以,认为中立和中立制度趋向消亡的观点是不正确的。中立是平权社会的必然产物,只要平权的国际社会存在下去,中立也将会存在下去。当今国际社会依然是平权的,在平权的国际社会中,中立是国家不可剥夺的主权权利。中立权同战争权不同,战争权是一种外向的、以损及他

---

❶　1929年2月11日罗马教廷与意大利签订的《拉沃兰条约》第24条规定:梵蒂冈"在任何情形下应被认为是中立的和不可侵犯的领土"。

❷　参见本书第二章第四节。

❸　参见本书第二章第四节。

❹　[英]詹宁斯、瓦茨修订:《奥本海国际法》,王铁崖等译,中国大百科全书出版社1995年版,第267页。

❺　参见本书第二章第四节。

❻　张召忠编著:《海战法概论》,解放军出版社1995年版,第329—331页。

❼　张召忠编著:《海战法概论》,解放军出版社1995年版,第595—630页。

国利益为必要条件的权利；而中立权则是一种内向的、不以损及他国利益为必要条件的权利。因此，中立权并不因战争权的废弃而废弃。

二、中立将在新的历史条件下继续发展

（一）国际格局多极化时期中立发展的必然性

20世纪，中立和中立法的大起大落，同这个世纪国际格局多次剧烈调整有关。分析今后一个时期中立的发展趋势，首先要考察国际格局的演变趋势。

第二次世界大战是世界历史进程中的一个划时代事件，它彻底地摧毁了欧洲在国际事务中的中心地位，深刻改变了国际力量的分布和组合状况，开创了"两极格局"时代。两极格局主要建立在美苏两个超级大国之间和北约华约两大军事集团之间力量对比的基本均势上。20世纪80年代末90年代初，这个两极格局突然崩塌了，苏联于1991年12月25日正式解体，以两大集团对垒为核心的"雅尔塔体制"瓦解，两极格局作为二战后一个历史阶段正式终结。

两极格局崩塌以后，各国特别是各大国都在重新定位，重新确定自己的战略和政策，调整与其他国家的关系，国际社会向着新的格局演变。人们普遍认为国际格局的基本走向是多极化，具体的说法大同小异。国际社会对未来的国际格局比较流行的看法是，未来国际格局将是五极，即：美国、西欧、日本、俄罗斯和中国。有人补充认为，由于西欧实际上是许多独立国家组成的联合体，因而严格地讲不宜把西欧与美、日、俄、中并列。在西欧，德国的崛起最为引人注目，所以，未来国际格局应是中、美、俄、日、德五极。

经济实力的多极化是国际格局多极化的主要渊源。二战的战败国日本和德国日渐崛起，它们利用美国与苏联展开全球争霸和进行全面军备竞赛之机，降低姿态，振兴经济和科技，逐步重建了被大战破坏了的国民经济，并将英、法等老牌发达国家甩在后面，渐渐缩小了与美国的差距。早在70年代，一些有识之士就指出了世界多极化的趋势。1971年7月6

日,美国总统尼克松在堪萨斯城讲话中预言:"当我们展望今后 5 年、10
年或 15 年的时候,我们会看到五个强大的超级经济力量。它们是:美国、
西欧、苏联、大陆中国,当然还有日本。在我谈到这五个超级力量时,我并
不是说拉丁美洲不重要,非洲不重要,南亚不重要。所有的国家都重要,
所有不发达或不够发达的国家的人民都将发挥他们的作用。但是,这五
大力量将决定世界 20 世纪最后三分之一时间里的经济前途,而且由于经
济力量将成为其他力量的关键因素,这五大力量将决定世界本世纪最后
三分之一时间里在其他方面的前途。"

有的学者对世纪之交的国际格局作了分析,认为当时处在向多极化
演变的过渡时期,这个时期的基本特征是"一超多强","一超是说从综合
国力来衡量,美国是世界上唯一的超级大国。苏联失去超级大国地位,但
就其军事实力和影响力而言,还是一个世界大国。西欧和日本在经济领
域已同美国形成三足鼎立。中国在国际上是一支有重要影响力的独立力
量。此外,地区性强国也是世界结构中的重要力量"。❶ 还有的专家认
为:"目前能为多数学者所接受的一个估量是:(1)从综合国力看,当推美
国一家;(2)从军事上看,在一个相当时期仍是美俄两极。两家仍拥有经
过裁减后的绝大部分核武器和世界军费支出的一半以上;(3)从经济上
看,将是美、欧、日三极;(4)政治上将出现美、俄、欧、日、中五个力量
中心。"❷

不管未来国际格局是哪几极,总的趋势是将形成多极格局。目前
"一超多强"的过渡性格局本身就是一种多极格局,表明我们现在已经处
在多极格局的形成过程之中。根据"中立与国际格局演变相对应的规
律"❸,在这一时期解决国家间矛盾冲突的过程中,中立将会引起国际社
会的更多关注。当然,历史不会简单重演,在新的历史条件下,中立不会

---

❶ 中国现代国际关系研究所编:《国际政治新秩序问题》,时事出版社 1992 年版,第
206 页。
❷ 杜攻主编:《转换中的世界格局》,世界知识出版社 1992 年版,第 7 页。
❸ 参见本书第三章第三节"国际格局演变对中立法的影响"。

完全以原有面貌重现。

（二）新中立制度的基本形态

以海牙公约为主体的传统中立制度建立在两根支柱之上：一是以战争是国家的绝对权利为前提；二是以维护中立国通商自由为目的。因此，传统中立制度主要是战时中立，强调对交战国不偏不倚，基本不考虑对战争正义性进行判断的有条件中立，也不考虑集体安全制度下可能发生的情况。显然，这两根支柱都已发生了重大变化。今天，不但战争权已经废弃，集体安全制度已经建立，而且维护中立国通商自由与现代战争样式的关系也发生了重大变化。英国国际法学者对此已经有深刻的认识，指出："除了废除战争权所引起的问题之外，两次世界大战的经验表明，一般地以中立国通商往来的权利为中心的传统中立法的主要方面，已经大部分过时了。在现代战争中，国家在军事和经济方面的努力是紧密交织在一起的，因而交战国对中立国通商所能作出的让步是极为有限的。现在还很难想象，在现代战争中能够在中立国通商的要求与决心采取它所认为存亡所系的斗争中取得胜利所必要的经济措施的交战国的要求两者之间求得折中的原则是什么样性质的。"❶

大量资料表明，现代国家在经济上高度依赖于国际贸易。1996 年 2 月 6 日在瑞士达沃斯召开的世界经济论坛年会指出：国际贸易量连续几年以高于世界产量两三倍的速度增长，跨国界的外国直接投资也在原本就很庞大的基础上继续不断增加。据国际货币基金组织 1994 年 6 月统计资料：1992 年，全世界出口贸易额达 37639 亿美元，进口贸易额达 37764 亿美元。❷ 世界许多国家（特别是欧洲国家）进出口占它们国民生产总值的 50%。❸ 另据联合国对 1985 年的统计资料：美国进出口贸易总额（5805 亿美元）约占国内生产总值（44998 亿美元）的 13%；日本进出口

---

❶ ［英］劳特派特修订：《奥本海国际法》下卷第 2 分册，王铁崖、陈体强译，商务印书馆 1973 年版，第 138 页。

❷ 《国际问题研究》1994 年第 4 期，第 44 页。

❸ ［美］保罗·A·萨缪尔森、威廉·D·诺德豪斯：《经济学》，高鸿业等译，中国发展出版社 1992 年版，第 1394 页。

贸易总额(3052 亿美元)约占国内生产总值(13260 亿美元)的 23%;德国进出口贸易总额(3426 亿美元)约占国内生产总值(6218 亿美元)的 55%。❶ 经过 30 年的发展,世界贸易又发生巨大变化,据 2015 年 4 月 14 日世界贸易组织(WTO)公布的 2014 年贸易进出口总额的统计数据,中国 4.303 万亿美元,美国 4.032 万亿美元,德国 2.728 万亿美元,日本 1.506 万亿美元。在 20 世纪较大规模的战争中,经济战的成分比 19 世纪以前大得多,甚至比传统形式的军事斗争还要长久、复杂。二战期间,盟国对德国的经济战达到了前所未有的规模和复杂性。❷ 二战后,联合国安理会采取的经济制裁措施比军事行动多得多。可以认为,在 21 世纪,交战国为了赢得战争胜利,不可能给非交战国(中立国)同敌国之间较多的贸易自由;在联合国集体安全体制下,安理会也不可能给持中立立场的国家同交战国之间享有较多的贸易自由。

根据上述分析,传统中立制度在以下三个方面已经不完全适应新的历史条件:一是中立的概念和范围已经不适应。传统中立的基本内涵是"不偏不倚",这个内涵已经不能适应战争分为合法战争与非法战争的新情况。传统中立的范围是永久中立、协议中立和战时中立,核心是战时中立,这个范围已经不能适应区域的中立、集体安全体制下的中立、国际组织的中立等新情况。二是中立的权限已经不完全适应。由于联合国集体安全制度、海洋法、航空法、空间法、人道主义法等方面的发展,中立的权限已经发生了变化,有的扩大了,有的受到了限制。三是中立法的渊源已经不完全适应。海牙公约已不是中立法的全部内容,而且其中的许多条款能否适用,需要根据新的习惯和条约进行鉴别。此外,由于跨国经济样式发生了变化(比如网络经济),今后经济战或者经济制裁的方式恐怕也不能不发生重大变化。所以,20 世纪的中立制度,必将在 21 世纪新的历史条件下进一步发展变化。

---

❶ 《世界经济》1991 年第 9 期,第 93—94 页。

❷ [英]阿诺德·托因比、维罗尼卡·M.托因比:《大战与中立国》,上海电机厂职工大学业余翻译班译,上海译文出版社 1981 年版,第 39—61 页。

主要参考文献

一、著述（按文中引用或参见先后排列）

1. [瑞士]埃德加·蓬儒著,刘文立译:《瑞士中立史》,武汉大学出版社 1991 年第 1 版。

2. [法]夏尔·卢梭著,张凝等译:《武装冲突法》,中国对外翻译出版公司 1987 年第 1 版。

3. [英]詹宁斯、瓦茨修订,王铁崖等译:《奥本海国际法》,中国大百科全书出版社 1985 年第 1 版。

4. [英]劳特派特修订,王铁崖、陈体强译:《奥本海国际法》,商务印书馆 1973 年第 1 版。

5. 梁西著:《国际组织法》(修订第 4 版),武汉大学出版社 1998 年版。

6. 梁西主编:《国际法》,武汉大学出版社 1993 年第 1 版。

7. 王绳祖主编:《国际关系史》(全 10 卷),世界知识出版社 1995 年第 1 版。

8. 吴焕宁主编:《海商法学》,法律出版社 1996 年第 1 版。

9. [美]比米斯:《美国革命外交史》,印第安纳大学出版社 1985 年版。

10. 张召忠编著:《海战法概论》,解放军出版社 1995 年第 1 版。

11. [美]小麦克坎恩:《巴西—美国联盟(1937—1945)》,普林斯顿大学出版社 1973 年版。

12. [美]弗兰西斯:《霸权的范围——第一次世界大战期间美国同阿根廷和智利的关系》,伦敦出版社 1977 年版。

13. 王铁崖主编:《国际法》,法律出版社 1995 年第 1 版。

14. 夏炎德著:《欧美经济史》,上海三联书店 1991 年第 1 版。

15. [英]阿诺德·托因比、维罗尼卡·M.托因比合编,上海电机厂职工大学业余翻译班译:《大战与中立国》,上海译文出版社 1981 年版。

16. [瑞士]达尼埃尔·弗雷著,刘文立译:《瑞士的外交政策》,华中师范大学出版社 1988 年第 1 版。

17. [美]比米斯:《美国外交史》,商务印书馆 1985 年版。

18. [波]卡·瓦利舍夫斯基:《俄国女皇——叶卡捷琳娜二世传》,上海译文出版社 1982 年版。

19. [美]肯尼思·沃尔兹:《国际政治理论》,中国人民公安大学出版社 1992 年第 1 版。

20. [奥]阿·菲德罗斯等著,李浩培译:《国际法》,商务印书馆 1981 年第 1 版。

21.《改变人类命运的八大宣言》,中国社会出版社 1996 年第 1 版。

22. [德]黑格尔著,范扬、张企泰译:《法哲学原理》,商务印书馆 1961 年第 1 版。

23. [韩]柳炳华著,朴国哲、朴永姬译:《国际法》,中国政法大学出版社 1995 年版。

24. 叶兴平著:《和平解决国际争端》,武汉测绘科技大学出版社 1994 年第 1 版。

25. 赵建文:《联合国海洋法公约对中立法的发展》,《法学研究》第 19 卷第 4 期。

26. 黄解放:《海洋法公约对海洋上空法律制度的影响》,《中国国际法年刊》(1995)。

27. 魏敏著:《海洋法》,法律出版社 1997 年版。

28. Kay Haibronner: Freedom of the Air and the Convention of the Law of the Sea, American Yearbook of International Law, 1983.

29. [英]斯塔克著,朱奇武等译:《国际法导论》,法律出版社 1984 年版。

30. 李铁民等著:《海上战争法》,军事谊文出版社 1995 年版。

31. 中国政法大学国际法教研室编:《国际公法案例评析》,中国政法大学出版社 1995 年版。

32. 中国现代国际关系研究所编:《国际政治新秩序问题》,时事出版社 1992 年版。

33. 杜攻主编:《转换中的世界格局》,世界知识出版社 1992 年版。

34. [美]保罗·A.萨缪尔森、威廉·D.诺德豪斯著,高鸿业等译:《经济学》,中国发展出版社 1992 年第 1 版。

二、文献和工具书(按文中引用或参见先后排列)

1.《联合国宪章》。

2.《中国大百科全书·法学》,中国大百科全书出版社 1984 年第 1 版。

3. 王铁崖、朱荔荪等编:《战争法文献集》,解放军出版社 1986 年第 1 版。

4. 王铁崖主编:《中华法学大辞典·国际法学卷》,中国检察出版社 1996 年第 1 版。

5. [德]马克斯·普朗克比较公法及国际法研究所主编,中山大学法学研究所国际法研究室译:《国际公法百科全书·第三专辑·使用武力、战争、中立、和约》,中山大学出版社 1992 年第 1 版。

6.《国际条约集(1648—1871)》,世界知识出版社 1984 年版。

7.《国际条约集(1917—1923)》,世界知识出版社 1984 年版。

8.《美国对外关系文件(1937.7—1940.6)》,波士顿出版社 1940 年版。

9.《美国对外关系文件(1940.7—1941.6)》,波士顿出版社 1940 年版。

10. The New Cambridge Moden History, Cambridge University Press,1962.

11. Encyclopaedia of the Social Sciences, NewYork, 1930.

12. 王绳祖主编:《国际关系史资料选编》,武汉大学出版社 1983 年版。

13.《国际公约与惯例》,华东理工大学出版社 1994 年第 1 版。

14.《联合国年鉴》1965 年第 554—555 期。

15.《联合国纪事》1995 年第 1 期。

16.《联合国海洋法公约》。

17.《国际条约集(1872—1916)》,世界知识出版社 1984 年版。

18.《国际问题研究》1994 年第 4 期。

19.《圣雷莫海战法手册》。

20.《关于成立国际刑事法院的罗马规约》。

21.《网络战国际法塔林手册》。

附 录

《网络战国际法塔林手册》(选译)

第七章 中立

评注:

1. 中立法仅适用于国际性武装冲突。中立法基于海牙第 5 公约、海牙第 13 公约以及习惯国际法。国际专家组一致认为中立法适用于网络行动。

2. "中立国"是指没有成为国际性武装冲突中冲突方的国家。本手册所称"中立网络基础设施",是指位于中立领土内的公共和私人网络基础设施(包括属于冲突方或冲突方国民的民用网络基础设施)或者具有中立国国籍(并位于交战领土之外)的公共和私人网络基础设施。"中立领土"包括中立国的陆地领土,以及中立国领土主权范围内的水域(内水、领海、群岛水域)及其上空的空气空间。

3. 中立法调整国际性武装冲突中冲突方与非冲突国之间关系。中立法的主要目的是:(1)保护中立国及其国民免受冲突损害;(2)保卫在公海上从事商业活动的中立权利;(3)保护冲突方因中立国作出有利于敌对方的作为或不作为而采取的制止措施。网络设施和活动的全球分布、网络基础设施的全球信赖,意味着冲突方的网络行动很容易影响私人或公共中立网络基础设施。为此,在现代武装冲突中,中立具有特殊的重要性。

4.国际专家组切实注意到,中立法是基于出入中立国领土属于物理行为的条件下发展起来的。网络空间不受地理政治边界的限制形成世界性连接的客观情况,对中立法所依赖的特定条件提出了挑战。例如,一个电子邮件从交战国领土发出,可以自动经过中立网络基础设施,然后到达其目的地;邮件发送者和中立网络基础设施所有者都无法有效控制邮件所走的路线。本章所规定的规则考虑到这个现实,在对网络基础设施及其传输路线控制困难的情况下,只能在对具体情况慎重考虑后,才能得出关于破坏国家中立或者违反中立义务的结论。

5.位于中立国领土内的网络基础设施,不仅受制于该国的管辖权,而且受到国家领土主权的保护。这样的网络基础设施在性质上是中立的,不管它们的所有权是公共的还是私人的,也不管它们的所有者是什么国籍(见本手册第94条关于它们不得被用于行使交战权的规定)。

6."行使交战权"一词与海牙第5公约的"敌对行动"和海牙第13公约的"敌对行为"同义。国际专家组决定在本章中使用"交战权",以避免"敌对行动"一词的混乱,因为该词是一个行动艺术方面的词语。行使交战权被广泛理解为冲突方有权采取与冲突相关的行动,包括网络行动。交战权不限于本手册第30条所定义的"攻击",但应注意到该词不能被扩展到对中立国实施的侦察活动。

第91条(对中立网络基础设施的保护)
禁止采用网络手段直接针对中立网络基础设施行使交战权。
评注:
1.禁止冲突方在中立领土内实施敌对行动,是中立法一项公认的原则。海牙第五公约第 1 条和海牙第 13 公约第 1 条都规定了中立领土不可侵犯。这一规定在性质上属于习惯法。

2. 在物理上位于国际空气空间、外层空间或公海区域的中立网络基础设施,受国籍国主权的保护。

3. "直接针对"一词是指意图损害中立网络基础设施的行动。关于通过或者利用这样的基础设施对敌方采取行动,见第 92 条。

4. 国际专家组反复斟酌了在交战方领土上对军事目标进行攻击时在中立领土上造成后果的情况。例如,在交战方领土上的服务器中实施的一次网络攻击可能严重影响在中立领土上的服务。专家们同意,如果这样的后果是不可预见的,该攻击不违反中立法。对于可预见的后果,专家组注意到,中立法在有效实施军事行动的交战权与保持原则上不受冲突影响的中立权之间寻求平衡。每一个个案都须按其本身的情况来平衡这两种相对的权利。专家们同意:在评估时考虑的对中立国的后果不限于物理后果。他们还同意:在实践中,国家不可能认为轻微后果可以阻止执行一项在其他方面合法的攻击。

5. 位于中立领土内的中立网络基础设施在第 94 条规定的情形下可以受法律保护,这一点非常重要。位于中立领土之外的中立网络基础设施,例如海底电缆,如果其构成合法的军事目标,可以被攻击。这些规定也适用于拿捕。

第 92 条(中立领土上的网络行动)
禁止在中立领土上采用网络手段行使交战权。

评注:

1. 本规则基于海牙第 5 公约第 2 条至第 3 条和海牙第 13 公约第 2 条至第 5 条。这一规则反映了习惯国际法。正如第 91 条表述了针对中立网络基础设施的行动,本规则是关于交战方利用位于中立领土的网络基础设施。

2. 规则第 92 条禁止冲突方武装部队从中立领土上实施网络行动。

除了禁止从中立领土上实施网络行动外,还包括禁止为实施网络行动而远程控制并利用中立网络基础设施。

3. 尽管本规则仅规定了关于在中立领土内行使交战权的问题,但为交战目的使用中立领土外(不在交战领土内)的中立非商业政府网络基础设施,也构成破坏中立。例如,通过设在中立国政府船舶或者国家飞行器上的网络系统构建军事通信应予禁止,因为这些平台享有主权豁免(见第4条)。

4. 为军事目的使用公共的、国际的、开放的网络,如互联网,即使这种网络或其部件在中立领土内,不违反中立法。国际专家组多数成员同意,尽管没有条约法明文作出直接规定,海牙第5公约第8条关于中立国当局不必"禁止或限制交战方使用属于该国政府、公司或个人的电报电话电缆或无线电报装置"的规定,可以适用于网络通信系统。专家们进一步同意,该条规定反映了习惯国际法。少数专家认为应当限制该第8条对网络通信的适用。

5. 国际专家组考虑了网络武器(见本手册第41条)通过中立领土的传送问题。多数专家所持立场是,通过网络手段作这样的传送应予禁止,依据是海牙第5公约第2条关于禁止用于战争的弹药和物资通过中立领土。少数专家指出,海牙第五公约第8条规定了一项对一般原则的例外。

第93条(中立义务)

中立国不得故意允许交战方利用位于本国领土上或在本国完全控制下的网络基础设施行使交战权。

评注:

1. 这条反映习惯国际法的规则,来自海牙第五公约第5条关于"中立国当局不得允许在其领土上出现第2条至第4条所提到的行为"的规定。对网络行动而言,务须注意,依据海牙第五公约第3条的规定:

禁止交战方:

(a)在中立领土上为与交战方陆上或海上部队通信的目的建立无线

电报站或者其他装置;

（b）使用由交战方于战前在中立领土上纯粹为军事目的而建造并且没有开放为公共信息服务的此类设施。

2.将海牙第 5 公约的对象和目的适用于网络行动,中立国不得允许冲突方为军事目的使用其在中立领土上已经存在的网络基础设施,或者为该目的建造新的网络基础设施。

3.本条规则所规定的义务不仅延及在中立领土上的冲突方网络基础设施,而且延及利用中立领土上的其他网络基础设施行使交战权。但对公共的、国际的、开放的网络如互联网的适用属于例外,此类网络可以被用于军事通信(见第 92 条)。在中立国对使用此类网络设定限制的范围内,此类限制必须公平适用于所有冲突方。正如对第 92 条所注明的,国际专家组对于通过中立领土使用此类网络传送网络武器是否应予禁止,产生了分歧。关于中立国是否有义务防止此类传送,同样有分歧。

4."在本国完全控制下"一语,在这里是指非商业的政府网络基础设施(见第 94 条)。关于这样的基础设施,本规则的适用无涉其位置,因为本义务来自设施的政府性质。

5.第 93 条以中立国国家机构实际或推定知晓为前提。如果中立国国家机构已经检测到一项由冲突方从其领土上发动的网络行动得到了实施,或者如果受害的冲突方明确通知中立国一项网络行动已经从其领土上发动,该中立国即是实际知晓。推定知晓发生的情形是一个国家应当合理地知道该行为。国际专家组对于推定知晓是否意味着中立国实际上有义务在可行范围内控制使用其领土上的网络基础设施的问题产生分歧。专家组部分成员持肯定立场,认为中立国为此必须尽到控制交战行为的责任,而其他专家认为这项义务并不存在。

6."不得故意允许"一语意味着中立国有义务采取一切可行措施制止利用在本规则范围内的网络基础设施行使交战权。然而,国际专家组对于中立国是否有义务在交战权行使前就采取预防措施特别是控制网络行为,没有达成共识。部分专家主张"不得故意允许"的责任包含着此项义务,他们建议要求中立国在可行的控制范围内采取预防措施,当然,这种可行性依赖于相关的情况,譬如有关国家的技术能力。其他专家反对这一主张,他们认为中立国的义务仅在于制止,而不是预防;他们指出,尤其对于穿越其网络的信息包,要履行确定其交战性质的义务,存在着实际困难。

7. 中立国依本规则采取的措施不构成敌对行为,更不构成违反中立的针对冲突方的武力攻击(见本手册第13条)。关于在中立领土上的活动与交战不存在联系的问题,见本手册第5条。

第94条(冲突方对破坏中立的应对)

如果中立国未制止交战方在其领土上行使交战权,受害的冲突方可以采取包括网络行动在内的必要反击措施。

评注:

1. 本规则被普遍接受为习惯国际法。它给予受害的冲突方对敌方在中立领土上的非法行为,或者交战方利用中立网络基础设施而中立国没有制止的行为,进行救济的权利。这是一种"自助"的形式。

2. 本规则的目的是为了纠正冲突方的违法,而允许其敌方违反中立法。该规则并非适用于所有违反中立的行为,而仅适用于受到不利影响的相对一方。其他违反中立的行为都只能由中立国处理。例如,冲突一方针对中立网络基础设施采取的拒绝服务行动,并不必然带来针对其敌方的军事利益,在这样的情况下,其敌方无权依据本规则制止该拒绝服务行动,只有中立国才能对此作出回应。

3. 依据本规则采取的行动基于两个关键条件:第一,交战方对中立国领土的侵犯必须是"严重的",轻微的侵犯并不引发本规则的适用。换句话说,侵犯中立国地位的冲突方必须通过该侵犯而获得明显的针对其敌方的军事利益。这种严重性不能在理论上确定,而是要根据当时的情况确定,可以根据违法的普遍性确定,也可以根据违法者因违法而获得军事利益来确定。举例说,建立非法进入敌方武装部队低层级人员电子邮箱账户的能力,并不引发本规则的适用。相对而言,假设冲突一方由于敌对行动而削弱了网络能力,该冲突方使用中立网络基础设施来实施针对敌方的网络行动,就将引发本规则的适用。

4. 第二,冲突方在中立领土上行使交战权,必须是对受害方的安全构成了直接威胁,受害方除了在中立领土上采取反击措施外没有其他可行的及时的选择。所以,本规则仅适用于中立国不愿或不能履行其依第 93 条规则所承担的义务的情形,在这样的情形下,当中立国用尽所有处置措施而没有成功时,受害方有权制止其敌方破坏中立的行为。显然,受害方也可以在中立国对制止侵犯无所作为时这样做。

5. 采取自助措施应当预先通知,以给中立国留出合理时间来处置破坏中立的行为。只有当破坏中立的行为立即威胁到受害国安全,而受害国没有其他可行和及时的选择时,该受害国才能立即采取必要的武力制止破坏中立的行为。

6. 假定交战方通过中立国领土内的服务器形成对敌方实施网络行动的路线,敌方向中立国提出抗议并要求中立国防止这样利用其网络基础设施,如果中立国没有及时制止这样利用其网络基础设施的行动,受害的交战方可以合法地发动网络行动破坏该服务器的功能。

第 95 条(中立与安理会措施)

一国不得依据中立法来确定实施与安理会根据联合国宪章第七章决定的预防或者强制措施相抵触的包括网络行动在内的行动。

评注:

1. 本规则以联合国宪章第 25 条关于要求联合国会员国履行安理会决议所作决定的规定为基础;同时也来自宪章第 103 条关于在面对安理会依据第七章采取行动时,诸如来自海牙第 5 公约和海牙第 13 公约的条约义务不予适用的规定。依据强行法,根据习惯国际法所承担的义务不能与安理会的决定相抵触。

2. 第 95 条规则既适用于安理会(通过决定采取强制措施)应对破坏

和平或者侵略行为的情形,也适用于安理会采取措施应对威胁和平的情形。具体在三种情形下适用:第一,如果一项安理会决议要求各国采取某种特定行为,它们不得依据中立法拒绝采取这种行为;第二,一项安理会决议可能禁止各国采取某种特定行为,各国不得依据中立法实施这种行为;第三,依据本规则,禁止各国采取任何可能干扰其他国家依据安理会决议采取行动的行为。

3. 在安理会已断定卷入武装冲突的某个国家实施了侵略行为的情形下,该国又要对其敌方的军用网络基础设施实施破坏性网络攻击行动,为对付这些行动,安理会通过一项决议,授权所有会员国利用它们的网络设施和网络能力制止这些攻击行动,各国遵守该决议的行为不构成对中立义务的违背。

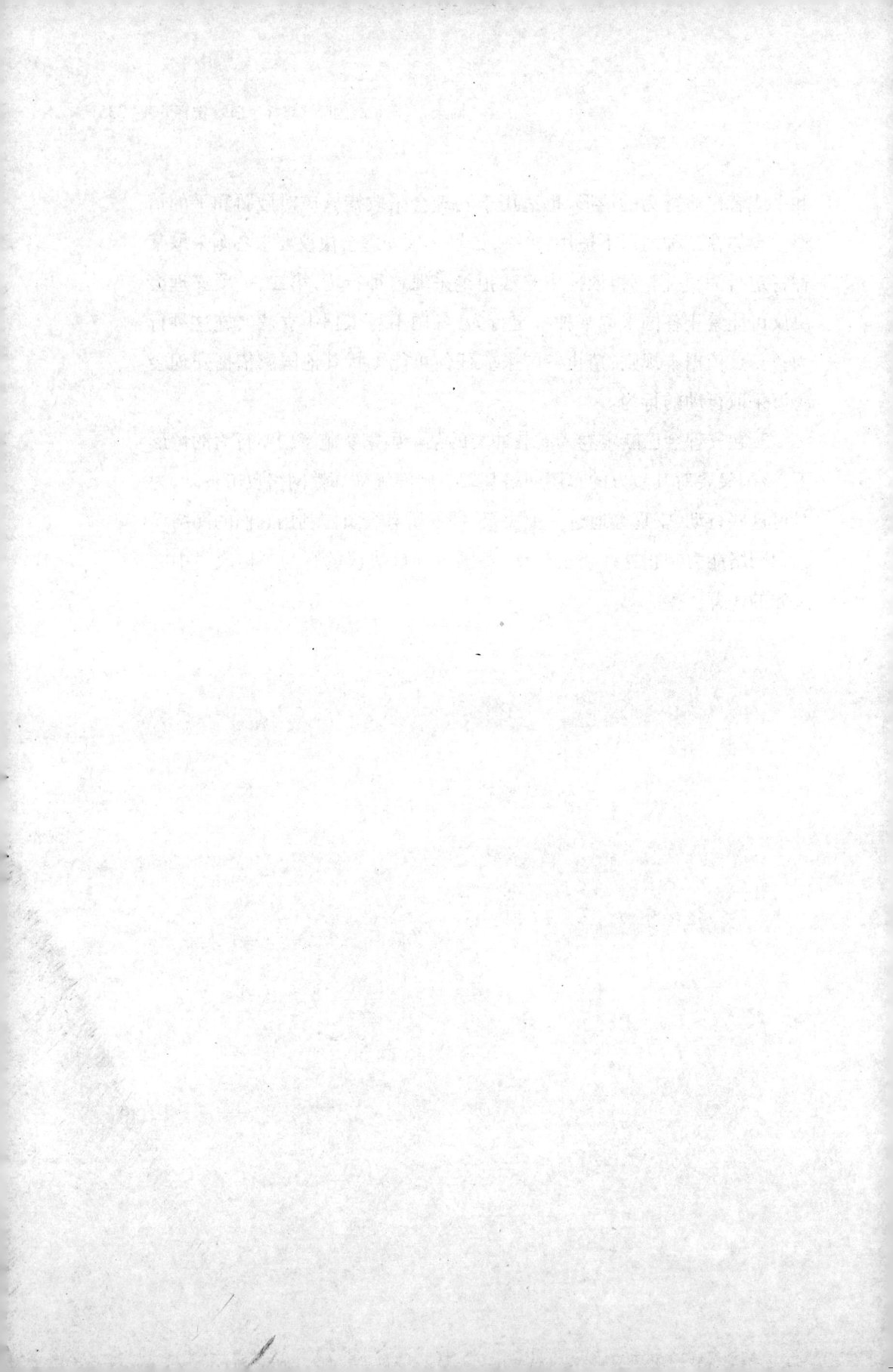